W0218430

Impressum

Text: Natascha Kalmbach, Dirk Mielke, David Pepping, Tilman Thiele, Michelle Thönnes
Satz & Lektorat: rap verlag
Grafik: www.gudrunbarthdesign.com
Druck und Weiterverarbeitung: oeding print GmbH, Braunschweig

RECYCLED
Papier aus Recyclingmaterial
FSC® C118370

ISBN: 978-3-942733-17-5

1. Auflage 2014

©rap verlag, Freiburg im Breisgau, in der R.A.P. Presse-Verlag-Werbung GmbH

Kontakt: kontakt@rap-verlag.de

Alle Angaben in diesem Stadtführer erfolgen ohne Gewähr und ohne Anspruch auf Vollständigkeit.

Alle Rechte vorbehalten.
Nachdruck, auch auszugsweise, sowie Verbreitung durch Film, Funk, Fernsehen und Internet, durch fotomechanische Wiedergabe, Tonträger und Datenverarbeitungssysteme jeglicher Art nur mit schriftlicher Genehmigung des Verlags.

»ENDLICH MÜNSTER!«

Dein Stadtführer

Münster endlich endlich endlich Münster

Münster ... endlich!

Von der westfälischen Heimat aller Fahrradbegeisterten hast Du schon so viel gehört: Aasee, Prinzipalmarkt, Kiepenkerl, botanischer Garten, Professor Börne und jede Menge Charme und Studentenflair. Da gehörst auch Du hin, ganz klar!

... aber schon gehen die Probleme los: Du liest unzählige Wohnungsanzeigen, weißt aber nicht, in welchem Stadtteil Du schön, naturnah, günstig, studentisch oder besonders exklusiv wohnen kannst. Du möchtest am Wochenende mal so richtig im Nachtleben schwelgen, landest aber – Du wusstest es nicht besser – beim lustigen Seidenmalerei-Kurs. Du hast vergessen, für den Sonntag einzukaufen und keine Ahnung, wo Du jetzt noch was zu essen herbekommst. Das sind nur einige klassische Hürden, die eine neue Stadt so mit sich bringt.

Meist dauert es eine halbe Ewigkeit, bis man sich richtig gut auskennt und bis dahin muss man so einiges über sich ergehen lassen. Aber jetzt ist Schluss damit: Dieses Buch soll Dir eben diese Jahre voller Selbstversuche, Entgleisungen und Kompromisse ersparen und Dir helfen, Dich in Deiner Stadt von Anfang an zu Hause zu fühlen. Essen, Trinken, Feiern und Genießen, Freizeit, Kultur, Spaß und einfach Leben – genau darum geht es in

» ENDLICH MÜNSTER! «

Damit Du das alles so richtig auskosten kannst, sind unsere Autorinnen und Autoren durch die ganze Stadt gestreift – immer auf der Suche nach den schönsten Ecken, den besten Leckerbissen, den ausgefallensten Kuriositäten und dem besonderen Etwas in Münster. Sie haben viele, viele Kilometer zu Fuß, mit dem Fahrrad, den Öffentlichen oder dem Auto zurückgelegt, Klemmbrett und Kamera in der Hand, haben Notizen gemacht, Fotos geschossen und dabei Regen und Wind getrotzt. Das alles hat sich aber wirklich gelohnt, denn heute hältst Du tatsächlich dieses Buch in Deinen Händen.

Es ist vorläufig fertig, soll sich aber als Dein persönlicher Ratgeber und Begleiter immer wieder verändern und weiterentwickeln. Das Tolle ist also, Du darfst – ja sollst sogar – in diesem Buch herummalen, Kommentare an den Rand schreiben, Sachen durchstreichen, markieren und aktualisieren und ihm Deine persönliche Note verleihen (Natürlich nur, wenn es Dir auch gehört, nicht, wenn Du es gerade im Buchladen anschaust). Um Dir die Hemmungen zu nehmen, haben wir selbst schon einmal angefangen mit kritzeln, malen und markieren ...

Wir wünschen Dir viel Spaß mit

» ENDLICH MÜNSTER! «

und Deiner neuen Stadt!
Dein rap verlag

jetzt auch online:
www.facebook.com/EndlichMuenster

Häus

zu Hause zu Hause zu Hause endl

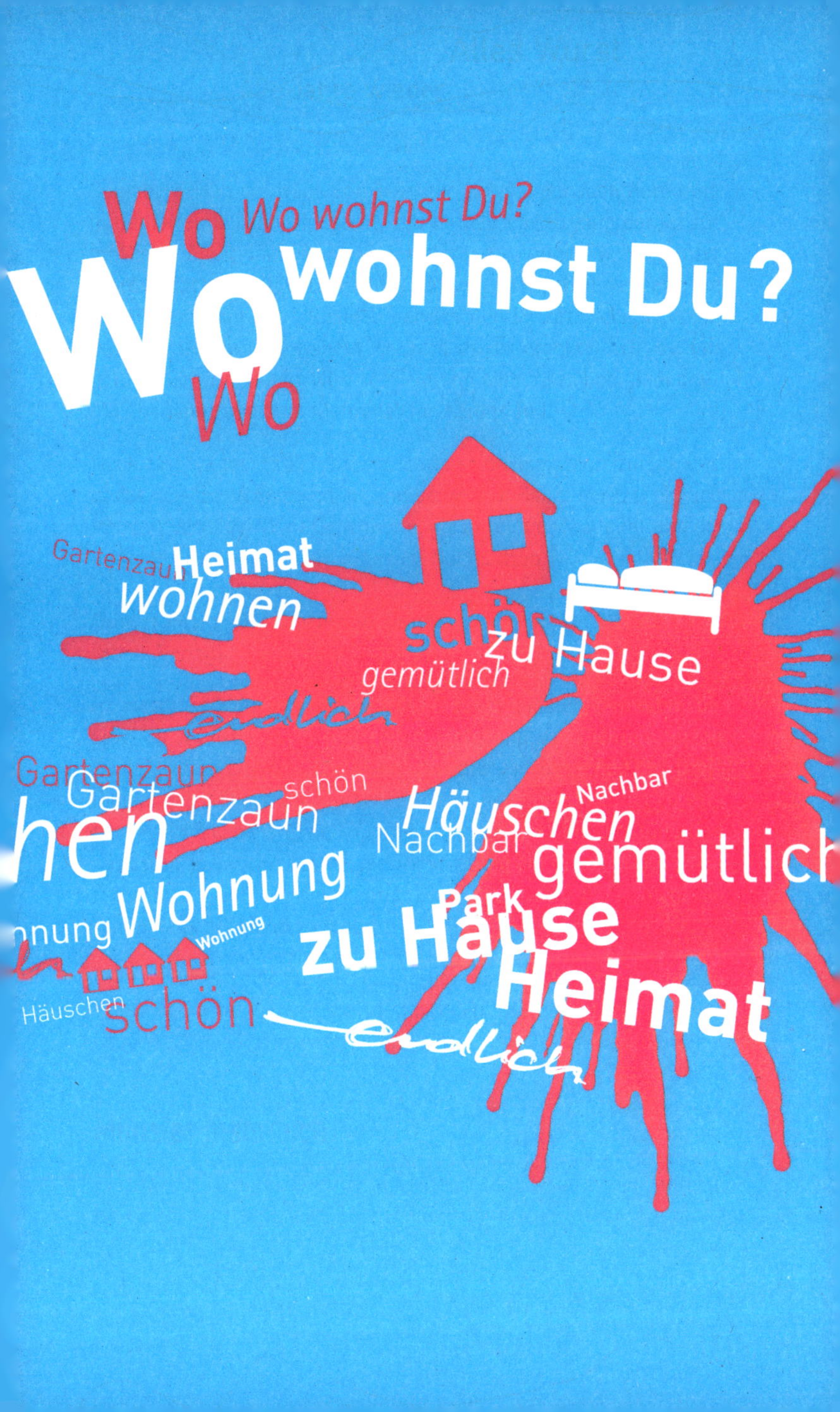

Wo Wo wohnst Du?
Wo wohnst Du?
Wo
Gartenzaun Heimat
wohnen
schön
zu Hause
gemütlich
endlich
Gartenzaun
Gartenzaun
schön
Nachbar
Häuschen
hen
Nachbar
gemütlich
Wohnung
Park
nnung
Wohnung
zu Hause
Heimat
Häuschen
schön
endlich

zu Hause Park gemütlich Heimat wohnen

Bedienungsanleitung

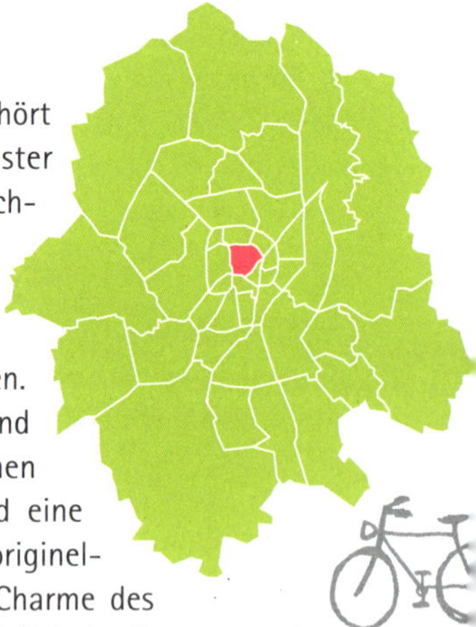

Egal, was Du bisher über Münster gehört hast, jetzt mal zur Wahrheit: Münster gehört zu den schönsten Städten Deutschlands und die Stadt hat sich gerade in den letzten Jahren erfolgreich von ihrem Image als Provinznest und als zu groß geratenes Dorf freigeschwommen. Stark beteiligt an diesem Umstand sind natürlich die Universität, die inzwischen zu den größten des Landes zählt, und eine lebendige kulturelle Szene, die oft auf originelle Weise den immer noch ländlichen Charme des Münsterlandes mit der kunterbunten Vielfalt der Postpostmoderne vereint. Kein Zweifel, es macht Spaß, hier zu wohnen und zu leben.

Aber um in diesen Genuss zu kommen, musst Du erst einmal eine Wohnung finden, die bezahlbar ist und Deinen Anforderungen in Sachen Verkehrsanbindung und Infrastruktur genügt. Nun, der Wohnungsmarkt in Münster ist heiß umkämpft und wer kann schon sagen, welcher Teil der Stadt sich besonders gut für Dich eignet? Genau hierbei soll Dir dieses Kapitel helfen. In einzelnen Abschnitten lernst Du die Stadtteile und -viertel Münsters kennen – das entsprechende Lebensgefühl vermitteln wir Dir noch dazu.

Die knallharten Fakten rund um den jeweiligen Stadtteil findest Du auf einen Blick in der zugehörigen Infobox:

Miethöhe: Münster ist nicht die günstigste Stadt zum Wohnen, aber die Mieten variieren von Stadtteil zu Stadtteil. Und je nach persönlichen Vorlieben und Kompromissbereitschaft findest Du hoffentlich die für Dich beste Ecke der Stadt, ohne Deinen Geldbeutel zu sehr zu strapazieren.

Hochhausfaktor: Es gibt unterschiedliche Ansichten darüber, was ein Hochhaus ist, und es ist auch nicht immer klar, wo ein Hochhaus aufhört und das nächste anfängt. Aber eines ist sicher, Hochhäuser prägen ihren Stadtteil enorm. Für den ersten Eindruck hilft unsere Skala von 0 (keine Hochhäuser) bis 10 (Downtown Manhattan).

Einwohnerdichte: Hier siehst Du, wie viele Leute in einem Stadtteil zusammen wohnen, ob neben- oder übereinander. Vom Wohnsilo mit Dutzenden Wohnungen bis hin zur ländlichen Idylle ist in Münster nämlich alles vertreten.

Grünfläche: Rechnet man Parks, Wälder, Seen und landwirtschaftlich genutzte Flächen zusammen, besteht Münster zu 70 % aus Grünflächen. Aber selbstverständlich sieht es nicht in allen Teilen der Stadt gleich grün aus ...

Distanz zum Dom: Der Dom ist nicht nur Touri-Highlight, sondern auch der topographische Mittelpunkt der Stadt. Der ideale Bezugspunkt also, wenn Du wissen möchtest, wie weit „draußen" ein Stadtteil liegt.

Kneipendichte: Man will nicht immer kilometerweit fahren, um ein Bier zu trinken oder sich mit Freunden zu treffen. Manchmal soll es eben die Kneipe an der Ecke sein. Die einsame Kaschemme am Ende der Straße oder das Eldorado der Trinkkultur: Wie viele Lokale Du in Deinem Stadtteil finden wirst, siehst Du hier.

Neben all dem besitzt jeder Stadtteil ganz besondere Ecken, die selbst Ur-Münsteraner oft nicht kennen. Diese besonderen Plätze, die Du vielleicht sonst nie entdeckt hättest, verraten wir Dir natürlich auch. Das kann ein ungewöhnliches Gebäude, ein verwunschener Park oder eine Kuriosität sein. Lass Dich überraschen.

zu Hause gemütlich Park Heimat wohnen

Bevor es jetzt losgeht mit den Stadtteilen, Vierteln und Sonderbarkeiten, sei noch eine Bemerkung gestattet: Das Lebensgefühl und der allgemeine Eindruck, den ein Stadtteil versprüht, unterliegt notwendigerweise immer einer subjektiven Wahrnehmung. Denke also daran, dass auch in den Vierteln, die hier vielleicht etwas schlechter wegkommen, nette Leute wohnen. Und wenn man das eigene Viertel einmal liebgewonnen hat, erscheint es einem immer etwas heimischer als der Rest der Stadt, auch wenn die Freunde aus dem Nachbarstadtteil das einfach nicht verstehen können ...

Die Altstadt

Den zentralen Bereich Münsters wirst Du unter verschiedenen Namen kennenlernen: Innenstadt, Altstadt, Stadtkern, Stadt-Zentrum, City und so weiter. Egal, auf welchen Begriff man sich nun einigt, in diesem Abschnitt geht es um das Zentrum Münsters, den Quadratkilometer innerhalb der **Promenade**, der ehemaligen Stadtbefestigung, die aufpoliert und zu einem von Bäumen gesäumten Grüngürtel umgestaltet wurde.

Auf der Promenade gibt es über die ganze Länge Fußwege und eine Fahrradautobahn, über die sich – unter Umgehung des unübersichtlichen Innenstadtverkehrs – alle zentralen Ziele in der Stadt schnell erreichen lassen. Aber Vorsicht: Jogger und andere Fußgänger weichen gerne mal von den eher schmalen Fußwegen auf den Fahrradweg aus; außerdem steht hier gerne mal die Polizei, kontrolliert die Verkehrstauglichkeit der Räder und fischt gegebenenfalls als gestohlen gemeldete Exemplare mitsamt ihren Benutzern heraus.

INFOBOX

Miethöhe:

Hochhausfaktor: 2

Einwohnerdichte:

Grünfläche:

Distanz zum Dom: 0–0,5 km

Kneipendichte:

Man möchte meinen, dass die Altstadt kein Wohngebiet ist, aber es leben doch erstaunlich viele Menschen in Münsters „guter Stube" rund um Dom und Prinzipalmarkt – sehr oft Studenten in Wohngemeinschaften. Die Vorteile liegen auf der Hand: alles ist zu Fuß erreichbar – innerhalb der Altstadt ist nichts weiter als höchstens einen Kilometer entfernt. Alle erdenklichen Geschäfte, ob Einzelhandel, Kaufhäuser oder sogar Supermärkte, liegen direkt vor der Haustür: An **Prinzipalmarkt**, **Drubbel** und **Roggenmarkt** versorgen die nobleren Adressen die Nachfrage im Luxussegment, an der Klemensstraße belauern sich, einander direkt gegenüber, die beiden Kaufhausriesen Karstadt und Kaufhof, gleich daneben kannst Du sämtliche Behördengänge im Stadthaus I erledigen. Eingerahmt wird das alles von den beiden Fußgängerzonen, der **Salzstraße** und der **Ludgeristraße**.

Auch für abendliche Vergnügungen ist zur Genüge gesorgt: Kneipen und Restaurants aller Preisklassen finden sich praktisch an jeder Ecke. Vor allem im **Kuhviertel** (auch „Q4tel" genannt), der offziellen Kneipenmeile der Stadt, wo sich in Jüdefelder und Kreuzstraße eine Theke an die andere reiht. Andererseits haben seit den neunziger Jahren nach und nach sämtliche Kinos im Stadtzentrum geschlossen. Auch größere Discos und Clubs sind eher selten geworden und inzwischen vermehrt im Umfeld des Hafens und anderswo zu finden.

Du denkst jetzt vielleicht, dass das Wohnen in der Altstadt eine eher unruhige Sache ist, aber das stimmt nur teilweise. Sicher, tagsüber, vor allem an den Wochenenden und an Markttagen (mittwochs auf dem Domplatz), platzt die Stadt aus allen Nähten, auch an Freitag- und Samstagabenden ist mehr los, insbesondere im Kuhviertel.

Aber ansonsten ist es gerade abends in der Innenstadt erstaunlich ruhig. Es ist, als würden die Bürgersteige hochgeklappt, und mit fortschreitender Uhrzeit begegnet man nur noch einzelnen Flaneuren oder einer Gruppe von Neugierigen, die sich um den Laternenträger einer historischen Stadtführung schart. Die Ruhe unterbricht dann nur noch ein merkwürdiges Tuten: Das ist die sogenannte Türmerin auf dem Turm der **Lambertikirche**, die von 9

Uhr abends bis Mitternacht (außer Dienstags) jede halbe Stunde von oben die Stadt betrötet und früher bei einem Brand als allererste Alarm geben sollte.

Der besondere Platz

Besondere Plätze gibt es viele in Münsters Mitte, einer davon ist die **Stadtbibliothek** (Alter Steinweg 11). Selbst, wenn Du kein Bücherwurm bist, solltest Du einmal in diese Bücherei reinschauen. Anfang der 90er Jahre gebaut, ist vor allem die Gestaltung im Inneren ein Gedicht aus Holz. Auf vier Ebenen (einschließlich des Kellergeschosses) decken Lesehungrige ihren Bedarf und fühlen sich in der gewagten Architektur sichtlich wohl: Selten war Avantgarde so cool und so gemütlich zugleich. www.muenster.de/stadt/buecherei

Zum ruhigen Verweilen lädt auch das **Areal an der Aa,** zwischen Juridicum und Universitätsbibliothek einerseits und den Uni-Gebäuden an Johannisstraße und Siegelkammer andererseits, ein. Die Universität ist ansonsten über die Stadt verteilt, aber wenn es in Münster so etwas wie einen Campus gibt, dann befindet er sich hier: klein Oxford an der Aa sozusagen. Bei gutem Wetter kannst Du hier gut sitzen und ein wenig entspannen, und mit viel Glück leistet Dir auch ein Reiher Gesellschaft, der die gemächlich dahinfließende Aa nach Fischen durchsucht.

Ein paar Meter weiter befindet sich noch ein besonderer Ort, den Du aber als Normalsterblicher nicht betreten kannst. Die **Bischöflichen Gärten** sind zur Erbauung des Bischofs gedacht und von daher „off limits". Das exklusive Grünareal liegt beidseits der Aa, verbunden durch eine schmale Brücke über das Flüsschen. Für die Passanten, die auf dem Aaseitenweg unter der Brücke hindurchschlendern und einen Blick hinein zu erhaschen versuchen, wird das Mystische dadurch verstärkt, dass diese Gärten die einzige Fläche in Münsters Altstadt darstellen, die seit Menschengedenken niemals bebaut wurde.

Aaseestadt

Ganz in der Nähe des Aasees wohnen und das zum bezahlbaren Preis? Glaubst Du, das geht nicht? Geht doch. Die Aaseestadt schließt an ihre noble Schwester Pluggendorf am südlichen Aaseeufer an. Wenn Du auf dem Ring von Norden her den Aasee überquerst, könntest Du denken, dass die Aaseestadt hauptsächlich aus Hochhäusern besteht: Direkt am Kolderinq begrüßen Dich drei zwölfetagige, gelbe Klötze, die sogenannten Aasee-Hochhäuser, die ihrerseits vom nahestehenden Neubau der LVM-Versicherung überragt werden. Aber der Eindruck täuscht, denn mit wenigen Ausnahmen besteht der Rest des Viertels aus Reihen-, Mehr- und Einfamilienhäusern.

Was immer Du vom Anblick der Hochhäuser halten magst, die Planungsarchitektur der sechziger Jahre bringt auch ihre Vorteile mit sich: Biegst Du nach der Aaseebrücke vom Koldering aus an der

nächsten Ecke in die Von-Witzleben-Straße ein, liegt direkt vor Dir der **Aaseemarkt**, ein Gebäudecarré, in dem mehrere Geschäfte, ein Supermarkt und eine Sparkassenfiliale viele Bedürfnisse des Alltags befriedigen und Dir manche Fahrt in die Stadt oder zum Großmarkt ersparen.

Östlich des Aaseemarktes liegt hauptsächlich Bürobebauung, neben der LVM zum Beispiel auch die Zentrale von West-Lotto (falls Du immer schon mal wissen wolltest, wer sich mit Deinen Spielscheinen beschäftigt, wenn Du in Nordrhein-Westfalen Lotto spielst). Südwestlich geht die Bebauung dann endgültig in ruhige Straßenzüge mit Einzelhäusern und Gartengrundstücken über.

INFOBOX

Miethöhe:

Hochhausfaktor: 2

Einwohnerdichte:

Grünfläche:

Distanz zum Dom: 1,7–3,5 km

Kneipendichte:

Der Trumpf der Aaseestadt ist und bleibt aber die Nähe zum **Aasee**, zumal die gegenüberliegende Seite weitestgehend unbebaut ist – dort liegen nur der Zoo und das Freilichtmuseum und jede Menge Grün. Das hat nicht einmal Pluggendorf zu bieten. Und nebenbei bemerkt: So schlecht sind selbst die Aasee-Hochhäuser nicht! Wenn Du die Wohnungsanzeigen für Münster durchsuchst, wirst Du feststellen, dass dort immer die eine oder andere Wohnung zum kleinen Preis zu haben ist, und die Aussicht von „da oben" über den See ist mit Sicherheit gleich noch einmal um Klassen besser als vom Ufer aus.

Der besondere Platz

Sie ist nicht immer ein besonderer Platz, aber einmal im Jahr wird die **Aasee-Brücke** am Kolde-Ring sehr besonders, zu Sylvester nämlich. Jedes Jahr finden sich Bewohner der umliegenden Stadtteile, also vor allem der Aaseestadt, am 31. Dezember kurz vor Mitternacht mit Sekt und Böllern bewaffnet auf der Brücke ein, um ab Schlag 12 das neue Jahr zu begrüßen und sich über die Fahrbahn hinweg gegenseitig mit Raketen zu beschießen. Der besondere Bonus: An kaum einem anderen Ort hat man einen besseren Blick auf das Feuerwerk über der Innenstadt, das sich malerisch im Aasee spiegelt.

Albachten

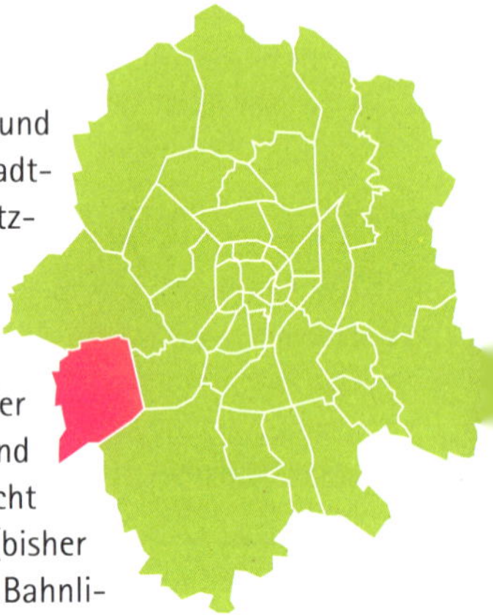

Du willst günstig im Grünen wohnen und eine etwas weitere Entfernung zum Stadtzentrum macht Dir nichts aus? Aber trotzdem wünschst Du Dir eine gute Verkehrsanbindung? Dann solltest Du Dir Albachten näher ansehen. Dieser Vorort ist einer von dreien, die westlich der A1 liegen (die anderen sind Roxel und Nienberge). Außerdem befindet sich nicht nur die A43 direkt südlich vom Ort (bisher ohne eigene Abfahrt), sondern auch die Bahnlinie Richtung Essen und Düsseldorf.

Und letzteres ist dann auch schon der Nahverkehrs-Trumpf im Ärmel von Albachten: Tagsüber fährt jede halbe Stunde ein Zug zum Hauptbahnhof Münster (oder in Richtung Ruhrpott) und gleich am Bahnhof Albachten fahren auch die Stadtbusse ab. Das heißt, dass Du nach ein paar hundert Metern zu Fuß oder mit dem Rad und zehn Minuten mit dem Zug oder Bus mitten in Münster stehen kannst.

Ansonsten ist Albachten ein ländlicher Ort, der eher seinen westlichen Nachbarn im Landkreis ähnelt, als den stadtnäheren Bereichen der Großstadt. Weite Teile des Ortes werden von den vororttypischen und dicht an dicht gebauten Einfamilienhäusern dominiert, vor allem im Südwesten – das ist eher etwas für junge Familien mit Hang zur Peripherie. Nördlich der Dülmener Straße drängen sich ein paar höhere Gebäude, was einen leicht erhöhten Hochhausfaktor ergibt. Der Gesamteindruck ist vom hier geschaffenen Wohnraum geprägt. Albachten fehlt – im Gegensatz zu z.B. Roxel oder Amelsbüren – der historische Charme. Aber bezahlbaren Wohnraum wird man hier immer finden. Wenn Du (auto)mobil bist, vielleicht sogar auf einem der umliegenden Bauernhöfe und Kotten.

INFOBOX

Miethöhe:

Hochhausfaktor: 1,5

Einwohnerdichte:

Grünfläche:

Distanz zum Dom: 7,5–8,5 km

Kneipendichte:

INZIGER STADTTEIL WESTLICH
R RHEIN-EMS-WASSERSCHEIDE

Der besondere Platz

Die **Landschaft** rund um Albachten lädt zu Fahrradtouren ein. Im Sommer kannst Du auch gut mit dem Rad die Strecke nach Münster antreten (etwa 8 km Luftlinie bis zur Stadtmitte). Auf dem Weg kommst Du auch in der Nähe des Autobahnkreuz Münster-Süd vorbei, 500 Meter weiter nördlich unterquert auch die Bahn die A1. Eine ungewöhnliche Perspektive, mal nicht über ein Autobahnkreuz zu fahren, sondern es sich von außen anzugucken.

Amelsbüren

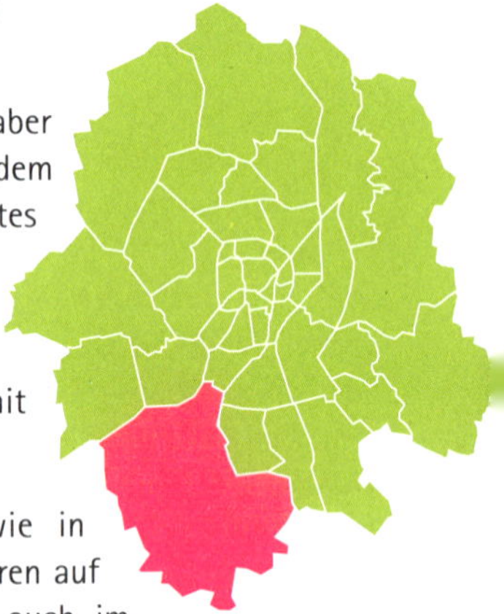

Ländliche Vororte hat Münster einige, aber in Amelsbüren bist Du nun wirklich auf dem Dorf gelandet. Das muss nichts Schlechtes sein, denn wenn Dir ländliche Idylle gefällt, bist Du hier genau richtig. Natürlich gibt es auch in Amelsbüren die obligatorischen Neubauviertel mit Einfamilienhäusern.

Die Verkehrssituation ist ähnlich wie in Albachten: Neben den Stadtbussen fahren auf der Stecke von und nach Dortmund auch im Halbstundentakt Züge zum Hauptbahnhof. Auf dem Kanal direkt nördlich von Amelsbüren tuckern die Schiffe vorbei, allerdings ist das Gewässer hier deutlich sachlicher gestaltet als in Münster selbst und lädt eher weniger zum Entlangschlendern ein.

Falls der Weg nach Münster mal zu weit sein sollte, kannst Du außer in den Geschäften vor Ort auch in Hiltrup shoppen (in dessen Schatten Amelsbüren sowieso immer ein bisschen steht). Und im Industriegebiet Gropiusstraße lockt die Eymann Sauna, sozusagen direkt vor der Haustür.

s. „Frostige Zeiten", S. 162

Das alles gibt es konkurrenzlos günstig: Amelsbüren hat die niedrigsten Mietpreise von Münster. Wenn für Dich das Landleben in Frage kommt, hast Du hier also einen guten Kandidaten für die Wohnungssuche gefunden.

Der besondere Platz

Westlich vom Ort, jenseits von Kanal und Autobahn, liegen die **Alexianer-Werkstätten**, ein Komplex von Einrichtungen zur Betreuung von Menschen mit Behinderungen oder psychischen Störungen. Am Platz der Alexianer-Werkstätten befindet sich auch das **Kunsthaus Kannen** (Alexianerweg 9), eine Galerie für Outsider Art und Art Brut, also Kunst von Leuten, die keine künstlerische Ausbildung genossen haben, aber im Zuge von Therapien, oder einfach so, Künstlerisches hervorgebracht haben. Das ist doch mal etwas anderes als der ewige Picasso in der Innenstadt!
www.kunsthaus-kannen.de

INFOBOX

Miethöhe:

Hochhausfaktor: 0

Einwohnerdichte:

Grünfläche:

Distanz zum Dom: 9–10 km

Kneipendichte:

Angelmodde

Angelmodde hat ein Identitätsproblem: Der westliche Teil, Angelmodde-Waldsiedlung, wirkt wie die südliche Fortsetzung von Gremmendorf und die meisten ahnungslosen Münsteraner würden wohl behaupten, dass man sich hier auch noch in Gremmendorf befindet. Der östliche Teil, Angelmodde-Dorf, liegt davon getrennt zwischen den Rinnsalen Werse und Angel (daher der Name) und sagt mit jedem seiner Quadratmeter: „Ich bin pittoresk". Allerdings befindet man sich hier schon fast im benachbarten, größeren Wolbeck, das auch pittoresk sein will, und so wird das arme Angelmodde hier wie dort um seinen großen Auftritt gebracht.

Grund genug, hier einmal eine Lanze für Angelmodde zu brechen: Angelmodde-Dorf liegt wirklich traumhaft im Grünen an zwei Wasserläufen, die beide befahrbar sind (die Angel aber wirklich nur mit filigranen Kajaks). Das fanden vor Jahrtausenden auch schon die Leute in der Steinzeit, deren Überreste man hier fand. (Böse Zungen, vermutlich aus Wolbeck, würden sagen: Seitdem hat sich in Angelmodde auch nicht viel getan ...)

Die Verkehrsabindung ist ... nun ja, nicht so toll. Es fahren natürlich Stadtbusse, aber hier fehlt im Vergleich zu Albachten oder Amelsbüren eben die Bahnverbindung, und mit dem Fahrrad ist es wirklich ein Stück zu fahren, um in die Stadt zu kommen. Dafür liegen die Mietpreise sehr niedrig, sogar noch unter denen von Coerde und nur knapp über denen von Amelsbüren.

INFOBOX

Miethöhe:	
Hochhausfaktor:	0,5
Einwohnerdichte:	
Grünfläche:	
Distanz zum Dom:	7-8 km
Kneipendichte:	

Wenn Du also Deine Ruhe haben möchtest, etwas zurückgezogen von zwei Flüsschen umplätschert wohnen willst und nicht andauernd in die Stadt pendeln musst, dann ist Angelmodde vielleicht etwas für Dich.

Der besondere Platz

Welcher Platz in Angelmodde besonders ist, sollte inzwischen klar sein: **der Platz im Boot**, auf Werse und Angel!

zu Hause Park gemütlich Heimat wohnen

Bahnhof

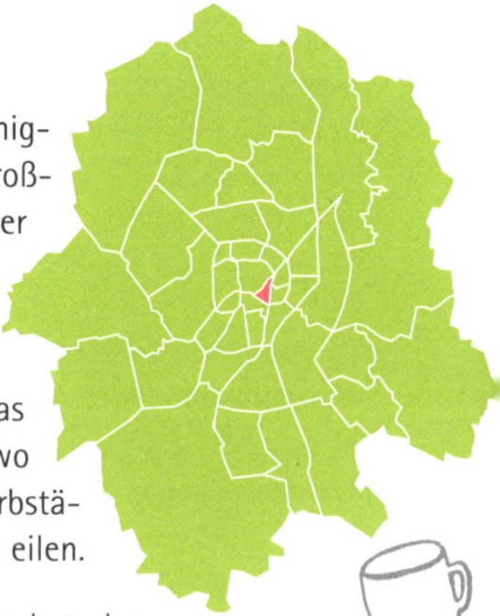

Gut, machen wir uns nichts vor: Die wenigsten Bahnhofsviertel in deutschen Großstädten sind wirklich schön. Und Münster bildet hier keine Ausnahme. Der Stadtteil wird natürlich vom **Hauptbahnhof** dominiert, der auch die östliche Begrenzung bildet. Westlich grenzt das Bahnhofsviertel an die Innenstadt, von wo aus jeden Abend Heerscharen von Erwerbstätigen zurück zu ihren Zügen und Bussen eilen.

Aber genug der Schwarzmalerei, eines hat das Bahnhofsviertel anderen Stadtteilen mit Sicherheit voraus: die perfekte Anbindung an den öffentlichen Nah- und Fernverkehr. Ganz egal, welchen Bus Du kriegen, in welchen Zug Du steigen musst, hier kommt er durch. Denn nicht nur alle Stadtbuslinien kreuzen sich auf dem Berliner Platz vor dem Bahnhof, sondern auch sämtliche Überlandbusse, die in alle Ecken des Münsterlandes fahren, treffen sich hier. Beliebt ist der Ort auch als Treffpunkt für Mitfahrgelegenheiten, und viele Reisebusse und die neuen Fernbuslinien halten auf dem Bremer Platz hinter dem Bahnhof. Wenn Du also Besuch von auswärts erwartest, wirst Du von nirgendwo einen kürzeren Weg zum Ankunftsort haben.

INFOBOX

Miethöhe:	
Hochhausfaktor:	3,5
Einwohnerdichte:	
Grünfläche:	
Distanz zum Dom:	0,6–0,8 km
Kneipendichte:	

Und auch die Wohnsituation in den Nebenstraßen links und rechts der Windhorststraße, dem Zubringer in die Innenstadt, ist besser, als die oft

DIE MEISTEN ABGESTELLTEN FAHRRÄDER

etwas triste Kiezatmosphäre um Pfandleiher, Imbissbuden und 1-Euro-Shops entlang der restlichen Hauptachsen Von-Steuben-, Hafen- und Bahnhofstraße erwarten lässt. Wenn Du auf die Schnelle etwas einkaufen willst, könnte der Weg in die Innenstadt kaum kürzer sein, außerdem ist die Gegend um den Bahnhof mit diversen Supermärkten bestens erschlossen.

An einem Stadtteilrekord schrammt das Bahnhofsviertel knapp vorbei: nur das Hafenviertel hat weniger Einwohner. Und was die Mietkosten angeht, kann man derzeit im Bereich des Innenstadtringes (und das schließt hier die Altstadt ein) nur im Josefsviertel billiger wohnen – und das auch nur knapp.

Der besondere Platz

In Münster fährt man Fahrrad. Und wenn man Zug fahren will, fährt man zuerst mit dem Fahrrad zum Bahnhof. So halten es tausende Münsteraner täglich und dementsprechend vollgestellt mit Rädern sind alle dafür geeigneten (und ungeeigneten) Flächen rund um den Bahnhof. Um das Chaos einzudämmen, baute man auf dem Berliner Platz die **Radstation** (Berliner Platz 27 a). Nach der Fertigstellung waren alle ganz aus dem Häuschen, und sogar der Bundesverkehrs-

minister (damals Franz Müntefering) kam aus der Hauptstadt angereist, um sie einzuweihen.

Sie ist mit über 3000 Stellplätzen (von denen die meisten von Dauerkartenbesitzern belegt sind) die größte ihrer Art in Deutschland und somit schon eine kleine Sehenswürdigkeit. Leider reichen die Stellplätze bei Weitem nicht aus und draußen geht das Fahrradchaos unverändert weiter.) Im Untergeschoss befindet sich das Büro, das gleichzeitig als Werkstatt und Verkaufsraum dient. Hier kannst Du Dein Fahrrad waschen oder reparieren lassen, Fahrräder ausleihen und überhaupt Tipps und nützliches Wissen erhalten.
www.radstation-ms.de

s. auch „Von A nach B", S. 8

Berg Fidel

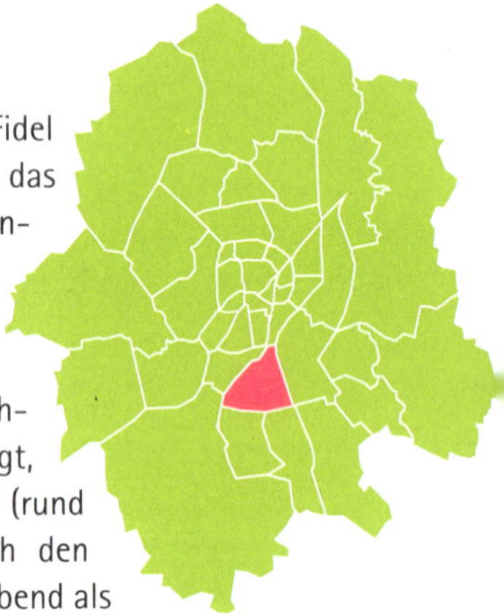

Nein, Berg Fidel wurde nicht nach Fidel Castro benannt und auch sonst hat das Viertel nichts mit der sonnigen Karibikinsel des Máximo Lider gemeinsam. Etwas vereinfachend könnte man sagen, dass der Bereich des Stadtteils, der östlich der zentral in Nord-Süd-Richtung verlaufenden Hammer Straße liegt, lediglich ein großes Industriegebiet ist (rund um die Siemensstr.), das zudem noch den zweifelhaften Ruf genießt, am späten Abend als Münsters Straßenstrich zu fungieren.

Die Westhälfte wird von Hoch- und Mehrfamilienhäusern dominiert und gilt als einer der sozialen Brennpunkte der Stadt. Schon wenn man auf der Trautmannsdorfstraße Richtung Westen fährt und nach rechts in die Straße „Am Berg Fidel" einbiegt, begrüßt einen ein siebzehnstöckiger Klotz, der „Weiße Riese", das inoffizielle

Wahrzeichen des Stadtteiles. So stellte man sich in den siebziger Jahren luxuriösen Wohnungsbau vor.

Gibt es denn nichts Gutes, das sich an Berg Fidel finden lässt? Nun ja. Falls Du sportlich interessiert oder tätig bist und in Berg Fidel wohnst, hast Du den denkbar kürzesten Weg zu den größten Sportstätten der Stadt, inklusive Fußball, Volleyball und dem legendären **Skatepark** (Am Berg Fidel 53). www.bergfidel.com

Hier steht auch das **Preußenstadion** (Fiffi-Gerritzen-Weg 1), das Heimstadion des hiesigen Fußballvereins SC Preußen 06 e.V. Münster. Und wenn Du auf die Schnelle Computerzubehör oder Unterhaltungselektronik kaufen möchtest, musst Du nicht ins Auto steigen, sondern Du gehst oder radelst einfach zur Siemensstraße hinüber und kaufst beim dort ansässigen Elektronikdiscounter.

Aber es bleibt dabei, Berg Fidel ist nicht das Aushängeschild Münsters. Zwar gibt es auch beschauliche Straßen mit Einfamilienhäusern, und der südliche Bereich des Stadtteils ist größtenteils unbebaut und entsprechend grün, aber die Mehrzahl der Bewohner lebt eben doch in den Plattenbauten rund um den „Weißen Riesen". Billig kannst Du in dieser Gegend durchaus wohnen, aber schönere Stadtteile findest Du in Münster jederzeit.

zu Hause Park gemütlich Heimat wohnen

Der besondere Platz

Vom Preußenstadion war ja bereits die Rede, aber nicht jeder weiß, dass auf dem **Parkplatz vor dem Stadion** (Fiffi-Gerritzen-Weg 1) zweimal die Woche, immer mittwochs und samstags Vormittag, ein Flohmarkt stattfindet. Nicht so groß und glamourös wie der Flohmarkt auf der Promenade, aber mit festem Stammpublikum und – nach weit verbreiteter Meinung – guter Ware ist der Trödelmarkt in Berg Fidel ein sicherer Tipp für Schatzsucher und Secondhand-Fetischisten.

INFOBOX

Miethöhe:

Hochhausfaktor: 7

Einwohnerdichte:

Grünfläche:

Distanz zum Dom: 3-4,5 km

Kneipendichte:

Coerde

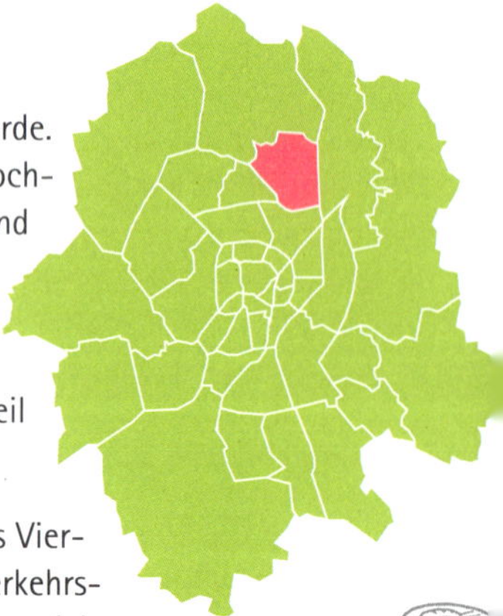

Etwas besser dran als Berg Fidel ist Coerde. Auch dieser Stadtteil ist mit vielen Hochhäusern in Plattenbauweise gesegnet und steht nicht in allerbestem Ruf, aber hier gibt es auch viele ruhige Seitenstraßen mit weniger hoher Bebauung, die durchaus wohnlich sind und zum Teil direkt am Waldrand verlaufen.

Südlich der Königsberger Straße, die das Viertel in Ost-West-Richtung als Hauptverkehrsader durchläuft, sind in den vergangenen Jahren auf einem alten Kasernengelände moderne Wohnkomplexe entstanden, die auch gehobenere Ansprüche durchaus befriedigen.

In Sachen Infrastruktur ist Coerde auch gut aufgestellt. Im Gebäudekomplex **Coerdemarkt** am Hamannplatz sind, ähnlich wie bei seinem südlichen Gegenstück in der Aaseestadt, zahlreiche Geschäfte zu finden, ebenso wie eine Stadtteilbibliothek.

Dass im nördlichen Bereich des Stadtteils die Zentraldeponie und die Kläranlage Münsters liegen, könnte wie ein Standortnachteil wirken, tatsächlich bekommen die Bewohner aber von den Einrichtungen weder optisch noch in Sachen Geruch etwas mit, zumal sie etwa einen Kilometer von jeder Bebauung entfernt liegen. Und wer in Coerde wohnt, hat es jedenfalls nicht weit, wenn er den letzten Sperrmülltermin verschlafen hat: Im Gegensatz zu den, im ganzen Stadtgebiet verteilten, Recyclinghöfen hat der **Wertstoffhof** (Zum Heidehof 80) der Deponie an jedem Werktag geöffnet.

Wer Erholung sucht, findet diese am Kanal westlich von Coerde und weiter nördlich, jenseits der Deponie, kann man jederzeit in der Natur und über die dort liegenden Rieselfelder spazieren, die allerdings schon zum Stadtteil Sprakel gehören.

Das Beste ist: Das alles gibt es ausgesprochen günstig. Nur knapp von Amelsbüren auf die Plätze verwiesen hat Coerde den zweitniedrigsten Mietpreis pro Quadratmeter, und wer dringend eine Wohnung zum kleinen Preis sucht, wird hier immer fündig.

Der besondere Platz

INFOBOX

Miethöhe:

Hochhausfaktor: 5,5

Einwohnerdichte:

Grünfläche:

Distanz zum Dom: 3-4 km

Kneipendichte:

Am westlichen Rand von Coerde, jenseits der Bahnstrecke Richtung Norden, wurde seit der Jahrtausendwende ein Militärgelände nach und nach umgebaut: die **Speicherstadt** (An den Speichern). Noch vor dem Zweiten Weltkrieg als „Heeresverpflegungsamt" der Wehrmacht gebaut, wurde sie nach Kriegsende von den britischen Besatzungstruppen als Versorgungsstützpunkt weiter genutzt. Nach dem Abzug der Briten baute die Stadt die Speicher Gebäude für Gebäude um, und heute werden sie, unter anderem von einem bekannten Online-Großbuchhändler, als Büro- und Geschäftsräume genutzt.

www.speicherstadt-muenster.de

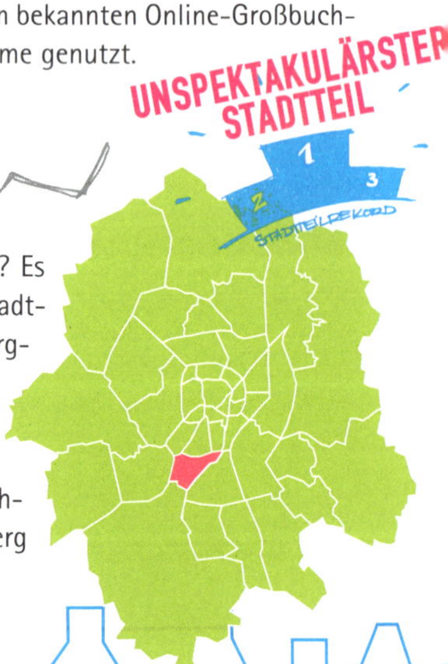

Düesberg

Was soll man über Düesberg sagen? Es ist vielleicht der unspektakulärste Stadtteil Münsters. Entlang des Düesbergwegs, zwischen Umgehungsstraße im Norden und Umgehungsbahn im Süden reiht sich eine Wohnstraße mit Einfamilienhäusern an die nächste. Du kannst natürlich in Düesberg

wohnen, sogar schön wohnen, aber Du solltest darüber hinaus nicht viel mehr erwarten.

Die einzigen Ausnahmen von der Regel sind das Industriegebiet entlang der Geringhoffstraße am nordwestlichen Ende von Düesberg und das Clemenshospital, eines der Krankenhäuser der Stadt, mittig am Düesbergweg. Zwei Parks, der **Sternbuschpark** und der **Düesbergpark** bieten ein wenig öffentliches Grün, neben dem privaten Grün der vielen Gärten.

In Düesberg bleibt also außer Wohnen nicht viel zu tun. Wenn Du es aber ruhig magst und nicht erwartest, dass das pralle Leben an Deine Wohnungstür klopft, ist der Stadtteil vielleicht trotzdem das Richtige für Dich. Falls nicht, schau Dich nach einem anderen um.

INFOBOX

Miethöhe:

Hochhausfaktor: 0,5

Einwohnerdichte:

Grünfläche:

Distanz zum Dom: 3-4,5 km

Kneipendichte:

Der besondere Platz

Schon mal von der Trimm-dich-Bewegung der siebziger Jahre gehört? Leute in Trainingsanzügen, die heute auf Szeneparties wieder angesagt wären, liefen irgendwo im Wald herum und absolvierten zwischendurch Übungen an obskuren Trainingsgeräten. Nun, in Düesberg hat ein Relikt aus dieser Zeit überlebt: der **Trimm-dich-Pfad** im Düesbergpark. Wir wissen nicht, ob hier wirklich noch aktiv „getrimmttrabt“ wird, aber vielleicht ziehst Du Dir ja mal einen modischen Trainingsanzug an (Pudelmütze nicht vergessen!) und startest den Trend neu?

Geist

Gleich vorweg: es heißt die Geist, nicht der Geist. Außerdem spricht man in Münster eigentlich ohnehin vom Geistviertel, wobei der Begriff im landläufigen Sprachgebrauch auch Düesberg mit einschließt. Der Stadtteil hat die Form eines Tortenstücks mit der (abgestumpften) Spitze im Norden. Bereits von Weitem zu erkennen ist die Geist an ihrem Wahrzeichen, dem imposanten Wasserturm, der bis heute von den Stadtwerken für die Wasserversorgung genutzt wird. Südlich davon schließen sich Wohnstraßen, hauptsächlich mit Reihen- und Mehrfamilienhäusern, an.

INFOBOX

Miethöhe:	
Hochhausfaktor:	1
Einwohnerdichte:	
Grünfläche:	
Distanz zum Dom:	1,8–3 km
Kneipendichte:	

Die Geist ist eine gute Option, wenn Du nicht zu zentral, aber dennoch nah genug dran wohnen möchtest – Ruhe ohne Abgeschiedenheit, sozusagen. Der Wasserturm ist kei-

ne zwei Kilometer vom Dom entfernt und noch geringer sind die Entfernungen zum Bahnhof und zur Partymeile rund um den Hafen. Dennoch ist die Geist ein eher beschaulicher Stadtteil mit verhältnismäßig viel Grün und guter Anbindung über die Weseler Straße im Westen und die Hammer Straße im Osten. Wenn Du es ganz besonders ruhig haben möchtest, solltest Du Dir die autofreie Siedlung **Weißenburg** an der Metzer Straße anschauen. Hier praktizieren die Bewohner, hauptsächlich junge Familien, das Leben ohne eigenes Auto – oder jedenfalls ohne eigenes Auto vor der eigenen Haustür. Und falls mal etwas nicht in den Fahrradanhänger passt, stehen Fahrzeuge im Carsharing bereit. www.weissenburgsiedlung.de

Der besondere Platz

In der Geist liegt auch ein Siedlungsprojekt, das ursprünglich aus den zwanziger Jahren stammt, der **Grüne Grund**. Die Siedlung, die mit zwei gegenüberliegenden Häuserreihen eine gut 300 Meter lange und bis zu 100 Meter breite Rasenfläche einrahmt, bietet einen in Münster ungewöhnlichen, aber durchaus nicht unschönen Anblick, und vor allem im Frühjahr und Sommer ist der Name Grüner Grund Programm.

Gelmer-Dyckburg

Weit im Norden, am Ostufer des Kanals, liegt Gelmer. Mit von der Partie sind kleinere Flecken wie Sudmühle und Mariendorf, die unter „Dyckburg" zusammengefasst werden, weiter nördlich befindet sich noch die Bauernschaft Gittrup. Gelmer hat auch als Bauernschaft angefangen und ist durch nicht enden wollenden Anbau von Wohngebieten weiter gewachsen. Im Gegensatz zu beispielsweise Roxel oder Albachten gibt es hier keinen alten Ortskern oder eine Kirche, die den Mittelpunkt bildet. Gelmer ist eine reine Schlaf- und Wohnsiedlung.

Rund um den Ort ist alles voller Spargelhöfe, auf denen Du außerhalb der Saison auch etwas anderes als Spargel bekommst: Im Advent beispielsweise Weihnachtsbäume. Die umliegende Landschaft lädt dazu ein, sich aufs Rad zu schwingen oder den Hund über die Felder zu scheuchen: Hier lebst Du wirklich auf dem Land. Dass die Rieselfelder und der Kanal gleich nebenan sind, ist sicher auch kein Nachteil.

Die Anbindung von Gelmer ist so lala. Natürlich fahren auch hier Busse, aber ohne eigenes Auto wirst Du auf Dauer eher wenig Freude an Deinem ländlichen Domizil haben.

Der besondere Platz

Nördlich von Gelmer, auf halbem Weg nach Gittrup, gabelt sich der Dortmund-Ems-Kanal für ein paar Kilometer in die so genannte „Alte" und die „Neue Fahrt". Hier quert der Kanal die Ems, durch die zwei Fahrten gleich zweimal. Die ältere der beiden Trogbrücken stammt noch aus der Zeit Kaiser Wilhelms und liegt heute trocken.

Lange Jahre waren die **Kanalarme** beidseits der Kanalüberführung (KÜ) das sommerliche Planschbecken der münsteraner Bevölkerung und gaben immer wieder Anlass zur Diskussion, weil es dort angeblich nicht immer so sittenstreng zuging, wie in der restlichen Domstadt. Seit einiger Zeit jedoch wuchert die „Alte Fahrt" an der KÜ immer weiter zu und dadurch ist es drumherum ruhiger geworden. Bei einer Radtour mal vorbeizuschauen ist trotzdem interessant.

Bei Sudmühle gibt es eine Kuriosität zu sehen: Der **Tierfriedhof Münster-Handorf** (Sudmühlenstr. 167) nennt sich zwar nach Handorf, liegt aber auf Gelmer-Territorium. Hier kannst Du die kleinen Gräber all der Hansis, Waldis und Minkas besichtigen, die über die Jahre beerdigt wurden. Rührend-traurig und auch ein bisschen schräg.

INFOBOX

Miethöhe:

Hochhausfaktor: 0

Einwohnerdichte:

Grünfläche:

Distanz zum Dom: 8- 8,5 km

Kneipendichte:

EINZIGER TIERFRIEDHOF

Gievenbeck

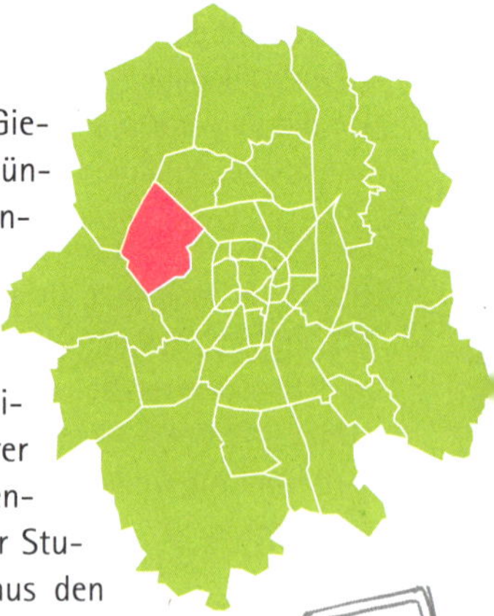

Mit seinen gut 20.000 Einwohnern ist Gievenbeck irgendwie selbst schon Klein-Münster. Wer in Münster wohnt, wohnt jedenfalls entweder selbst in Gievenbeck oder kennt mehrere Leute, die in Gievenbeck wohnen. Die Universität verstaut hier in einer Vielzahl von Wohnheimen, vor allem entlang des Horstmarer Landwegs („HoMaLa") und seiner Nebenstraßen, einen bedeutenden Anteil ihrer Studenten. Und auch viele Berufstätige aus den Instituten und Hightech-Firmen im benachbarten Sentrup wohnen hier.

$V = \frac{4}{3}\pi \cdot r^3$

Wenn Du also als Student einer Naturwissenschaft nach Münster kommst, Dich an der Fachhochschule eingeschrieben oder irgendwie mit dem Uniklinikum zu tun hast, bist Du in Gievenbeck an der richtigen Adresse, und auch die Kunstakademie im Leonardo Campus an der Steinfurter Straße ist nur einen Katzensprung entfernt. Zur Innenstadt ist es etwas weiter, aber vom östlichen Ende Gievenbecks bis ins Zentrum sind es auch nur 2,5 Kilometer.

Die Bebauung ist gemischt, von den etwas düsteren, aber durchaus komfortablen Wohnklötzen an der Hensenstraße bis zu idyllisch gelegenen Einfamilienhäusern, zum Beispiel am Schöppingenweg, ist alles dabei. Etwas weniger mondän geht es in den wenigen

Plattenbauten am Stadtlohnweg zu, aber auch hier genießt Du die Vorzüge von Münsters Schlafstadt Nummer Eins.

Auch wenn Du lustige Straßennamen magst, bist Du in Gievenbeck richtig: Adressen wie „Appelbreistiege" und „Unnerste Meer" machen sich gut im Ausweis oder als Absender auf einer Postkarte.

INFOBOX

Miethöhe:

Hochhausfaktor: 2

Einwohnerdichte:

Grünfläche:

Distanz zum Dom: 2,5–4,5 km

Kneipendichte:

All das gibt es zu günstigen Preisen, die Mieten in Gievenbeck liegen unterhalb des münsteraner Durchschnitts. Wenn Du also im Beruf oder im Studium hauptsächlich mit der Westhälfte der Stadt zu tun hast, solltest Du Wohnungen in Gievenbeck auf jeden Fall mit in die engere Auswahl nehmen.

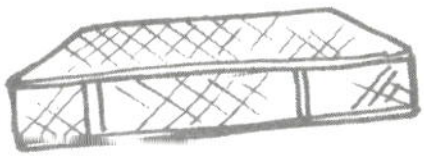

Der besondere Platz

Die **Oxford-Kaserne** (Roxeler Str. 340) der britischen Streitkräfte wird in absehbarer Zeit (voraussichtlich noch 2014) von ihren Noch-Besitzern geräumt werden. Was aus dem Gelände werden soll, wird noch verhandelt, aber die Chancen, dass hier neuer Wohnraum entstehen wird, stehen gut. Vielleicht knackt Gievenbeck bald die 25.000er Marke?

Gremmendorf

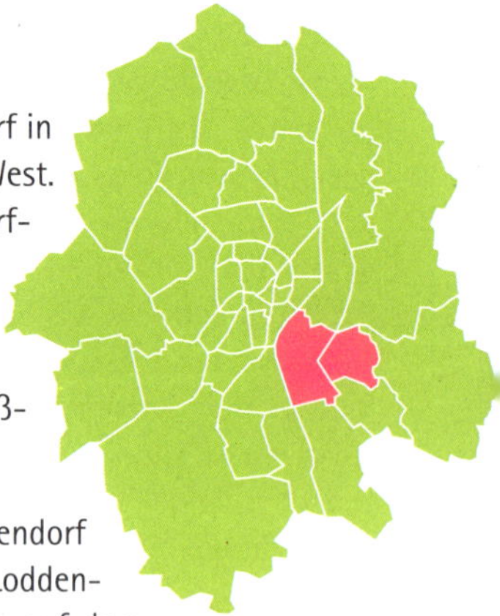

Die Stadt Münster gliedert Gremmendorf in zwei statistische Bereiche: Ost und West. Das ist auch sinnvoll, denn Gremmendorf-West besteht im Wesentlichen aus Industriegebieten mit einigen drum herum drapierten Wohnbereichen, während Gremmendorf-Ost ausschließlich aus Wohnvierteln besteht.

Das größte Industriegebiet in Gremmendorf und zugleich der ganzen Stadt ist die Loddenheide, ein ehemaliges Kasernengelände, auf dem seit den neunziger Jahren Gewerbegrundstücke erschlossen wurden. Bis heute ist noch nicht die gesamte Fläche mit Unternehmen besiedelt, und die auf dem riesigen Areal zum Teil vereinzelt herumstehenden Gebäude bieten einen interessanten, aber auch etwas spröden Anblick. Eine Besonderheit ist der **Friedenspark**, eine Grünfläche, die sich mittig durch das Areal zieht. Darin steht die **Friedenskapelle**, ursprünglich die Kapelle der britischen Garnison am Ort. Heute werden dort – mitten im Industriegebiet – regelmäßig Konzerte veranstaltet.

Der berühmteste „Bewohner" und das Wahrzeichen von Gremmendorf ist der **Pängel Anton**, eine Lokomotive, die in früheren Zeiten die Züge auf der durch Gremmendorf verlaufenden Strecke Richtung Albersloh zog. An der Ecke Albersloher Weg und Erbdrostenweg hat ein Karnevalsverein(!) gleichen Namens ein Museum für den Pängel Anton eingerichtet, vor dem das alte Gefährt heute zu besichtigen ist.

GRÖSSTES INDUSTRIEGEBIET

STADTTEILREKORD

Die Lage von Gremmendorf entspricht in Sachen Entfernung vom Zentrum in etwa der von Gievenbeck, aber zum Einkaufen musst Du von hier aus nicht immer in die Stadt fahren: Am nordwestlichen Ende der Loddenheide liegt einer der großen Verbrauchermärkte der Stadt, und wenn Du einen Gewerbeschein vorweisen kannst, steht es Dir frei, Dich nebenan im Großmarkt verbilligt einzudecken.

Der besondere Platz

Du siehst ihn beim Fahren auf der Umgehungsstraße schon von Weitem: An der Abfahrt zum Albersloher Weg thront der alte **Gasometer**. Früher bunkerte die Stadt Münster hier ihr Erdgas (heute macht sie das unterirdisch bei Albachten), aber 2005 wurde der Koloss endgültig stillgelegt und rostet seitdem beleidigt vor sich hin. Die Zukunft des Gasometers ist insofern gesichert, dass er inzwischen Industriedenkmal ist, aber so richtig will nicht Bewegung in die Sache kommen. Von Zeit zu Zeit finden im Innenraum Theateraufführungen statt. Wenn Du die Chance hast, dir das Ding einmal von innen anzusehen, dann nutze sie. Industrieromantik pur!

INFOBOX

Miethöhe:

Hochhausfaktor: 1

Einwohnerdichte:

Grünfläche:

Distanz zum Dom: 2,5–4,5 km

Kneipendichte:

Hafen

Es ist unwahrscheinlich, dass Du im Hafenviertel wohnen wirst. In dem ganzen Stadtteil wohnen überhaupt nur etwas mehr als 1.000 Menschen, und selbst bei denen ist völlig unklar, wo sie das genau tun. Der Bereich rund um den Stadthafen besteht ausschließlich aus der Vergnügungs- und Szenemeile am Nordufer des Hafenbeckens, dem **Kreativkai**, während sich südlich ein reines Industrieareal ausbreitet. Einzig am Nordrand des Viertels, etwa an der Soester Straße und der Bernhard-Ernst-Straße, finden sich einige Wohnhäuser.

Auch wenn Du hier wohl nicht wohnen wirst: kennenlernen wirst Du den Hafen mit Sicherheit, vor allem abends am Wochenende. Entlang der Wasserkante am Hafenbecken reihen sich Bars und Clubs, darunter das **Pier House** (Hafenweg 22), der **Hot Jazz Club** (Hafenweg 26b) und im Sommer der **Coconut Beach** (Hafenweg 46) mit Liegestühlen, Palmenwedeln und allem tropischen Drum und Dran. Weiter zum Kanal hin liegen noch die vormaligen Osmo-

Hallen, früher Schauplatz von Public Viewings und improvisierten Partys, inzwischen aber wegen der Gefahr eines möglichen Einsturzes teilweise gesperrt.

Weiter südlich feiert am Hawerkamp ein zumeist etwas alternativeres Publikum, in rustikaler Fabrikhallen-Atmosphäre wird im **Triptychon** (Am Hawerkamp 31) Metal und Gothic-Klängen gelauscht, das **Fusion** (Am Hawerkamp 31) ist für Elektronik unterschiedlichen Härtegrades zuständig.

INFOBOX

Miethöhe:

Hochhausfaktor: 0

Einwohnerdichte:

Grünfläche:

Distanz zum Dom: 1,5–2,5 km

Kneipendichte:

Aber auch für andere Kunstformen ist Platz am Hafen: Das **Cineplex** im Albersloher Weg 14 erfüllt die Bedürfnisse der Kinobesucher, gegenüber, auf der anderen Seite das Hafenplatzes, steht man im **Wolfgang Borchert Theater** (Hafenweg 6-8) auf den Brettern, die die Welt bedeuten. Feiern und Kultur jederzeit also.

s. „Feiern", S. 176 und „Kultur und so", S. 217

Der besondere Platz

Offensichtlich, aber dennoch: Setz Dich einfach mal abends ans **Hafenbecken**. Gerade im Sommer kannst Du das auch mit einem Besuch in den dortigen Bars und Clubs verbinden, die fast alle offene Terrassen zur Wasserseite hin haben. Aber auch bei kaltem Wetter kann man hier gut stehen und nachdenklich in die Lichter der Laternen blinzeln, die sich im Wasser spiegeln.

Handorf

Das „Dorf der großen Kaffeekannen" wird Handorf gerne genannt. Gemeint ist damit die hohe Dichte an Ausflugswirtschaften, die sich bis heute in diesem Teil der Stadt überall befinden. Sogar im Ort Handorf selbst reihen sich mehr Hotels und Restaurants aneinander, als statistisch zu erwarten wäre. Die ganze Beschaulichkeit und die ganze Kaffeeausschenkerei gibt dem Stadtteil allerdings auch ein gewisses Rentner-Flair. Dazu trägt sicher auch bei, dass hier die Diakonie Münster ein recht imposantes Seniorenzentrum betreibt. Da hilft es auch nichts, dass sich im äußersten Nordwesten von Handorf die Fachklinik Hornheide befindet, die auf Hautkrankheiten und Ästhetische Chirurgie spezialisiert ist, und deren Dienste Du hoffentlich nicht benötigen wirst.

Aber Handorf ist ja auch schön. Die schönsten Fleckchen findest Du entlang der Werse, die mitten durch den Ort fließt. Hier, entlang des gesamten Werseufers, liegen auch die legendären **Lauben**. Jeder Münsteraner weiß, dass es diese Traumhäuschen gibt, viele sind schon mal auf einer Radtour an ihnen vorbeigefahren, aber kaum jemand kennt jemanden (der jemanden kennt ...), der so ein Ding besitzt oder auch nur bewohnt. Mysteriös.

DICKSTER BAUM MÜNSTERS

Der besondere Platz

Die **Boniburg** ist ein altes Schloss, dessen Besonderheit leider darin besteht, dass es nicht mehr existiert. Dafür ist heute am alten Standort ein sehr schöner Park angelegt – direkt am Ufer der Werse, die unter dem Blätterdach der säumenden Bäume geheimnisvoll dahinplätschert.

Im Park steht Handorfs bekanntester Bewohner, eine Blutbuche, die derzeit noch Münsters dickster Baum ist. Inzwischen stirbt sie jedoch. Eingezäunt wegen eventuell herabstürzender Äste steht sie da und alle warten darauf, dass ihr die Pilze, die ihr seit Jahren zusetzen, irgendwann den Rest geben – Handorf morbid.

INFOBOX

Miethöhe:

Hochhausfaktor: 0,5

Einwohnerdichte:

Grünfläche:

Distanz zum Dom: 6–7 km

Kneipendichte:

Hansaplatz

Das Hansaviertel (kein Mensch sagt „Hansaplatz"!) liegt zwischen der Wolbecker Straße im Norden und dem Stadthafen im Süden, zwischen dem Bahnhof im Westen und dem Hohenzollern- und Hansaring im Osten. Es kann zwar nicht mit dem Nimbus des anderen Gründerzeitviertels, des Kreuzviertels, aufwarten, aber dafür schlagt hier das alternative Herz Münsters.

Die Altbauten entlang der ruhigen Seitenstraßen werden hauptsächlich von Studenten in Wohngemeinschaften und jungen Familien bewohnt. Und das besondere Lebensgefühl ist überall greifbar: Zahlreiche Einrichtungen sprechen alle Deine Bedürfnisse nach Selbsthilfe, -findung oder -verwirklichung an.

Ein weiterer Trumpf des Viertels ist seine gute Anbindung: Der Bahnhof liegt direkt vor der Haustür, auch die Innenstadt ist zu Fuß oder per Rad in wenigen Minuten zu erreichen. Für ambitionierte Partystudenten und andere Nachteulen ist die unmittelbare Nähe zu den Epizentren des münsteraner Nachtlebens, dem Kreativkai am Hafen und dem Haverkamp, besonders attraktiv.

Durch das Viertel zieht sich als Lebensader in Ost-West-Richtung die **Wolbecker Straße,** im kollektiven Bewusstsein der multikulturelle Kiez der Stadt: Imbisse, Restaurants und Lebensmittelläden bieten nicht nur Spezialitäten aus aller Welt, sondern auch Lebensart und eine entspannte, fast mediterrane Atmosphäre, die mancher Zugezogene anderswo in Münster oft vermissen mag. Daneben finden sich mit Supermärkten, Bäckereien, Arztpraxen und Apotheken alle Anlaufstellen für den täglichen Bedarf. Dass die Radwege

hier notorisch eng und vor dem einen oder anderen Laden – vor allem an Freitag- und Samstagabenden – mit uneinsichtigen Fußgängern bevölkert sind, ist für routinierte Anwohner wie Durchreisende aus anderen Stadtteilen bereits Gewohnheit.

Der besondere Platz

In der Wolbecker Straße 24 findest Du den schrägsten Gemüseladen Münsters, das **Peperoni**. Djahan, der Besitzer iranischer Herkunft, bietet nicht nur wochentags von mittags bis abends ein täglich wechselndes vegetarisches Gericht zum kleinen Preis an, sondern hat auch Abendveranstaltungen wie Konzerte und Poetry Slams im Programm, die in dem kleinen Ladenlokal immer eine ganz besondere Atmosphäre erzeugen. Vor allem aber ist das Peperoni samt seinem Besitzer ein knallbuntes Gesamtkunstwerk, das bei Münsteranern eine feste Fanbasis besitzt. www.gemuesekultur.de

INFOBOX

Miethöhe:

Hochhausfaktor: 1

Einwohnerdichte:

Grünfläche:

Distanz zum Dom: 1-1,5 km

Kneipendichte:

Herz-Jesu

Wenn Du auf der Wolbecker Straße vom Hansaplatz stadtauswärts fährst, schließt sich das Herz-Jesu-Viertel an. Die reihenhausbestandenen Straßen zur Rechten und zur Linken strahlen eine ähnliche Atmosphäre aus wie im Hansaviertel und überragt wird das alles von der nicht zu übersehenden **Herz-Jesu-Kirche** mit dem höchsten Kirchturm der Stadt.

Südlich liegt im Dreieck Wolbecker Straße, Schillerstraße und Kanal das alte Quartier **Klein-Muffi**: Vor vielen Jahren Lebensraum der armen Leute rund um den Kanal und Entstehungsort der Masematte. Direkt daran schließt sich das Hafenviertel mit seinen Kneipen, Bars und Clubs am Hafenbecken an.

Nach Osten hin ist Herz-Jesu durch den Kanal begrenzt. Und auch wenn der Uferstreifen in anderen Stadtteilen ebenfalls rege genutzt wird, ist hier das Lieblingsstück der Münsteraner zu finden. Vor allem die **Wiesen rund um die Kanalbrücke** der Manfred-von-Richthofen-Straße sind in der warmen Jahreszeit immer voll besetzt. In den neunziger Jahren trafen sich hier bevorzugt Freunde lauter Musik zur abendlichen Randale, und noch heute ist manchem Kanalfreund der Spitzname Raver-Wiese ein Begriff.

Wenn Du eine Unterkunft in der Osthälfte der Stadt in Betracht ziehst, ist Herz-Jesu eine wirklich gute Option. Hier bist Du nur ein wenig weiter von der Innenstadt und vom Bahnhof entfernt als in Hansa, dafür aber näher am Kanal und der Vergnügungsmeile am Hafen. Gleichzeitig findest Du ruhige Nebenstraßen und Mietpreise im Mittelfeld.

INFOBOX

Miethöhe:	
Hochhausfaktor:	1
Einwohnerdichte:	
Grünfläche:	
Distanz zum Dom:	1,5–2 km
Kneipendichte:	

DER HÖCHSTE KIRCHTURM

Der besondere Ort

Es wurde schon erwähnt: Das **Kanalufer** ist einer der ganz großen Pluspunkte an Herz-Jesu. Hier kannst Du Dich im Sommer mit Hunderten anderer Sonnenhungriger auf den Grünflächen dies- und jenseits des Kanals niederlassen. Und zum Spazieren und Joggen sind die Kanalseitenwege sowieso das ganze Jahr über perfekt geeignet. Die jeweiligen Strecken lassen sich ganz einfach dosieren, indem Du Dir nach Belieben die Teilstücke von Brücke zu Brücke zusammenstellst. Auch die Uferseite kannst Du an jeder Brücke wechseln: Überall existieren Treppen oder Rampen, die vom Uferweg auf die jeweilige Straße hinauf- und hinabführen.

Hiltrup

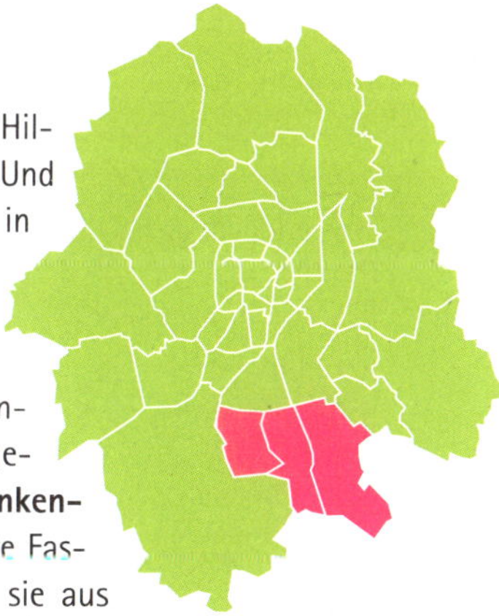

Hiltrup ist mehr als nur ein Stadtteil, Hiltrup ist schon eine kleine Stadt für sich. Und so ist Hiltrup auch der Spitzenreiter in Sachen Bevölkerungszahl unter den Stadtteilen Münsters. Hier gibt es ein eigenes Stadtzentrum rund um die **St.-Clemens-Kirche**, eine eigene Einkaufsstraße, die **Marktallee**, und ein eigenes Krankenhaus, das **Herz-Jesu-Krankenhaus** (Westfalenstr. 109), dessen düstere Fassade ein bisschen so aussieht, als sei sie aus Gotham City nach Hiltrup strafversetzt worden. Und

mit Amelsbüren hat Hiltrup auch so etwas wie einen eigenen Vorort.

Nach dem Motto „divide et impera" teilt die Stadt Münster Hiltrup gleich in drei statistische Bezirke ein: Hiltrup-West, westlich der Westfalenstraße (zugleich B54), Hiltrup-Mitte, zwischen Westfalenstraße und Kanal, und Hiltrup-Ost, jenseits des Kanals in Richtung Angelmodde.

Für Dich als potenziellen Bewohner sieht es so aus, dass Du mit Hiltrup einen eigenständigen Ort vorfindest, in dem fast alle Bedürfnisse des täglichen Lebens abgedeckt sind. Die Entfernung zur Stadtmitte Münsters ist vergleichsweise groß. Busse fahren aber selbstverständlich und Hiltrup hat auch einen eigenen Bahnhof an der Strecke Münster-Hamm. An Immobilien gibt es hier von der typischen Neubausiedlung bis zu schon großstädtisch anmutender Bebauung alles – und das zu sehr moderaten Preisen.

Ins Grüne kommst Du hier auch: Westlich und südlich zieht der Kanal eine Schleife rund um Hiltrup. Allerdings ist ein großer Teil des Ufers durch die im Südteil von Hiltrup-Mitte ansässige **BASF** (Glasuritstr. 1), die hier Farben und Lacke herstellt, besetzt. Aber auch für den Naherholungsbedarf der Hiltruper steht genug Freiraum zur Verfügung.

INFOBOX

Miethöhe:

Hochhausfaktor: 1,5

Einwohnerdichte:

Grünfläche:

Distanz zum Dom: 6–7,5 km

Kneipendichte:

Der besondere Platz

Südlich von Hiltrup, jenseits des Kanals, liegt in beschaulicher Landschaft der **Hiltruper See**. Baden darf man hier leider nicht, da der See Teil eines Wasserschutzgebietes ist und die Stadtwerke vor Ort Trinkwasser gewinnen. Aber gesegelt wird hier, und rund um das Gewässer kannst Du in schöner Umgebung spazieren gehen oder joggen, falls Dir der Kanal irgendwann zu öde werden sollte.

DIE MEISTEN EINWOHNER

Josefsviertel

Schaust Du von der Promenade zum Josefsviertel hinüber, siehst Du den Kanonengraben und denkst wahrscheinlich gleich: „Hui, Villenviertel!" Ja, die Nordflanke von „Josef" wirkt erst einmal feudal, aber sobald Du Dich auf den Ludgeriplatz zubewegst (den größten Kreisverkehr der Stadt, daher auch „Ludgerikreisel" oder einfach „Kreisel" genannt), kommt Leben in die Sache.

Wenn Du den Mahlstrom des Kreisels unbeschadet überstanden hast (Fahrradfahrer aufgepasst!), stehst Du am Anfang der Hammer Straße und daran entlang erstreckt sich beidseits das eigentliche Josefsviertel. Links und rechts gehen reihenhausbestandene Straßen ab, die meistens auf männliche Vornamen (Hermann-, Josef- oder Georgstraße) hören. Auch sollte man seine preußische Geschichte beisammen haben (Moltke-, Goeben- oder Kronprinzenstraße), wenn man durch das unregelmäßige Gitter von (zumeist) Einbahnstraßen navigieren will.

INFOBOX

Miethöhe:

Hochhausfaktor: 1,5

Einwohnerdichte:

Grünfläche:

Distanz zum Dom: 0,5–1,5 km

Kneipendichte:

Südlich ragen die Zwillingstürme der namengebenden **St. Josephkirche** auf (fiese Falle: Kirche mit „ph", Viertel mit „f"), die bereits die Südgrenze des Viertels markiert. Entlang der Hammer Straße findest Du allerhand Einzelhandelsgeschäfte, Imbisse, Eisdielen und so weiter, mit einer auffallenden Konzentration an Textilgeschäften und Kneipen. Supermärkte gibt es etwas weiter südlich, schon im Bereich Schützenhof und Geist, für den täglichen Bedarf ist in Josef also gesorgt. Und die Innenstadt ist ja auch gleich nebenan, jenseits der Gefahrenzone des Kreisels.

Der besondere Platz

An der Nordostecke des Josefsviertels liegt das **Jugendinformations und -bildungszentrum (J.I.B.)** (Hafenstr. 34). Hier können sich junge Leute informieren und beraten lassen, in der Werkstatt basteln oder anders kreativ werden.

Was das J.I.B. aber wirklich besonders macht, ist das **Gleis 22** (Hafenstr. 34): In diesem Club finden nicht nur mehr oder weniger regelmäßige Partyreihen statt, sondern immer wieder auch Konzerte unterschiedlichster Bands, hauptsächlich aus dem Independent-Bereich. Der Clou ist, dass immer wieder die Stars von morgen hier zu sehen sind. So spielten etwa bereits 1998 The Hives im Gleis oder Maximo Park im Jahr 2005. Wenn Du also in Sachen Musik ein paar neue Live-Erfahrungen machen möchtest: ab ins Gleis!
www.gleis22.de

Kinderhaus

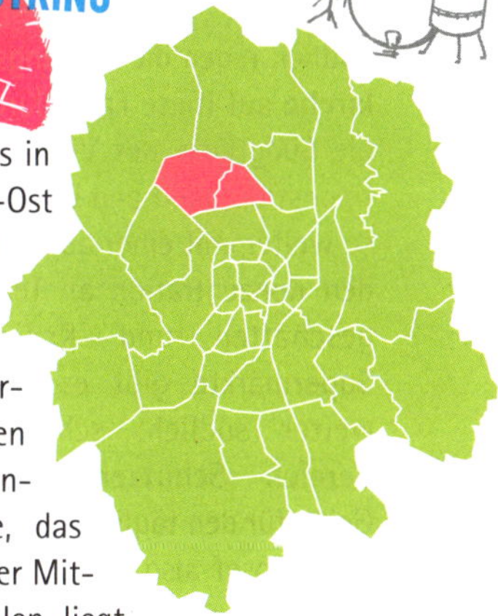

Die Stadt Münster unterteilt Kinderhaus in die statistischen Bezirke Kinderhaus-Ost und -West. Kinderhaus-Ost, links und rechts der Grevener Straße, ist ein Wohnviertel mit Mischbebauung ohne großen Wiedererkennungswert. Kinderhaus-West ist, jedenfalls im nördlichen Bereich, der Brüningheide, eine Plattenbausiedlung mit einem Sozialprestige, das Berg Fidel Konkurrenz macht. Etwa in der Mitte, gerade so eben zum Westteil zu zählen, liegt das Stadtteilzentrum am Idenbrockplatz – ein Konglomerat von Neubauten mit allerlei Geschäften, in denen die Kinderhauser Bevölkerung ihren täglichen Bedarf deckt.

Die Sache ist die: Nach Kinderhaus zieht man, weil einem die angebotene Wohnung gefällt, nicht wegen des Stadtteils. Oder allenfalls, weil man einer Arbeit in einem der Bürokomplexe am West

INFOBOX

Miethöhe:

Hochhausfaktor: 4,5

Einwohnerdichte:

Grünfläche:

Distanz zum Dom: 3–4,5 km

Kneipendichte:

rand von Kinderhaus, wie der Sparkassenakademie oder der Provinzial Versicherung am Bröderichweg, nachgeht.

Der besondere Platz

Kinderhaus hat dem Besucher einen skurrilen und fast ein wenig makabren besonderen Platz zu bieten: das **Lepramuseum** (Kinderhaus 15). Am Nordrand des Stadtteils gelegen dokumentiert die Sammlung als einzige ihrer Art in Deutschland alle Aspekte der grauenerregenden Krankheit in Vergangenheit und Gegenwart.
www.lepramuseum.de

EINZIGES LEPRAMUSEUM DEUTSCHLANDS
STADTTEILREKORD

Kreuzviertel

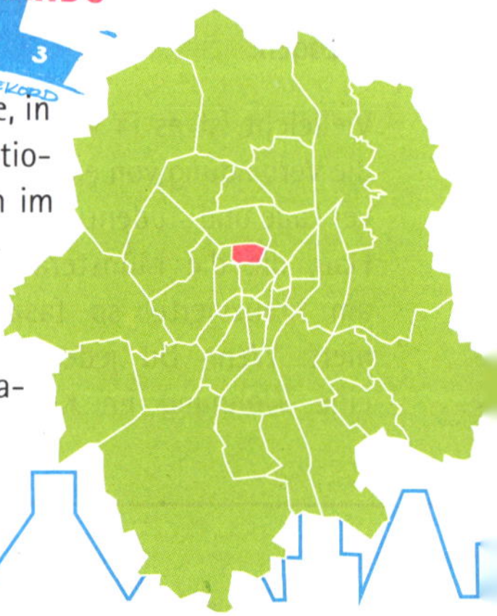

„Uuuh, Kreuzviertel!" Diese und ähnliche, in anerkennendem Tonfall geäußerte Reaktionen wirst Du öfter hören, falls Du Dich im Kreuzviertel ansiedelst. Ja, das Kreuzviertel ist eine der besseren, wenn nicht die beste Adresse von Münster. Rund um die **Kreuzkirche** sind die Stra-

BELIEBTESTES VIERTEL
STADTTEILREKORD

ßen voll mit hübschen Gründerzeitreihenhäusern und Stadtvillen. An **Nord- und Hoyastraße** wie auch in diversen Nebensträßchen herrscht kein Mangel an Kneipen, Bistros und Spezialitätengeschäften, die im Sommer ihre Tische nach draußen stellen und so einen Hauch „französisches Savoir-vivre" verbreiten. Und hat der Kreuzviertelbewohner Lust auf Abwechslung bei der Abendgestaltung, so ist der Weg in die Innenstadt denkbar kurz.

INFOBOX

Miethöhe:	
Hochhausfaktor:	0,5
Einwohnerdichte:	
Grünfläche:	
Distanz zum Dom:	0,5–1 km
Kneipendichte:	

Ja, schön ist es, das Kreuzviertel, und exklusiv. Aber selbst diese Tugenden können den seltsamen Nimbus, der das Viertel in der kollektiven Wahrnehmung Münsters umgibt, nicht erklären. Der Stadtteil strahlt einfach diese Aura aus, die ihn zu etwas Besonderem macht. Vielleicht ist es auch diese gewisse Mischung aus ruhiger Atmosphäre und einer gewissen urbanen Coolness. Obwohl das Wohnen kaum irgendwo in Münster teurer ist (nur im Schlossviertel sind die Preise höher), leben hier verhältnismäßig viele junge Leute, natürlich oft in Wohngemeinschaften, und viele Studentenverbindungen jeder Couleur haben hier in repräsentativem Gestus ihre Häuser bezogen.

Vielleicht ist es ja wirklich die Verbindung von exklusiver Lage und studentischem Flair, die die Münsteraner am Kreuzviertel so fasziniert. Wenn Du jedenfalls eine Wohnung im Kreuzviertel findest, die Dein Budget nicht sprengt, wirst Du diese Wahl nicht bereuen. Außer Du magst keine neidischen Blicke.

Der besondere Platz

Er ist die Oase für den von plötzlichem Heißhunger geplagten Partygänger: der **Nordstern** (Hoyastr. 3). In diesem legendären Restaurant bekommt man an Wochenenden bis drei Uhr nachts warme Küche; besonders begehrt sind die gebratenen Hähnchen. Wer in Münster öfter auf der Piste ist und hier nicht wenigstens einmal einen Zwischenstopp einlegt, hat etwas falsch gemacht. Für Studenten ein Pflichttermin. www.nordstern-hostel.de

Mauritz-Mitte

Mauritze gibt es in Münster gleich drei. Fangen wir alphabetisch an: Mauritz-Mitte. Wenn ein Münsteraner oder eine Münsteranerin von „Mauritz" spricht, meint er (oder sie) sowieso Mauritz-Mitte. Das ist der Bereich nördlich und südlich der Warendorfer Straße zwischen Ring und Kanal.

Südlich der Warendorfer Straße, rund um die **Dechaneischanze**, deren Wasserfläche sich fest in Hand der dort ansässigen und regelmäßig über die Straße in die anliegenden Gärten watschelnden Stockenten befindet, wird Dir vor allem eines auffallen: rote Ziegel. Jedes, aber auch wirklich jedes Haus in Sichtweite ist aus roten Ziegeln gebaut oder rot verklinkert. Diese farbliche Festlegung könnte irritieren, aber die Augen des Betrachters werden durch das reichlich vorhandene Grün der Vorgärten schnell wieder beruhigt.

INFOBOX

Miethöhe:

Hochhausfaktor: 0

Einwohnerdichte:

Grünfläche:

Distanz zum Dom: 1,5–2,5 km

Kneipendichte:

Hier wohnen hauptsächlich Münsteraner, die das nötige Kleingeld für die Miete aufbringen können. Auch scheint das Durchschnittsalter der Bewohner ein klein wenig höher zu sein als in manch anderem Stadtteil. Der Fairness halber sei aber angemerkt, dass in den letzten Jahren auch viele jüngere Familien nach Mauritz gezogen sind.

Überquerst Du die mit Supermärkten und Apotheken reichlich gesegnete Warendorfer Straße nach Norden, findest Du eine ähnliche, aber etwas weniger gediegene Situation vor. Interessant wird es viel mehr in östlicher Richtung, da wartet zuerst die **Danziger Freiheit**, die weiträumige Kreuzung von Warendorfer Straße und Schiffahrter Damm, wo mit zwei Supermärkten, einem Ärztehaus und manch anderem Geschäft wirklich für alles gesorgt ist. Wer hier nicht in die Innenstadt fahren will, der muss es auch nicht.

Östlich des Schiffahrter Dammes wird es dann noch einmal gemütlich: Dort befindet sich das **Flussviertel** – wegen der Straßennamen wie Ems- oder Rheinstraße. In unmittelbarer Nähe des Kanals liegen mehrere Straßenzüge mit Reihenhäusern zumeist älterer Bauart; die Nähe zum Wasser verleiht dieser Ecke eine lebendige, beinahe maritime Atmosphäre.

Der besondere Platz

Am südlichen Rand von Mauritz-Mitte, in unmittelbarer Nähe zum Hohenzollernring, liegt die **St. Mauritz-Kirche**, von deren Kirchspiel alles, was in Münster „Mauritz" heißt, seinen Namen hat. An der Kirche, deren älteste Teile bereits im 11. Jahrhundert standen (und heute noch stehen) liegt die **St. Mauritz-Freiheit**, eine von imposanten Bäumen überragte Grünfläche, deren beinahe meditative Atmosphäre nicht nur im Sommer zum Entspannen und Durchatmen einlädt.

Mauritz-Ost

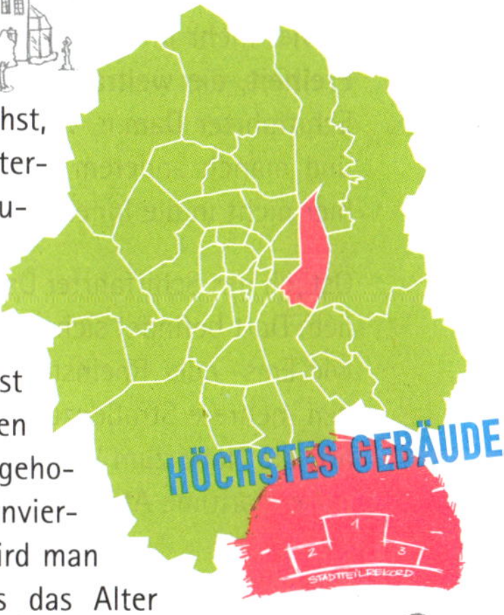

Wenn Du in Münster Mauritz-Ost suchst, frag einfach nach „St. Mauritz". Die Unterscheidung ist einfach: Mauritz, also Mauritz-Mitte, liegt vom Stadtkern aus gesehen diesseits des Kanals, St. Mauritz, also Mauritz-Ost, jenseits. Und ein wenig jenseitig kann einem Mauritz-Ost schon vorkommen: Hinter hohen Hecken verstecken sich zumeist Bauten für den gehobenen Anspruch – wir sind hier im Villenviertel Münsters – und auf den Straßen wird man eher selten jemanden antreffen. Was das Alter angeht, dürften sich die meisten Bewohner auch jenseits der Fünfzig befinden und Studenten wohnen hier nur, wenn sie im Haus ihrer Eltern leben (oder es frühzeitig erben).

Das alles soll nun keine vernichtende Kritik sein, Mauritz-Ost ist sehr schön und eben ruhig, aber abgesehen von einigen Reihenhäusern an der Mondstraße gibt es hier wirklich nur Häuser und Villen von amtlichem Ausmaß und man fühlt sich schon ziemlich weit ab vom Schuss.

Damit der Kontakt zur Außenwelt nicht völlig abbricht, hat sich hier der **WDR** (Mondstr. 144) mit seinem Regionalstudio niedergelassen, das alle direkt Münster betreffenden Beiträge des Landessenders produziert. Mit von der Partie ist auch der **Fernsehturm** gegenüber der Wolbecker Straße 272, der ausgerechnet in diesem von Einzel-

häusern geprägten Stadtteil ohne jegliche Hochhausbebauung nicht nur das höchste Gebäude der Stadt ist, sondern an seiner Spitze auch ihren höchsten Punkt markiert.

Der besondere Platz

Vielleicht wirst Du nicht in Mauritz-Ost wohnen, aber einen Platz in diesem Stadtteil wirst Du unter Umständen doch besuchen. Mitten, aber auch wirklich mitten im Grünen, südlich der Warendorfer und westlich der Mondstraße liegt der **Maikotten** (Maikottenweg 208), Ausflugslokal und Partylocation zugleich. Den Kotten kann man für Feste und Feiern mieten, regelmäßig finden hier auch Partys und Konzerte statt, vor allem in der Freiluftsaison. Vor allem am 1. Mai ist hier jedes Jahr richtig was los. www.maikotten.de

INFOBOX

Miethöhe:

Hochhausfaktor: 0

Einwohnerdichte:

Grünfläche:

Distanz zum Dom: 3-4 km km

Kneipendichte:

Mauritz-West

Mauritz-West ist nicht nur das kleinste Mauritz, es ist auch eine kleine Mogelpackung: Den Bereich südlich der Warendorfer Straße identifiziert wohl fast jeder Bewohner Münsters noch als Nordteil des Hansaviertels: Hier, rund um den Zumsandeplatz herrscht die gleiche Stimmung vor wie in Hansa und auch die Reihenhausbebauung ist die gleiche.

Nördlich der Warendorfer Straße befinden sich im Schatten der Bahnlinie Richtung Osnabrück einige wenige Straßenzüge, die man ebensogut schon dem Schlachthofviertel zurechnen könnte. Kurz und gut: In Mauritz-West lässt es sich gut wohnen, aber einen eigenen Stadtteilnamen bräuchte es nicht dafür – und auch keinen eigenen Abschnitt in diesem Kapitel ... oder doch?

Der besondere Platz

Da Du jetzt schon einmal etwas über Mauritz-West liest, sei Dir auch ein besonderer Ort ans Herz gelegt, der sich just hier befindet. In der Warendorfer Straße 45 findest Du das **Cinema** (Warendorfer Str. 45-47), ein preisgekröntes Programmkino, eines der drei überlebenden Lichtspielhäuser der Stadt und dabei wohl das ungewöhnlichste: In verschiedenen Programmreihen, aber auch im alltäglichen Vorführungsbetrieb, ist das Cinema auf die Art von Filmkunst spezialisiert,

INFOBOX

Miethohe:	
Hochhausfaktor:	4,2
Einwohnerdichte:	
Grünfläche:	
Distanz zum Bert:	0 km
Kneipendichte:	

die man sonst im Kino selten zu sehen kriegt. Retrospektiven und Specials zu verschiedenen Regisseuren, Ländern und Genres bringen auch dem eingefleischten Filmexperten immer wieder Neues vor die Augen. Wenn Du Cineast bist, wirst Du hier viel Zeit verbringen. www.cinema-muenster.de

s. „Kultur und so ...", S. 216

Mecklenbeck

Südwestlich der Aaseestadt, auf dem Weg nach Albachten, passiert man ein in die Länge gezogenes Industriegebiet, das sich die südliche Seite der Weseler Straße entlangzieht. Nach Norden hin gehen hier und da Straßen ab, die Wohnbebauung erahnen lassen. Das ist Mecklenbeck.

Alles in allem macht Mecklenbeck auch bei näherer Betrachtung nicht viel her. Wohnstraßen wechseln sich ab mit ... nun ja: Wohnstraßen. Stößt man aber weiter nach Norden vor, bis zur Mecklenbecker Straße, trifft man auf einzelne Kotten und Höfe – es wird ländlich und stellenweise durchaus hübsch. Allerdings fehlen einfach die spannenden Akzente und so bleibt der Stadtteil etwas blass im Gesicht.

INFOBOX

Miethöhe:	
Hochhausfaktor:	**1**
Einwohnerdichte:	
Grünfläche:	
Distanz zum Dom:	**4-6 km**
Kneipendichte:	

Sollte es Dich nach Mecklenbeck verschlagen, hast Du außerdem mit der Verkehrsan-

bindung zu kämpfen. Außer Stadtbussen fährt hier nichts ab, denn trotz der Bahngleise südlich des Stadtteiles hält hier kein Zug. Der erste Halt ab dem Hauptbahnhof Münster ist erst Albachten, das auf diese Weise deutlich besser angebunden ist. Und der Weg ins Zentrum ist weit. Ohne eigenes Auto können wir Dir Mecklenbeck daher nur sehr bedingt empfehlen. Auf der Habenseite stehen allerdings die günstigen Mieten.

Der besondere Platz

Uns ist es nicht gelungen, einen besonderen Platz in Mecklenbeck zu finden. Das heißt aber nicht, dass es hier keine besonderen Plätze geben könnte. Im Zweifel die gemütliche Couch in Deiner erstaunlich günstigen Bleibe im Stadtteil?!

Neutor

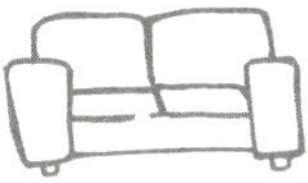

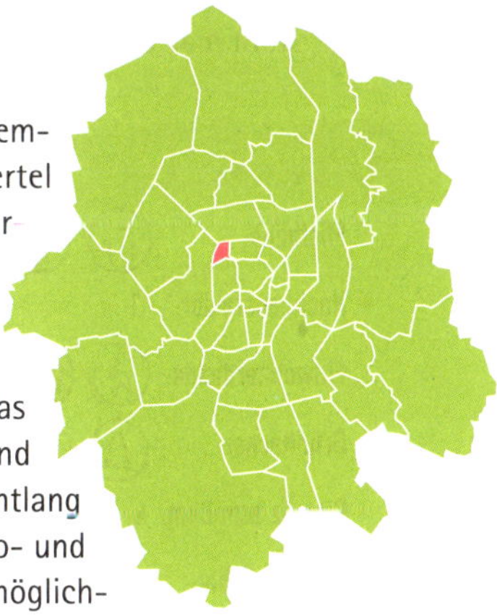

Neutor steckt in der Klemme. In der Klemme zwischen Kreuz- und Schlossviertel nämlich. Bei den Nachbarn fällt es natürlich schwer, eine eigene Stadtteil-Identität zu entwickeln. Was gibt es also von Neutor zu berichten? Der spektakulärste Teil des Viertels ist sicherlich das Dreieck zwischen Ring, Grevener und Steinfurter Straße. Hier reihen sich entlang des Anfangsstücks der Gasselstiege Büro- und Firmengebäude aneinander. Einkaufsmöglich-

zu Hause Park gemütlich Heimat wohnen

keiten findest Du hier jederzeit genug, vor allem im Paradestück, dem **York-Center** (Catharina-Müller-Str.), einem mehrstöckigen Carré, in dem sich von Eigentumswohnungen über Modemärkte bis hin zum Elektronikgroßmarkt wirklich alles befindet, was Du in Neutor brauchen wirst.

Südwestlich der Steinfurter Straße schließen sich am Ring einige Studentenwohnheime in Plattenbauweise und wenige Straßen mit Ein- und Mehrfamilienwohnhäusern an. Den Abschluss in Richtung Süden und Schlossviertel bildet die Einsteinstraße, wo die Universität nicht nur das hässlichste ihrer Gebäude (Fachbereich Mathematik) hingestellt hat, sondern direkt daneben auch sein Rechenzentrum betreibt. Eine Adresse also, die Du unter Umständen kennenlernen wirst, wenn Du als Student nach Münster kommst. Ansonsten gibt es hier aber wirklich nicht viel mehr zu sehen, außer ...

INFOBOX

Miethöhe:

Hochhausfaktor: 2,5

Einwohnerdichte:

Grünfläche:

Distanz zum Dom: 0,8–1,5 km

Kneipendichte:

HÄSSLICHSTES UNI-GEBÄUDE (MATHEMATIK)

STADTTEILREKORD

Der besondere Platz

Auf der linken Seite der Einsteinstraße stadteinwärts liegt keine 200 Meter nach dem Rechenzentrum der Uni unvermutet der Eingang zu einem kleinen Areal, das Du zwar nicht betreten, aber durch das Gitter des Eingangstors hindurch erspähen kannst. Es ist der **jüdische Friedhof** der Stadt, auf dem bis 2002 die verstorbenen Mitglieder der hiesigen Gemeinde beerdigt wurden. Für die Öffentlichkeit zugänglich ist er nur am Tag des offenen Denkmals (immer der zweite Sonntag im September).

Nienberge

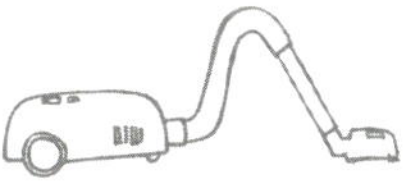

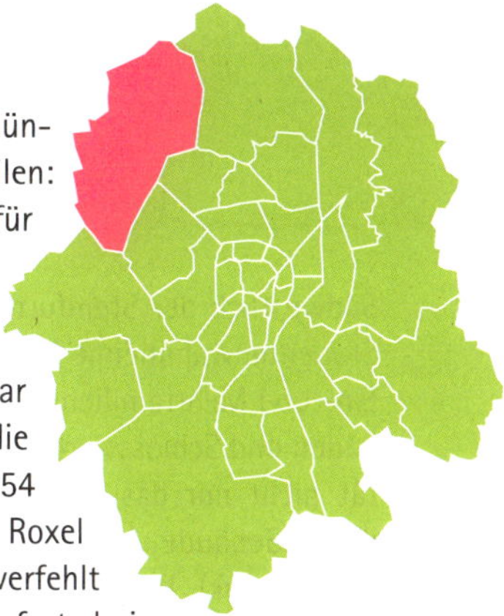

Nienberge ist ein weiterer Vorort von Münster mit den üblichen Vor- und Nachteilen: weit draußen vor der Stadt, aber dafür ruhig, mit viel Natur und einigermaßen günstig im Preis.

Im Falle von Nienberge bist Du hier zwar gut an das Straßennetz angebunden, die A1 führt direkt vorbei und ist über die B54 auch direkt zu erreichen (anders als in Roxel oder Albachten), aber die Bahnstrecke verfehlt den Ort knapp und hat erst in Häger, fast drei Kilometer entfernt, einen Haltepunkt. Und die sechs Kilometer bis in die Stadt mit dem Fahrrad zurückzulegen ist auch nicht unbedingt etwas für jeden Tag.

Der besondere Platz

Nienberge hat mit dem **Haus Rüschhaus** (Am Rüschhaus 81) ein echtes Highlight zu bieten. Die Dichterin Annette von Droste-Hülshoff verbrachte hier den Großteil ihres Lebens. Aber auch für weni-

zu Hause Park gemütlich Heimat wohnen

ger Literaturinteressierte ist das im Grünen gelegene Barockanwesen sehenswert. www.droste-gesellschaft.de

--> Droste-Museen --> Haus Rüschhaus

LITERARISCH RELEVANTESTER STADTTEIL

2 3 STADTTEILREKORD

INFOBOX

Miethöhe:

Hochhausfaktor: 0

Einwohnerdichte:

Grünfläche:

Distanz zum Dom: 6-7 km

Kneipendichte:

Pluggendorf

Wenn ältere Zeitgenossen, die in lange vergangenen Jahrzehnten in Münster studiert haben, einen glasigen Blick bekommen, könnte das an Pluggendorf liegen. Hier ist nicht nur das **Studentenwerk** mit der **Mensa am Aasee** (Bismarckallee 11) ansässig, sondern auch die Studentenwohnheime aus der Zeit, bevor die Uni anfing, ihre Studenten in den Wohnklötzen in Gievenbeck unterzubringen – dementsprechend heiß begehrt sind die Wohnheimplätze hier noch heute.

DIE GRÖßTEN BILLARDKUGELN DER WELT ?

1 2 3 STADTTEILREKORD

Klein und piekfein liegt Pluggendorf am **Südufer des unteren Aasees** mit Blick auf die Aaseeterrassen, die Innenstadt und jeder Menge Seeidylle. Etwas abseits der Wasserkante schließen sich zwischen der **Scharnhorststraße**, der Hauptachse des Viertels, und der Weseler Straße einige Straßenzüge mit Reihen- und Mehrfamilienhäusern an, die zwar wohnlich aussehen, aber den Schluss zulassen, dass der verhältnismäßig hohe Quadratmeterpreis in Pluggendorf dann doch in erster Linie der Nähe zum Aasee geschuldet ist.

Wenn Du als Student nach Münster kommst oder sonstwie mit der Universität oder dem Klinikum zu tun hast, bist du in Pluggendorf genau richtig. Näher dran, sowohl an der Innenstadt als auch an den Uni-Neubauten in Sentrup, bist Du allenfalls noch im Schlossviertel. Und wenn Du mal Lust bekommen solltest, in den Zoo oder das Planetarium zu gehen, ist es auch nur ein Katzensprung.

Der besondere Platz

Sie sind eines der Wahrzeichen von Münster und damit nicht wirklich ein Geheimtipp, aber ein besonderer Platz sind sie nun mal dennoch: die **Giant Pool Balls** des Künstlers Claes Oldenburg. Dreieinhalb Meter im Durchmesser und seit 1977 am östlichen Ende

INFOBOX

Miethöhe:

Hochhausfaktor: 0,5

Einwohnerdichte:

Grünfläche:

Distanz zum Dom: 1-1,5 km

Kneipendichte:

das Aasees liegend, sollen sie, nun ja, Billardkugeln darstellen. Wenn Du Dich so vor sie hinstellst, dass dahinter die Fläche des Aasees liegt und somit zum Billardtisch wird, ergibt die Sache einen Sinn. Nachdem früher alle paar Jahre Spaßvögel die Kugeln nachts durch die Gegend gerollt haben, sind sie heute angeblich fixiert.

Roxel

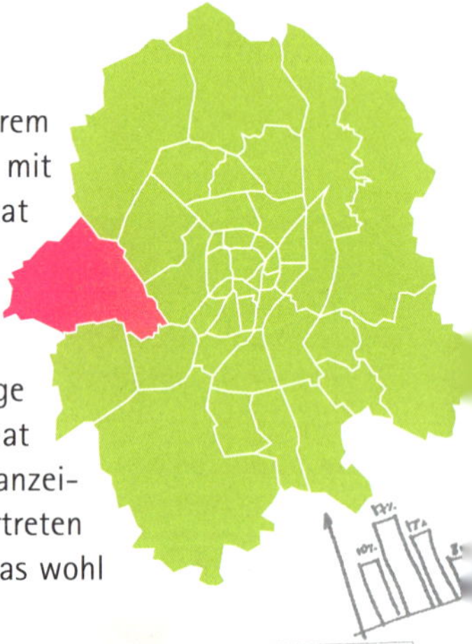

Roxel ist, im Gegensatz zu manch anderem Vorort Münsters, ein gewachsenes Dorf mit Zentrum und Struktur. Außerdem hat Roxel nicht nur selbst einen lustigen Namen, sondern auch eine Kirche, für die das ebenfalls gilt: **St. Pantaleon**. Darüber hinaus stellt Roxel jede Menge Wohnraum zur Verfügung, tatsächlich hat man den Eindruck, dass bei Wohnungsanzeigen Roxel überdurchschnittlich oft vertreten ist, aber statistisch belegen lässt sich das wohl nicht.

Ansonsten stellen sich Dir als potenziellem Roxelaner die gleichen Fragen wie in jedem Vorort Münsters: Ist es hier zu weit draußen? Bin ich mobil

genug oder fordert der Weg zur Arbeit (oder zur Uni) zu viel Zeit? Reichen die Einkaufsmöglichkeiten vor Ort aus? Und vor allem: Möchte ich mich wirklich „Roxelaner" nennen (müssen)? Kurzum: In Roxel kannst Du günstig unterkommen, bist aber weit ab vom Schuss.

INFOBOX

Miethöhe:

Hochhausfaktor: 0

Einwohnerdichte:

Grünfläche:

Distanz zum Dom: 5,5–7 km

Kneipendichte:

Der besondere Platz

Der Pantaleonplatz an der Pantaleonkirche. Wegen des Namens, natürlich.

Rumphorst

Wenn Du von Coerde kommend auf dem Hohen Heckenweg in Richtung Süden fährst, könntest Du es beinahe verpassen: Rumphorst. Etwas versteckt abseits der Hauptroute liegen zumeist nach Komponisten (Palästrina, Gluck, Vivaldi ...) benannte und hauptsächlich mit Einzelhäusern bebaute Wohnstraßen. Zu sehen gibt es hier aber nicht viel Aufregendes.

Wirklich aufsehenerregend wird Rumphorst eigentlich erst dort, wo nicht gewohnt wird: in seinem westlichen Teil, dem Zentrum Nord. Hier stehen die großen Bürokomplexe mit der Deutschen Rentenversicherung (ja, genau die, von denen Du später Deine (eventuell) komfortable gesetzliche

Rente überwiesen bekommst) und diversen Banken. Auch die **Agentur für Arbeit** (Martin-Luther-King-Weg 22) hat hier ihre Zelte aufgeschlagen.

Direkt westlich daneben plätschert die **Aa,** die sich in Richtung Norden empfiehlt, um einige Kilometer weiter bei Greven in die Ems zu münden. Wiederum direkt westlich neben der Aa verläuft die Kanalstraße, die nicht umsonst so heißt: Sie führt zum Max-Clemens-Kanal, einem Wasserweg, der den im 18. Jahrhundert unternommenen und erfolglosen Versuch darstellte, Münster per Schiff mit den Niederlanden zu verbinden. Schade eigentlich.

Der besondere Platz

Überraschenderweise hat aber auch Rumphorst einen Kulturtempel zu bieten: An der Ecke von Gartenstraße und Hohem Heckenweg befindet sich das **Theater im Pumpenhaus** (Gartenstr. 123), das immer wieder neue und ungewöhnliche Stücke abseits aus-

INFOBOX

Miethöhe:	
Hochhausfaktor:	4
Einwohnerdichte:	
Grünfläche:	
Distanz zum Dom:	1,5-2,5 km
Kneipendichte:	

getretener Theaterpfade im Programm hat. Hier wird auch alljährlich der Dauerbrenner der Weihnachtssaison in Münster aufgeführt: der Messias. www.pumpenhaus.de --> „Kultur und so", S. 220

Schlachthof

Keine Angst, der Stadtteil heißt nur so. Benannt ist er nach dem Areal des früheren Schlachthofes an der Gartenstraße, Ecke Lublinring. Heute findest Du Deine Koteletts bei Bedarf abgepackt in den Kühlregalen des Supermarktes, der jetzt auf dem Gelände steht. Ebenfalls an der Gartenstraße, aber etwas weiter südlich in Richtung Bahnhof, befindet sich die Justizvollzugsanstalt Münster. Wir wollen aber hoffen, dass Du die nicht unbedingt von innen kennenlernst.

Aber genug gegruselt, das Schlachthofviertel ist nämlich eigentlich sehr hübsch. Vor allem entlang der Aa und nahe der Promenade finden sich kleine Seitensträßchen, in denen es sich prima wohnen lässt. Und auch sonst gibt es viel Grün und eine ruhige Atmosphäre, die das Dasein im Stadtteil mit dem fiesen Namen angenehm machen. Eine Laune der schönen, neuen Immobilienwelt sind die **Klostergärten** (Hörsterplatz), eine Wohnanlage, die vor einigen Jahren auf dem Grund eines ehemaligen Franziskanerklosters hochgezogen wurde. Hier können solvente Interessen-

ten Wohnungen kaufen oder mieten, rundum betreut und bewacht von Conciergen, Hausmeistern und Sicherheitsdiensten.

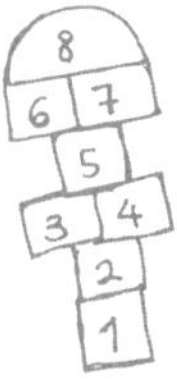

Wie überall im Innenstadtring sind auch in Schlachthof die Wege kurz, nicht nur in den Stadtkern, sondern hier insbesondere auch zum Bahnhof: die Gartenstraße und die Piusallee verbinden in gerader Linie auch den nördlichen Bereich des Viertels mit dem Mauritztor und der Eisenbahnstraße.

Der besondere Platz

Er gehört eigentlich zum Stadtzentrum, aber er sei dennoch hier erwähnt, da er von seinem Standort an der Promenade ins Schlachthofviertel hineinblickt: der **Zwinger**. Ursprünglich einfach Teil der Stadtbefestigung, wurde dieses kreisrunde Bollwerk von den münsteraner Bischöfen zur Zwingburg (daher der Name) ausgebaut, um im Konfliktfall die Bewohner der oft aufmüpfigen Stadt mit Kanonen beschießen zu können und sie auf diese Weise zu diesem oder jenem ... nun ja: zwingen zu können.

INFOBOX

Miethöhe:

Hochhausfaktor: 1

Einwohnerdichte:

Grünfläche:

Distanz zum Dom: 0,5–1,2 km

Kneipendichte:

Nach einem noch unrühmlicheren Kapitel als Gefängnis und Folterstätte der Gestapo im Zweiten Weltkrieg wird der Zwinger heute

gelegentlich als Ausstellungsort von Künstlern genutzt. Es ist eine besondere Erfahrung, in dem dunklen Gemäuer herumzustolpern, während im Hintergrund die Kunstinstallation „Das gegenläufige Konzert" von Rebecca Horn tickende und tropfende Geräusche von sich gibt. Besonderer Blickpunkt am Bau: ziemlich genau an der Nordseite des Rondells steckt eine Kanonenkugel im Mauerwerk!

Schloss

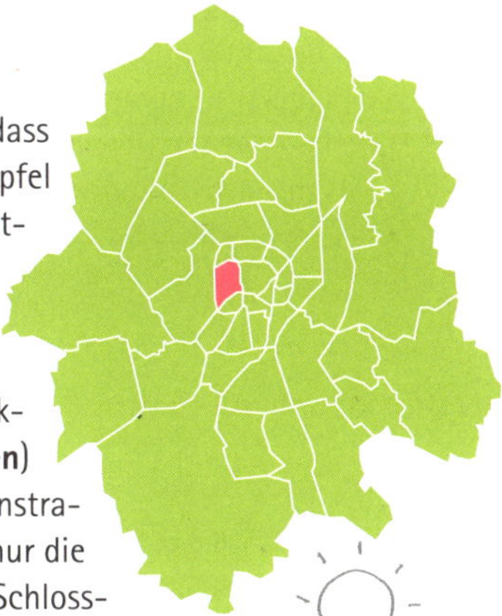

Vom Namen her könnte man meinen, dass das Schlossviertel nun wirklich den Gipfel der Exklusivität in Münster darstellt. Tatsächlich werden hier auch die höchsten Mieten der Stadt verlangt und gezahlt. Aber das ist kein Kunststück in einem Stadtteil, der fast ausschließlich aus Parkanlagen (**Schlossgarten**, **Kastellgraben**) und dem **Zentralfriedhof** besteht. Wohnstraßen gibt es hier nur wenige, eigentlich nur die wirklich gediegene Gegend hinter dem Schlossgarten (Hittorfstraße, Am Schlossgarten).

Entlang der zum Universitätsklinikum führenden Ost-West-Achse des Viertels, der Hüfferstraße, stehen einige Reihenhäuser, aber ansonsten ist sie mit ihren südlichen Nebenstraßen fest in Händen der **Fachhochschule im Hüfferstift** (Ecke Himmelreichallee) und einigen Instituten der Uniklinik. Im Süden grenzt das Schloss-

zu Hause Park gemütlich Heimat wohnen

viertel an den unteren **Aasee**, gegenüber Pluggendorf, wo die Aaseeterrassen zum Flanieren, Sitzen und Bötchengucken einladen. Hier befindet sich auch die Mehrzahl der Bootsstege und der dazugehörigen Segelclubs und -schulen.

Die Sache ist also klar: Wenn Du es Dir im Schlossviertel gemütlich machen kannst, hast Du es gut getroffen in Münster. Ob Du Dir das leisten kannst, ist allerdings eine andere Frage.

Der besondere Platz

Gehst Du auf der Promenade am Kastellgraben entlang und schaust nach Westen, schimmert durch das Laub der Bäume das rein weiße Gebäude der WestLB hindurch. Aber hier und da kannst Du auch einzelne Gebäude und Gebäudereste aus Sandstein sehen. Was das ist? Du befindest Dich auf dem **Gelände des alten Zoos** von Münster. Bevor in den frühen 70er Jahren der Allwetterzoo am Nordufer des Aasees in Sentrup eröffnete, befanden sich hier, zwischen Promenade und Zentralfriedhof, die Gehege des Tiergartens der Stadt. Heute sind nur noch die erwähnten Reste zu sehen, die malerisch zwischen dem Bewuchs hervorlugen.

INFOBOX

Miethöhe:	
Hochhausfaktor:	0
Einwohnerdichte:	
Grünfläche:	
Distanz zum Dom:	0,5–1,5 km
Kneipendichte:	

DIE MEISTEN SEGELBOOTE

Schützenhof

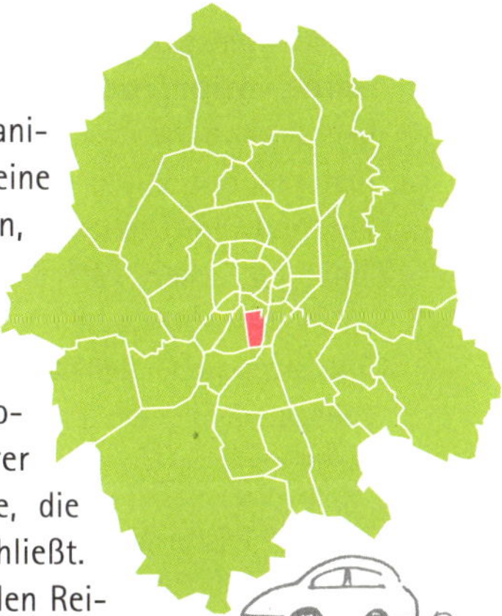

Östlich der Geist liegt ein etwas unorganisiert wirkender Stadtteil: Schützenhof, eine Mischung aus Gleisgelände der Bahn, einer stellenweise wie ein Gewerbegebiet wirkenden Zeile von Geschäften und Unternehmen entlang der Friedrich-Ebert-Straße, einer Laubenpieperkolonie mitten im Viertel und weiterer Gewerbe entlang der Hammer Straße, die Schützenhof nach Westen hin abschließt. Gewohnt wird hier auch, vor allem in den Reihenhäusern rund um die Augustastraße, aber die wenigsten Leute hier würden sich als Bewohner von Schützenhof bezeichnen.

Kurz und gut, als Wohnlage hat Schützenhof keine wirkliche Identität und auch sonst wirkt der ganze Stadtteil etwas farblos und beliebig. Nicht schlecht, nicht teuer, aber eben auch nichts Besonderes. Einzig herausstechend ist allenfalls das ovale Hochhaus an der Ecke Friedrich-Ebert- und Hammer Straße, das jederzeit die Orientierung im Viertel ermöglicht. Bleibt noch etwas zu Schützenhof zu sagen? Ach ja ...

Der besondere Platz

Er ist vielleicht keine Sehenswürdigkeit, aber immerhin bietet der **Südpark** zwischen Augusta- und Kronprinzenstraße den Anwoh-

zu Hause Park gemütlich Heimat wohnen

nern in Schützenhof und den umliegenden Stadtteilen die Gelegenheit, im Sommer weitläufige Grünflächen vorzufinden und ihre Grills aufzustellen. Und auch außerhalb der warmen Jahreszeit ist hier natürlich der willkommene Treffpunkt für die Hunde des Viertels sowie für ihre Herrchen und Frauchen.

INFOBOX

Miethöhe:	
Hochhausfaktor:	2
Einwohnerdichte:	
Grünfläche:	
Distanz zum Dom:	1,5–2,5 km
Kneipendichte:	

FORMSCHÖNSTES HOCHHAUS – 2 – 3 – STADTTEILREKORD

Sentrup

Zu Sentrup ist alles Wichtige schnell erzählt, denn in Sentrup wird gearbeitet, nicht gewohnt. Hier befinden sich an der Correns- und der Wilhelm-Klemm-Straße die **naturwissenschaftlichen Institute der Universität** und der zentrale Bau der **Fachhochschule** (Corrensstr. 25), sowie südlich davon der Hauptkomplex des **Universitätsklinikums** (Domagkstr. 5). Dazu gesellen sich an der Mendelstraße eine Reihe von Hochtechnologiefirmen, häufig Gründungen aus dem Umfeld der Universität.

Noch weiter im Süden, am Nordufer des Aasees, liegen, von Grün umgeben, der **Zoo** (Sentruper Str. 315), das **Freilichtmuseum Mühlenhof** (Theo-Breider-Weg 1) und das **Naturkundemuseum** (Sentruper Str. 285) samt **Planetarium**.

s. „Kultur und so", S. 223

ZUKUNFTSTRÄCHTIGSTE STADTTEIL – 1 – 2 – 3 – STADTTEILREKORD

Kurz und gut: Sentrup stellt als reiner Arbeitsbezirk das Gegenstück zum benachbarten Wohnbezirk Gievenbeck dar: Sentrup Yin, Gievenbeck Yang. Und nicht wenige Münsteraner pendeln zwischen beiden hin und her.

Der besondere Platz

Wir wollen nicht hoffen, dass Du gezwungen sein wirst, das Universitätsklinikum als Patient besuchen zu müssen, aber solltest Du doch einmal dort sein, fahr einmal früh morgens mit dem Fahrstuhl bis in eines der **oberen Stockwerke** der Bettentürme des **Universitätsklinikums** (Domagkstr. 5). Vor allem an einem klaren Wintermorgen ist der Ausblick bei Sonnenaufgang in Richtung Osten auf die erwachende Stadt eine echte Augenweide. Allerdings solltest Du dabei diskret vorgehen und niemanden stören. Die Angestellten im Klinikum haben besseres zu tun, als Schaulustige zu verscheuchen.

INFOBOX

Miethöhe:

Hochhausfaktor: 5

Einwohnerdichte:

Grünfläche:

Distanz zum Dom: 1,5–3 km

Kneipendichte:

Sprakel

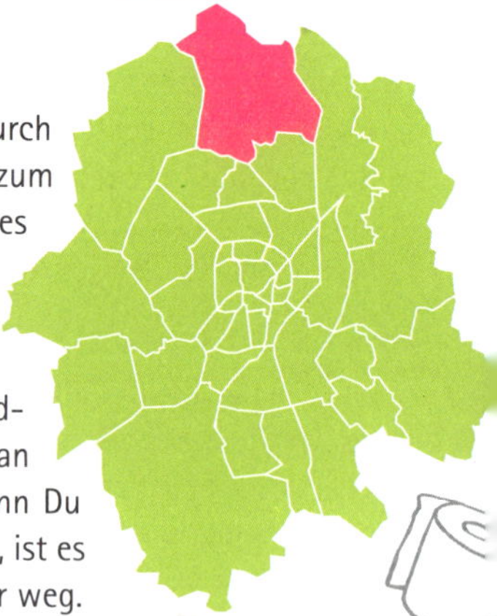

Sprakel ist ein ehemaliger Weiler, der durch Eingemeindung und Neubaugebiete zum Stadtteil angeschwollen ist. Hier gibt es Häuser zum Wohnen rund um eine Kirche jüngeren Datums und sonst: Nichts! Tatsächlich ist Sprakel derart weit draußen, dass es näher an der nördlichen Nachbarstadt Greven liegt, als an der Innenstadt von Münster selbst. Wenn Du ein Auto hast und bereit bist zu pendeln, ist es eine Überlegung wert, ansonsten: Finger weg.

INFOBOX

Miethöhe:	
Hochhausfaktor:	0
Einwohnerdichte:	
Grünfläche:	
Distanz zum Dom:	8-9 km
Kneipendichte:	

Der besondere Platz

Östlich des Ortes liegen die **Rieselfelder**, die bis in die 70er Jahre hinein als eine Art Kläranlage für die Abwässer der Stadt fungierten. Durch den Nährstoffreichtum der Tümpel wurden immer mehr Vögel angelockt und heute ist das Areal ein Vogelschutzgebiet, das vor seltenen Vogelarten nur so strotzt. Ein ideales Ziel für Wanderungen und Radtouren, nicht nur im Sommer.

Uppenberg

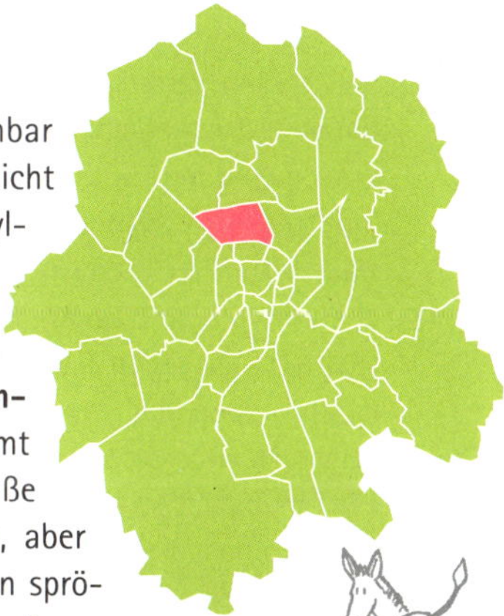

Etwas besser gestellt als der Nachbar Rumphorst ist Uppenberg schon: Es ist nicht nur hübsch und stellenweise sogar idyllisch, sondern seit einiger Zeit auch Jung und chic.

Zunächst wurde das **alte Kasernengelände** westlich der Grevener Straße samt Gebäuden (im Bereich Dreizehnerstraße und Fresnostraße) zu ungewöhnlichen, aber nicht reizlosen Wohnquartieren, die den spröden Charme ihrer Herkunft nicht verleugnen, umgebaut. Nun hat sich auch im südlichen Bereich der Grevener Straße am York-Ring einiges getan.

Auf dem ehemaligen Gelände der Germania-Brauerei, in der in den 90er Jahren noch ein Spaßbad untergebracht war, ist seit der Jahrtausendwende der **Germania-Campus** (An der Germania Brauerei) entstanden – ein todschickes Quartier im Industrielook mit Hotel, Clubs und Einkaufsgelegenheiten.

INFOBOX

Miethöhe:	
Hochhausfaktor:	0,5
Einwohnerdichte:	
Grünfläche:	
Distanz zum Dom:	1,5–2,5 km
Kneipendichte:	

Derzeit wirkt das alles noch etwas künstlich und stellenweise steril, aber mit den Jahren wird sich zeigen, wie lebendig dieser neue, betont urban gehaltene Bereich werden wird.

Wohnlich, ja geradezu idyllisch, geht es in jedem Fall in den Nebensträßchen rund um den Wienburgpark zu. Muss es auch, denn im

Park befinden sich die Gebäude der LWL-Klinik, die sich auf die Behandlung psychischer Leiden spezialisiert hat – und die Patienten brauchen schließlich Ruhe. Aber dessen ungeachtet finden auch seelisch gesunde Zeitgenossen in Uppenberg eine schöne Bleibe zum bezahlbaren Preis.

Der besondere Platz

Er wurde schon erwähnt, aber dennoch soll er unser besonderer Platz in Uppenberg sein: der **Germania-Campus** (An der Germania Brauerei). Überragt vom alten Brauerei-Turm mit dem „Germania"-Schriftzug lädt das Areal zum Entdecken von Geschäften und Lokalen, aber auch zu ungewöhnlichen Ein-, Aus- und Durchblicken ein. www.germaniacampus.de

Wolbeck

Die letzte Station auf unserer Tour durch die Stadtteile Münsters ist Wolbeck. Auch wenn Wolbeck Vorort und Stadtteil ist, hat es sich doch eine gewisse Eigenständigkeit bewahrt. Das siehst Du beim Durchfahren oder Durchschlendern des Ortes nicht nur an der alten Bausubtanz mancher Gebäude in der Ortsmitte, sondern auch am Wolbecker Brauchtum wie dem Ziegenbockmontag, auch bekannt als ZiBoMo, eine Woche vor Rosenmontag. An diesem besonderen Tag zelebrieren die Karnevalisten (und wohl auch eine ganze Reihe von gleichgesinnten Schlachtenbummlern aus Münster und Umgebung) ihren eigenen Karnevalsumzug durch die Straßen von Wolbeck.

Eine weitere Besonderheit Wolbecks ist die unmittelbare Nähe zum **Tiergarten Wolbeck**, einem Forst- und Naturschutzgebiet am südöstlichen Zipfel des Stadtteils, in dem manch seltene Tier- und Pflanzenart gedeiht und auf dessen schnurgeraden Wegen sich stundenlang spazieren oder joggen lässt.

INFOBOX

Miethöhe:	
Hochhausfaktor:	0
Einwohnerdichte:	
Grünfläche:	
Distanz zum Dom:	8–9 km
Kneipendichte:	

Im Übrigen gibt es in Wolbeck jede Menge günstigen Platz zum Wohnen. Wenn Du eine geräumige Bleibe zum vernünftigen Preis suchst, bist Du hier im richtigen Stadtteil. Bleibt nur die Frage zu klären, ob Du mit einem Wohnsitz so weit draußen in der Vorstadt Vorlieb nehmen willst.

Der besondere Platz

Zu den erwähnten alten Gebäuden im Ortskern von Wolbeck zählt vor allem der **Drostenhof** (Am Steintor 5). In diesem aus dem 16. Jahrhundert stammenden Adels-Haus war bis 2012 ein Museum untergebracht, das aber in Zukunft in Warendorf zu finden sein wird. Die weitere Nutzung ist unklar und derzeit wirst Du den Bau nicht von innen in Augenschein nehmen können. Aber auch von außen ist der Drostenhof ein imposanter Anblick.

F

Stra

Von
Von A nach B
hrrad
Fahrra
hrrad
ahrrad
Straße
Hupe
Schiene
Straßenbahn
Straße
Straßenbahn
Stau
Stau
Stau

Jetzt bist Du also in Münster angekommen. Du stehst vor Deinem neuen Zuhause, am Bahnhof, auf dem Prinzipalmarkt oder einem beliebigen anderen Ort des etwa 330 km² umfassenden Stadtgebiets. Ganz egal, wohin es nun gehen soll, immer wirst Du vor die gleiche Frage gestellt sein: Wie komme ich da jetzt hin? Keine Sorge, Münster bietet Dir viele, viele Möglichkeiten. Beginnen wir doch einfach mit der simpelsten.

Im Schritttempo

Es ist so ziemlich egal, wo in Münster Du genau wohnst, Lebensmittel, Geld, einen neuen Haarschnitt oder einen schnellen Imbiss bekommst Du, ohne kilometerweite Wanderungen auf Dich nehmen zu müssen. Auch die Innenstadt lädt mit Fußgängerzonen zum gemütlichen Schlendern ein und sowohl das Rathaus, das Bürgerbüro, die Partyzone Kuhviertel als auch die Univerwaltung im Schloss sind von hier aus in wenigen Gehminuten zu erreichen. Trotz aller Schnuckeligkeit bleibt Münster aber dennoch eine Großstadt und wer sich allein auf seine Füße verlassen möchte, der sollte sich ein gutes Paar Schuhe zulegen und die unten angeführten Schusteradressen griffbereit im Portemonnaie haben.

Mister Minit (Ludgeristr. 1): Im Handumdrehen wird hier Dein Schuhwerk auf Vordermann gebracht, ein Schlüssel nachgemacht, Dein Handy repariert und die Batterie Deiner Uhr gewechselt. Obendrein bekommst Du hier Passfotos und das alles ganz zentral in der Altstadt. www.misterminit.de

Schuheck Krursel (Ostmarkstr. 70): Dieses Schuhgeschäft findet garantiert für jeden Fuß die passende Sohle. Auch hier wird geflickt, aber das besondere Augenmerk liegt auf dem gesunden Schuh für jedes Bedürfnis, sei es

Übergröße oder Kinderschuh. Mit der orthopädischen Werkstatt und dem Laufanalyse-Service findest Du hier wirklich alles unter einem Dach! www.schuheck-krursel.de

Schuh Spiller (Kanalstr. 35): In der kleinen Schusterwerkstatt legt der Meister noch selbst Hand an und macht Deine Latschen wieder flott. www.schuh-spiller.de

Wenn Du als Student nach Münster kommst, wirst Du außerdem schnell feststellen, dass die WWU keine Campus-Uni ist und auch die Fachhochschule mehrere Zentren besitzt. Leicht drängt sich die Assoziation mit einer großen Pfeffermühle auf, die das Stadtgebiet gründlich mit Instituten und Hörsälen gewürzt hat.

Zu Fuß durch Münster, das empfiehlt sich also vor allem an freien Tagen, wenn man viel Zeit und Muße hat. Was nicht heißen soll, dass Du Dich gleich nach einem motorisierten Gefährt umgucken musst, denn Du befindest Dich hier in einer Fahrradstadt. In DER Fahrradstadt, um genau zu sein.

Im Drahteselgalopp

Während anderswo das Fahrradfahren ein reines Freizeitvergnügen ist, ist es für den Münsteraner Teil seiner Identität und seines Alltags. Die Zahl der Fahrräder übersteigt nicht nur die der PKWs, sondern sogar deutlich die Zahl der Einwohner. Fast zwei Fahrräder pro Person soll es hier geben. Diese „Leezen" stehen natürlich nicht einfach nur dekorativ in der Ecke rum, nein, in Münster sind sie das Fortbewegungsmittel Nummer Eins.

Die Vokabel „Leeze" selbst ist übrigens ein Überlebender des kaum noch benutzten Soziolekts Masematte, also tatsächlich ein waschechter Münsteraner. s. auch „Sprachregeln", S. 186

Der Großteil des Stadtgebietes ist mit einem Netz an Fahrradwegen ausgestattet, die entweder neben der Straße oder als abgetrennte

Fahrradspur auf der Straße verlaufen. Einbahnstraßen tragen in vielen Fällen ein „Fahrräder frei"-Schildchen und es gibt einige ausgewiesene Fahrradstraßen. Auf der Promenade, einem ca. 5 Kilometer langen Ring um die Innenstadt, herrscht sogar völliges Auto-Verbot. Und das ist bei dem insgesamt hohen Verkehrsaufkommen in Münster eine echte Erholung.

Grundsätzlich beachten solltest Du, dass Fahrradwege nur in eine Richtung befahren werden, also immer schön rechts halten. Außerdem sollte Dein Fahrrad auch wirklich verkehrssicher sein, denn das wird gerade zum Semesteranfang immer wieder von der Polizei kontrolliert.

Wenn die Beine doch mal müde werden und Du Dein Fahrrad lieber mit in den Bus nehmen willst, dann benötigt es ein eigenes Ticket. Das kann entweder ein Fahrrad-Tagesticket für 1,50 Euro sein oder Du hast eh ein Abo, bei dem die Mitnahme frei ist – das gilt für alle

Abos außer dem Jobticket. Mit dem Semesterticket darfst Du Dein Rad unter der Woche ab 19.00 Uhr kostenlos in Bus und Bahn mitnehmen, am Wochenende sogar den ganzen Tag über.

Parken

Vor dem Schloss, dem Dom, der Lambertikirche, in Fahrradständern oder wo auch immer ein wenig Platz ist, reiht sich Zweirad an Zweirad. Abstellen darfst Du Dein Rad auch neben dem Fahrradständer, sofern Du keine Wege oder Einfahrten blockierst und kein Schild das Parken explizit verbietet.

Wenn Dir nicht ganz wohl bei dem Gedanken ist, Dein Rad einfach so im Freien stehen zu lassen, dann nutze eines der Fahrradparkhäuser. Da wäre einmal die **Radstation am Bahnhof** (Berliner Platz 27a), wo unterirdisch Platz für über 3000 Räder zur Verfügung steht. Die Kosten belaufen sich auf 70 Cent pro Tag und Du kannst hier auch dauerhaft Stellplätze mieten. www.radstation-ms.de

Gleich bei den Arkaden in der Innenstadt wartet die **Radstation Münster-Arkaden** (Ludgeristr. 100). Hier kannst Du ebenfalls Deine Leeze ruhigen Gewissens in Obhut geben. Berappen musst Du 50 Cent pro Tag, Dauerparken ist ebenfalls möglich.

Wirklich abgefahren wird's im **Radlager** (Stubengasse 1). Kurzparker zahlen 10 Cent pro Stunde (max. 50 Cent pro Tag) und Dauerparker können den vollautomatischen Abstellservice im Obergeschoss in Anspruch nehmen. www.wbi-muenster.de

--> Parken in Münster --> Radlager

Kostenlos, aber hauptsächlich für Pendler gedacht, sind die überdachten, abschließbaren Boxen an der **P+R-Platz Mobilstation** (Weseler Str. 401).

Reparatur und Neuerwerb

Wenn Dein Drahtesel dringend eine Rundumerneuerung benötigt oder sogar ein neues Gefährt her muss, dann gibt es in allen Teilen Münsters eine ganze Reihe von Werkstätten und Fahrradläden, die Dir mit „Rad" und Tat zur Seite stehen.

City

Radstation Münster (Berliner Platz 27a): Neben Parkmöglichkeiten bietet die Radstation auch einen umfangreichen Werkstattservice sowie eine einzigartige Fahrradwaschanlage. www.radstation-ms.de

Drahtesel (Servatiiplatz 7): In zentraler Lage findet man hier fast alles, was das Radlerherz begehrt: eine große Auswahl von Neu- und Gebrauchträdern verschiedener Marken, Zubehör, Beratung und eine Abteilung mit Fahrradbekleidung. Weil Service hier ganz groß geschrieben wird, kannst Du vor dem Drahtesel-Kauf Probefahrten unternehmen und danach den 24h Reparaturservice nutzen. www.drahtesel-muenster.de

Fietsenbörse (Hafenstr. 62): Wohl die beste Adresse für den kleinen Geldbeutel. An jedem Marktsamstag (meist 2 mal im Monat) werden hier bis zu 500 Räder – oder Fietsen, wie der Plattdeutsche sagt – zum Verkauf angeboten, von Händlern und Privatleuten. Gegen eine geringe Provision kannst Du morgens Dein altes Fahrrad abgeben, den Preis festlegen und nachmittags kommst Du einfach wieder und guckst, ob es einen neuen Besitzer gefunden hat. www.fietsenboerse.de

Kinderhaus

2Rad Weigang (Grevenenstr. 434): Die Adresse, um günstig an Auslaufmodelle zu kommen. Außerdem findest Du hier XXL-Bikes, ein großes Sortiment an E-Bikes, Anhängern und Falträdern. Ein Werkstattservice wird ebenfalls angeboten. www.2rad.de

JAZ-2Rad (Kinderhauser Str. 112): Eine Werkstatt mit Laden des Jugendausbildungszentrums. Zu günstigen Preisen werden hier sowohl neue als auch top überholte Gebrauchträder angeboten. Wer einen Hang zum Varieté oder zum Minimalismus hat, der kann sich hier auch ein Einrad zulegen. www.jaz-muenster.de

--> Angebote/Maßnahmen
--> Dienstleistungen --> JAZ-2Rad

Mecklenbeck

Fahrrad Look (Dingbängerweg 249): Egal ob E-Bike, Kinderrad, Tandem oder Anhänger für die ganz Kleinen, hier wird jeder fündig! Eine weitere Besonderheit sind der Schlauchautomat, der alles für die Reparatur eines Plattens auf Knopfdruck ausspuckt und die Sitzknochenvermessung, mit der der bequemste Sattel für jeden Typ ermittelt wird. www.fahrrad-look.de

Hiltrup

Zweirad Wiesmann (Hohe Geest 8): Ein Allround-Radladen mit allen gängigen Marken. Damen, Herren, Kinder, Sportler, für jeden wird hier etwas geboten. Hervorzuheben ist die Auszeichnung des Ladens als Magura- und Shimano-Center. Und weil auch hier der Kunde König ist, bekommst Du für die Dauer der Reparatur ein Ersatzrad zur Verfügung gestellt. www.zweirad-wiesmann.de

AT Zweirad (Boschstr. 18, Altenberge): Wenige Kilometer nördlich von Münster bekommst Du Dein ganz individuelles und einzigartiges Traumfahrrad. Wer möchte, kann sich auf der Internetseite mit dem Konfigurator Schritt für Schritt sein neues Zweirad zu Hause zusammenbasteln oder man lässt sich vor Ort beraten. Hier findest Du übrigens auch Fahrradträger fürs Auto und Gebrauchträder. www.at-zweirad.de

Elektrorad-Partner (Hangwerfeld 4, Havixbeck): Spezialisiert auf das elektrische Zweirad, hast Du hier die größte Auswahl an E-Bikes in Münster, auch günstigere Auslaufmodelle und Exoten wie Dreiräder, Bikes mit Beiwagen und Scooter findest Du hier. www.elektrorad-partner.de

Die Fahrradwerkstatt (Hafenstr. 34): Wenn Du Geld sparen und zudem noch lernen möchtest, wie man ein Fahrrad selbst repariert, empfiehlt sich dieser Service des AStA der WWU und des Jugendinformations- und Beratungszentrums. Unter Anleitung von Profis kann man hier von Montag bis Donnerstag ab 15.30 Uhr seinen Drahtesel wieder flott machen. www.dasbrett.ms
--> Mobilität
--> Fahrradwerkstatt

Leihen

Es steht Besuch an oder Du besitzt als frischgebackener Münsteraner noch keine eigene Leeze? Kein Problem, bei folgenden Fahrradläden kannst Du ganz unkompliziert einen Drahtesel ausleihen:

Drahtesel (Servatiiplatz 7) www.drahtesel-muenster.de
JAZ-2Rad (Kinderhauser Str. 112) www.jaz-muenster.de
Fahrrad Look (Dingbängerweg 249) www.fahrrad-look.de
Elektrorad-Partner (Hangwerfeld 4, Havixbeck)
www.elektrorad-partner.de

Fahrradversteigerung

Fundfahrradstation (Industrieweg 75): Verlorene und abgeschleppte Räder werden hier gesammelt und ab und an versteigert. Den nächsten Termin findest Du hier: www.muenster.de
--> Stadt --> Ämter, Einrichtungen, Kundenzentren
--> Amt für Bürger- und Ratsservice --> Fundbüro

Die Beliebtheit des Fahrrads bringt leider auch einen großen Nachteil mit sich: Es wird geklaut, was das Zeug hält. Wann immer möglich, solltest Du Dein Rad daher in einem Fahrradkeller abstellen, es grundsätzlich immer abschließen oder eben eines der erwähnten Parkhäuser nutzen.

Doch auch wenn Deine geliebte Leeze bösartigen Gangstern in die Hände gefallen ist, besteht Hoffnung auf ein Wiedersehen. Dank der Kampagne „Meins bleibt meins" konnten schon viele ihren verloren geglaubten Drahtgefährten wieder in die Keller schließen. Vor allem zu Beginn des Semesters verteilt die Polizei Flyer, die dazu aufrufen, sein Fahrrad mit einer individuellen Nummer zu versehen und registrieren zu lassen.

Unterwegs mit Bus und Bahn

In Münster düsen tagein tagaus 18 Stadtbuslinien durchs Stadtgebiet und bringen alle, die eine Verschnaufpause vom Radfahren brauchen, an ihr Ziel, ganz egal ob am Tag oder in der Nacht.

Ergänzt wird das Liniennetz durch die **TaxiBusse**, die bei Bedarf die weniger häufig befahrenen Strecken abdecken. Und so funktioniert's: Du kannst an gekennzeichneten TaxiBus-Haltestellen entweder zu den angegebenen Abfahrtszeiten zusteigen oder aber Deinen Fahrtwunsch – mindestens eine halbe Stunde vor Abfahrt – telefonisch anmelden. Zum regulären Busfahrpreis wirst Du dann von einem Kleinbus oder Taxi abgeholt und zu einer anderen Haltestelle chauffiert. www.stadtwerke-muenster.de

Und für die weibliche Bevölkerung steht das **Frauen-Nacht-Taxi** zur Verfügung, das nach dem selben Prinzip funktioniert. In den Sommermonaten (April bis September) ab 20 Uhr und in den dunklen Wintermonaten (Oktober bis März) ab 18 Uhr. Die Anfahrt des Taxis ist für Dich kostenlos. Du zahlst lediglich die gefahrenen Kilometer. www.stadtwerke-muenster.de --> Busverkehr --> Bus & Taxi --> Frauen-Nacht-Taxi

Für alle, die ein Smartphone besitzen: Natürlich gibt's auch eine App der **Stadtwerke Münster**, dem Hauptverkehrsbetrieb der Stadt. Hier findest Du alle wichtigen Verbindungen sowie eine elektronische Fahrplanauskunft für Bus und Bahn. Alle Nicht-Smartphone-Besitzer können die Fahrplanauskünfte auf der Website der **RVM** (Regionalverkehr Münsterland) aufrufen und haben hier zudem die Möglichkeit, sich ihren persönlichen Pendler-Fahrplan zusammenzustellen. www.rvm-online.de

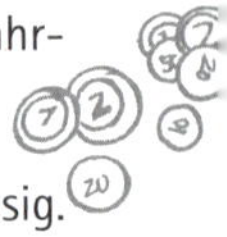

Das Angebot an unterschiedlichen Bus-Tickets und Abos ist riesig. Jedes Ticket ist als klassischer Papierfahrschein, virtuell auf Deinem Smartphone oder noch moderner als PlusCard der Stadtwerke erhältlich. Um Dich im Liniennetz-Kuddelmuddel zurechtzufinden, kann auch ein Besuch bei **mobilé** (Berliner Platz 22), dem Service-Zentrum der Stadtwerke am Hauptbahnhof, sehr hilfreich sein. www.stadtwerke-muenster.de

Und wenn Du schon am Bahnhof bist, kannst Du den auch gleich genauer in Augenschein nehmen. Denn frisch saniert und herausgeputzt, ist er jetzt sogar barrierefrei. Einem Ausflug mit dem Zug steht also im wahrsten Sinne des Wortes nichts mehr im Wege. Das Semesterticket der FH und Uni gilt in allen Nahverkehrszügen der Deutschen Bahn in NRW. Du kannst sogar jemanden mitnehmen, wochentags ab 19.00 Uhr, am Wochenende den ganzen Tag über, genau wie beim Fahrrad. Das geht allerdings nur im Gebiet der **VGM** (Verkehrsgemeinschaft Münsterland). www.muensterland-tarif.de

Unterwegs mit dem Auto

Für all jene, die sich trotz Fahrradkult und öffentlichen Verkehrsmitteln noch nicht mobil genug fühlen: Selbstverständlich kann man in Münster auch mit dem Auto fahren, zumal die Anbindungen an die A1 (Auffahrt im Norden und Süden) exzellent sind. Wo Du noch ein Plätzchen für Dein Auto in den zahlreichen Parkhäusern ergattern kannst, verrät Dir die Seite des Tiefbauamtes. Auf die Minute aktuell kannst Du hier checken, wo wie viele Parkplätze frei sind. www.muenster.de --> Verkehr und Umwelt --> Rund ums Auto --> Parkleitsystem online

Bist Du abseits vom Stadtkern unterwegs, musst Du Dich mit vielen Ampeln rumschlagen und zudem höllisch auf die Massen von Radfahrern aufpassen, die höchstens vor der Autobahn zurückschrecken. Staugefahr herrscht vor allem am Ludgerikreisel, nur die Kaninchen lassen sich vom Getümmel nicht aus der Ruhe bringen. Deswegen ist es klug, auf ein eigenes Auto zu verzichten.

Und sollte doch mal ein Ausflug zu Ikea am Camener Kreuz oder ein Großeinkauf anstehen, gibt es ja immer noch die Möglichkeit, Carsharing zu nutzen. Leider bietet in Münster bislang nur ein Carsharing-Anbieter seine Dienste an, und das ist **Stadtteilauto**. Einmal an-gemeldet, kannst Du Dein Stadtteilauto spontan oder regelmäßig und sogar für die Fahrt in den Urlaub nutzen. Das schont die Umwelt und Du musst

Dich noch nicht einmal um Wartung, Reparatur und Versicherung kümmern. www.stadtteilauto.com

Schiffsverkehr

Münster liegt direkt am **Dortmund-Ems-Kanal** und besitzt sogar einen eigenen Hafen. Dennoch steht vor allem der Güterverkehr im Vordergrund und das Hafengelände, genauer gesagt der Kreativkai, wartet vor allem mit hippen Cafés, Bars und Veranstaltungen auf. Wen es aber aufs Wasser zieht, der ist auf dem **Aasee** besser aufgehoben.

Schon seit 1975 verkehrt ein Wasserbus zwischen den Aaseeterrassen, dem Freilichtmuseum Mühlenhof, dem Allwetterzoo und dem LWL Landesmuseum für Naturkunde. Ehemals hieß der Wasserbus Professor Landois, benannt nach dem Gründer des Zoos. Seit 2012 hat der neue Wasserbus Solaaris jedoch seinen Platz eingenommen. Wie der Name schon vermuten lässt, läuft das Fahrzeug mit Sonnenenergie, leise und umweltfreundlich. Das Ticket für die Solaaris ist zwar etwas teurer als ein reguläres Busticket, dafür kannst Du es aber auch den ganzen Tag in allen Bussen an Land nutzen. www.aaseeschifffahrt.de

Wenn Du lieber selbst ans Steuerkreuz willst, um den Aasee auf eigene Faust unsicher zu machen, dann miete Dir doch einfach ein Tret-, Ruder- oder Segelboot. www.overschmidt.de

Selbst-Anzeige

Du kennst auch Leute in anderen Städten, die von A nach B wollen?

Für Deine Freunde in Kassel, Mainz, Heidelberg, Leipzig, Bonn, Kiel, Köln ...

Im Buchhandel oder unter www.rap-verlag.de

lecker
lecker
lecker
mampf
Restaurant

Hunger?
Hunger?
Hunger?
Hunger
Hunger
Hunger
Essen
Essen
Essen
Essen
mampf
Kochen
mampf
Essen
Hunger
Fast Food
Fast Food
Fast Food
Fast Food
mampf
endlich

Hunger?
Hunger?
Essen
zu Hause
endlich
Kochen
Kaufen
Bringdienst
Pizza
Pizza
Kochen
Koche
Einkaufen
Einkaufen
Einkaufen
Einkaufen
Kochen
Einkaufen
Bringdienst

Wenn Du in Münster wohnst, wirst Du sehr wahrscheinlich auch in Münster essen. Um Dir die kulinarische Selbstversorgung in Deiner neuen Heimat zu erleichtern, haben wir auf den folgenden Seiten alles zusammengestellt, was Du zum Einstieg in das Thema „satt werden in Münster" wissen musst.

Seit einigen Jahren ist es nicht mehr zu übersehen: alle kochen. Fernsehköche kochen, die Leute, die ihnen zusehen, kochen, Profiköche kochen, Hobbyköche kochen, Männer, Frauen, Kinder, Haustiere – alle kochen. Macht ja auch Spaß. Und danach wird (meistens) lecker geschlemmt. Aber leider ist das nicht die ganze Geschichte. Denn vor dem Kochen kommt zuerst einmal das Einkaufen und das ist nicht immer so einfach, wie Du denkst. Gerade dann nicht, wenn Du planst etwas Exotisches zu kochen. Wo Du die Zutaten für Deine Kreationen bekommst, verraten wir Dir jetzt.

Supermärkte

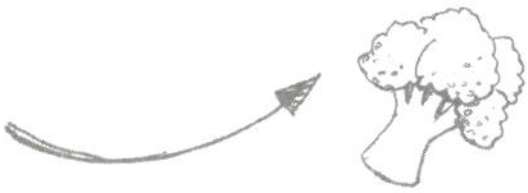

Gut, Du wirst sicher auch alleine dazu in der Lage sein, einen Supermarkt in geeigneter Lage ausfindig zu machen, daher fassen wir uns kurz: Die größte Auswahl (allerdings oft auch die größten Preise) wirst Du in den größten Märkten finden. Das sind in Münster das **Edeka Center** (Friedrich-Ebert-Str. 143) und die beiden **Marktkauf**-Filialen in Gievenbeck (Roxeler Str. 416-420) und Gremmendorf (Loddenheide 5).

Daneben sind kleinere Märkte aller namhaften Ketten in der ganzen Stadt verteilt. Besonderer Tipp für Spätentschlossene: Die **REWE-Filialen** (Hansaring 59-65; Wolbecker Str. 44) haben von Montag bis Samstag bis 24 Uhr geöffnet. Somit stellt REWE für viele hungrige Spätheimkehrer oft die letzte Rettung dar und wird entsprechend gerne genutzt.

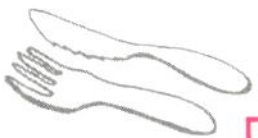

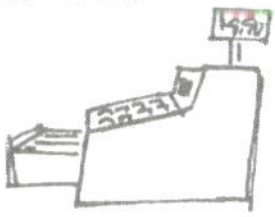

Alles Bio

Vielleicht soll es in Deinen Töpfen und Pfannen auch mal etwas vollwertiger und biologischer zugehen? Dafür brauchst Du natürlich entsprechende Zutaten. Inzwischen führen auch gewöhnliche Supermärkte Biosortimente, aber es gibt diverse Spezialisten auf diesem Gebiet:

Nicht nur in Münster vertreten, sondern sogar echt von hier, ist die Kette **SuperBioMarkt**. An sechs Standorten in der Stadt bekommst Du alles, was essbar, biologisch und dynamisch ist. (Grevener Str. 61a, Hammer Str. 126, Marktallee 48, Rüschhausweg 8, Warendorfer Str. 97-101 und in der City in den Münster Arkaden an der Ludgeristr. 100) www.superbiomarkt.com

--> Unsere Märkte --> Münste

Auch eine Filiale von **denn's Biomarkt** (Hammer Str. 39) findest Du im schönen Münster. Hier kannst Du durch die große Auswahl an Bio-Lebensmitteln, Naturkosmetikprodukten und Drogeriewaren stöbern. Was auch immer auf Deinem Speiseplan steht, hier findest Du es. www.denns-biomarkt.de

Ein in Münster ansässiger Bioladen ist **Slickertann Naturkost** (Warendorfer Str. 98) mit eigenem Lieferdienst und einem Ableger in der Gasselstiege 115. www.slickertann.de

Einen oft noch durchdachteren Zugang zur vollwertigen Ernährung ermöglichen Reform- und Naturkosthäuser. Auch diese sind in

Münster zahlreich vertreten. Zum Beispiel die Reformhauskette **Bacher** (Klemensstr. 3 und Rothenburg 22)
www.reformhaus-bacher.de

Auch eine ganze Reihe der **Neuform-Reformhäuser** ha-ben sich in Münster niedergelassen. Inzwischen firmiert die Kette unter dem schlichten Namen „Reformhaus". An der Salzstr. 58 oder an der Bahnhofstr. 15 kannst Du Dich mit Vollkorn & Co. eindekken. www.reformhaus.de

--> Reformhaus in Ihrer Nähe

Bio-Gemüse liefern lassen!

Die „grüne Kiste" direkt vor Deine Haustür bringen Dir:

Weidenhof in Lengerich (Wechter Str. 42) in verschiedenen, vorab wählbaren Varianten und Größen.
www.weidenhof.net

Ökullus-Lieferdienst des **Hofes Schulze Buschhoff** (Am Handorfer Bhf. 2)
www.oekullus.de

Wochenmärkte

In einen Laden zu gehen und deinen Einkauf aus dem Regal zu nehmen und in den Einkaufswagen zu legen ist das eine, auf dem Wochenmarkt zwischen den Ständen herumzuschlendern, angebotene Waren zu probieren und dabei frische Luft zu schnuppern, ist etwas ganz anderes. Ob Obst und Gemüse, Käse, Fleisch oder die mediterranen Spezialitäten vom Olivenstand: Selten macht Einkaufen so viel Spaß wie bei schönem Wetter auf dem Wochenmarkt.

Der größte ist der **Wochenmarkt auf dem Domplatz** vor der grandiosen Kulisse des Doms. Hier ist immer jede Menge los: kein gutes Pflaster für Klaustrophobiker. Aber auch sonst hat Münster reichlich Märkte – fast jeder Stadtteil hat seinen eigenen.

ne Übersicht über alle Märkte
ndest Du auf den Seiten 98–99.

Wochenm

Wochenmarkt Dom
Domplatz
Mi & Sa
7.00 - 14.30 Uhr
Roxel
Pantaleonplatz
Fr 13.30 - 18.00 Uhr
Aegidiimarkt
immer freitags
13.30 - 18.30 Uhr
Wolbeck
Hiltruper Str.
Mi 15.00 - 18.00 Uhr
Keine Selbstbedienung Verkauf nur im Geschäft
Angelmodde Dorf
Haus Angelmodde
Sa 8.00 - 12.00 Uhr
Ökologischer Bauernmarkt
Domplatz
Fr 12.00 -18.00 Uhr
Albachten
Dülmener Str. / Rottkamp
Do 14.00 - 18.00 Uhr
Kinderhaus
Idenbrockplatz
Do 7.30 - 12.30 Uhr
Angelmodde West
Clemens-August-Platz 11
Do 8.00 - 13.00 Uhr

ärkte endlich

Gievenbeck
Rüschhausweg/
Ortsmitte
Do 14.00 - 18.00 Uhr

Hubertiplatz
Mi & Sa
Apr-Okt 7.00 -13.30 Uhr
Nov-Mrz 8.00 - 13.30 Uhr

Gremmendorf
Gremmendorfer Weg
Fr 13.30 -18.30 Uhr

Handorf
Hugo-Pottebaum-Platz
Di 13.30 - 18.30 Uhr

Nienberge
Kirchplatz
Fr 8.00- 13.00 Uhr

**Warendorfer Str./
Oststraße**
Di & Fr
7.00 - 13.00 Uhr

Coerde
Hamannplatz
Do 13.30 - 18.30 Uhr

**Geiststraße/
Sentmaringer Weg**
Mi & Sa
Apr-Okt 7.00 - 12.30 Uhr
Nov-März 8.00 - 12.30 Uhr

Hiltrup
Moränenstr. / Parkplatz
Fr 7.30 - 12.30 Uhr

Münster endlich endlich endlich Münster

Hofläden

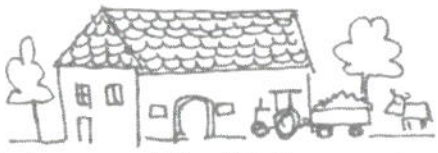

Wenn der Bauer nicht zum Markt kommt, dann kommt der Hungrige eben direkt zum Bauern. Viele Höfe rund um Münster betreiben Hofläden, damit bist Du auch für die Tage zwischen den Wochenmärkten mit frischen Zutaten versorgt.

Das Münsterland ist stark bäuerlich geprägt und (ebenso wie der Rest Westfalens) für deftige Spezialitäten wie den Westfälischen Schinken bekannt. Genau diese landestypischen Lebensmittel bekommst Du in den Hofläden so gut und authentisch wie nirgendwo sonst. Besonders in der Spargelsaison und der anschließenden Erdbeerzeit ist auf den Höfen häufig die Hölle los. Neben anderen Leckereien fürs Fest, kannst Du Dich im Dezember hier auch mit Weihnachtsbäumen eindecken. Wir nennen Dir zwei ausgewählte Höfe vor den Toren der Stadt:

Der **Spargelhof Lütke-Laxen** (Gittruperstr. 43, Münster-Gelmer) hat nicht nur Spargel (einschließlich Spargelversand!) im Angebot. Hier bekommst Du auch Brot, Käse, Honig, Kartoffeln ... alles vor Ort gepflanzt und hergestellt. www.luetke-laxen.de

Der **Nahrups Hof** (Postdamm 4 in Greven) liegt nicht direkt in Münster, sondern einen Steinwurf jenseits der Stadtgrenze. Auch hier bekommt man (in der Saison) Spargel. Aber auch Schinken, Marmelade und was die Landwirtschaft sonst noch so abwirft, findest Du hier in den Regalen. Neben dem Hofladen hat auch ein Café geöffnet. www.nahrups-hof.de

Speziellere Zutaten

Soll es im Kochtopf mal etwas exotischer werden? Da empfiehlt es sich, in Geschäften abseits der entsprechenden Supermarktabteilungen zu schauen, die auf die gewünschte Küche spezialisiert sind.

In Münster gibt es einige Läden, die orientalische Lebensmittel führen, zum Beispiel **Anadolu Market** (Hafenstr. 2) oder den **Sara Süpermarket** (Wolbecker Str. 11). Neben türkischen, arabischen und persischen Spezialitäten von A-Z erhältst Du Fleisch- und Wurstwaren, frisches Obst und Gemüse sowie Kleidung. Ein Pluspunkt sind die wöchentlich wechselnden Angebote.

Für Zutaten der asiatischen Küche gehst Du am besten direkt in einen Asia-Shop, zum Beispiel **Thanh Binh** (Bahnhofstr. 1). Hier findest Du eine große Auswahl an exotischen Nahrungsmitteln und Non-Food-Produkten. Vor einiger Zeit wurden sogar vegane Lebensmittel (Sojabohnenmehl als Basisbestandteil) in das Sortiment aufgenommen.

Sehr eng, aber auch mit einem sehr umfangreichen Angebot ausgestattet, ist der **Asia Shop** (Wolbecker Str. 27). Hier bekommst Du von der Kokosmilch bis zu tiefgefrorenen Hühnerfüßen alles, was Du für ein echt asiatisches Gericht brauchst. Die Kunst ist allerdings zu erkennen, worum es sich bei dem jeweiligen Produkt handelt.

Italienische Lebensmittel führt **Al Mercato**. Ein Lebensmittelspezialist ohne eigenes Geschäft. Ihn kannst Du jeden Mittwoch und Samstag auf dem Wochenmarkt am Dom besuchen. Spezialisiert ist er auf jahreszeittypische und hausgemachte Produkte: Früchte, Trüffel, Pasta, Wurstspezialitäten, Käse, Antipasti, Ciabatta und Kuchen. Rezepte findest Du auf der Homepage, genau wie Informationen zum Vorbestellungsservice. www.al-mercato.de

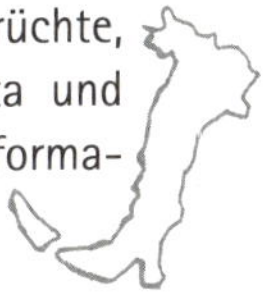

Portugiesische Feinkost bietet **Loja B+M** (Wolbecker Str. 72) an. Hier bekommst Du landestypische Weine und Spirituosen, Brotwaren und Feingebäck, Wurst- und Käsespezialitäten und vieles mehr.

Etwas Süßes

Für Liebhaber süßer Sachen findet sich im Münster übrigens auch einiges. In der Chocolaterie **Aux Chocolats** (Königstr. 46) gibt es nicht nur die feinsten Macarons der Stadt. In stilvoller Kulisse bietet sie ihre sündhaften Pralinen aus französischen Manufakturen zum Kauf an. Aber Vorsicht: Wer die „Schoki" nach dem Kauf lieblos in seinen Rucksack stopft, wird von der Chocolatiere des Hauses schon mal freundlich, aber bestimmt darauf hingewiesen, dass man mit den süßen Kunstwerken so nicht umgeht. www.aux-chocolats.de

Eine echte Kuriosität ist die **Marmeladen Manufaktur** (Blücherstr. 16). Hier steht man umzingelt von Gläserstapeln voll feinster Konfitüre und weiß – konfrontiert mit Optionen wie „Erdbeere mit Minze" und „Feige mit Birne und Portwein" – nicht, was man wählen soll. Und unweigerlich kommt die Frage auf, ob diese Erstaunlichkeiten nicht zu schade sind, um sie einfach so profan auf ein Butterbrot zu schmieren. Wer ein originelles Geschenk für Schleckermäuler sucht, wird hier auf jeden Fall fündig. www.die-marmeladenmanufaktur.de

Bringdienste

Sicher, manchmal will man gemütlich zu Hause essen, aber nicht selbst kochen. Keine Zeit, keine Lust oder der Kühlschrank ist ganz einfach leer? Die Lösung des Problems liegt auf der Hand: Wenn der Magen knurrt und die Lust zum Kochen gegen Null geht, schafft der gute, alte Lieferdienst Abhilfe. Dass man hier schon lange nicht mehr nur Pizza bekommt, wissen wir alle. Also, was steht zur Auswahl?

Pizza

Heiß, fettig, lecker. Manchmal muss es aber doch Pizza sein. Ob zum gemütlichen Fernsehabend oder für den spontanen Heißhunger zu allen möglichen oder unmöglichen Tageszeiten: Pizzen sind definitiv der Klassiker unter den Bringdienst-Schnellgerichten. Und hier bekommst Du die variantenreichen Teigräder:

Wie in allen Großstädten der Republik hat sich **Joey's Pizza** (Nevinghoff 16; Warendorfer Str. 178; Hammer Str. 25) auch in Münster niedergelassen. In drei Filialen gibt's das bewährte Sortiment des Pizza-Magnaten, der darüberhinaus monatlich Pizzen der Saison anbietet. Nicht die günstigste Art zu essen, aber dafür bekommt man solide Qualität. www.joeys.de

Gator's Pizza (Hansaring 44; Wilhelmstr. 12) Eine eigene Münsteraner Institution, die immerhin mit zwei Filialen vertreten ist. Die Preise sind mit anderen Lieferdiensten vergleichbar, aber die Favoritenliste bei den Pizzen weicht ab. Hier heißt es: durchprobieren, vergleichen und seinen Liebling finden. www.gators-pizza.de

Neben diesen beiden liefert auch eine Reihe von Imbissen Pizzen (und anderes Fast Food) nach Hause. Wir brauchen Dir die Namen hier nicht aufzulisten, denn Du wirst sie schon bald über ihre Briefkästen und Reihenhausflure überflutenden Werbezettel kennenlernen.

Chinesisch

Längst ein Klassiker: die weiß-roten Pappkartons mit chinesischem Essen. Praktisch alle größeren China-Restaurants liefern mittlerweile auch an die Haustür.

Zu den namenhaften Beispielen zählt das **Mandarin** (Geiststr. 19a). Ente süß-sauer oder gebratener Reis? Der Lieferdienst bringt fix, wonach Dein Herz begehrt und zur Freude aller Sushi-Fans ist auch das mit im Programm. www.chinafood-muenster.de

Das **Hong Bin** Taxi (Kanalstr. 49) ist von der Frühlingsrolle bis zum Chop Suey mit allen chinesischen Köstlichkeiten des Restaurants unterwegs. Jetzt musst Du nur noch entscheiden, was Du bestellen möchtest. www.hong-bin-taxi.de

Sushi

Die kalte Köstlichkeit aus Japan polarisiert die deutschen Gaumen. Manche lieben den rohen Fisch oder die vegetarischen Alternativen mit oder ohne Reis, andere verabscheuen Sushi – egal in welcher Variation. Wenn Du zur erster Fraktion gehörst, kannst Du Dir Sushi natürlich auch nach Hause liefern lassen.

Neben dem bereits erwähnten China-Restaurant Mandarin bietet die **Sushi Bar** (Wolbecker Str. 26) einen Lieferdienst an. Nigiri, Sashimi und viele andere Spezialitäten können online bestellt werden. Außerdem stehen Sushi-Menüs für bis zu 4 Personen auf der Speisekarte. www.sushibar-muenster.de

Auch das Restaurant **Sakanaya** (Hafenstr. 15) hat einen Bringdienst für japanische Gerichte wie Maki, Urmaki und Tempura. Gut zu wissen: Jeden Dienstag Abend von 18.00-22.00 gibt's ein „All you can eat" für Studenten. www.sakanaya-ms.de

Ein weiterer Lieferdienst ist **Königs Sushi Bar** (Königsstr. 45). Neben den typisch „kalten" japanischen Speisen werden auch warme Gerichte als Ergänzung angeboten, beispielsweise Nudeln mit Gemüse, Garnelen im Tempurateig oder gebratener Lachs. www.muenster-sushi.de

Du möchtest Sushi unbedingt einmal selbst zubereiten? Kein Problem, denn bei Sakanaya hast Du sonntags auch die Möglichkeit, einen Sushikurs zu belegen.

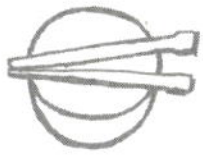

Indisch

Das **Asia Quick** (Hammer Str. 61) hat den Großteil seiner Filialen in Hamburg. Aber auch in Münster kommst Du in den Genuss der indischen Küche. Asia Quick hat außerdem chinesische, thailändische, koreanische und nepalesische Gerichte im Angebot sowie verschiedene Sushi-Spezialitäten. Der Schärfegrad der Gerichte ist frei wählbar von „weniger scharf", „scharf" und „besonders scharf" bis „richtig asiatisch scharf". www.asiaquick.de

--> Restaurants in Münster

Nur auf indische Küche spezialisiert ist dagegen das **Indian Curry** House (Hammer Str. 26), das seine Gerichte sowohl im Restaurant serviert, als auch zu hungrigen Münsteranern nach Hause bringt. Auf der Speisekarte stehen unter anderem Fladenbrot-Spezialitäten wie Chapati und Paratha, verschiedene Biryani (Reisgerichte), vegetarische Speisen sowie Gerichte mit Fisch, Lamm und Hühnchen. www.indiancurryhouse-muenster.de

Hunger? Hunger?

Essen unterwegs

So, genug selbst gekocht, bestellt und in Jogginghose vor der Glotze gefuttert. Bei dem riesen Angebot solltest Du in Münster auch mal auswärts essen. Egal, ob Du nur eben eine Kleinigkeit auf die Hand willst oder Dich einmal richtig in einem guten Restaurant verwöhnen lassen möchtest: die Möglichkeiten sind kaum zu überschauen. Grund genug, Dir die besten Adressen mit auf den Weg zu geben.

Schnell und auf die Hand

Burger, Pommes & Co.

Wir kennen sie alle: die Boulettenbratereien aus Amerika. Überall sind sie zu Hause und garantieren stets gleichbleibende Qualität (oder stets gleichbleibende kulinarische Ödniss, je nachdem, wen man fragt). So auch in Münster.

Die örtlichen **Burger King**-Filialen findest Du an der Steinfurter Str. 113-115, am Bohlweg 70-72 und an der Weseler Stra. 212-216.

Der ewige Konkurrent **McDonald's** (vom Volksmund „Meckes" gerufen) brutzelt derweil an der Ludgeristr. 51-53, der Weseler Str. 60 und an der Rudolf-Diesel-Str. 65a.

Sollen es lieber Sandwiches sein? Auch dafür ist gesorgt: **Subway** stellt Dir sämtliche frei wählbaren Zutaten im Hauptbahnhof (Bahnhofstr. 19-21), im Ägidiimarkt (Ägidiimarkt 6) und an der Windhorststr. 19 zusammen.

Currywurst

Pommes kriegst Du überall. Currywurst auch, aber nicht so wie hier. Im **Feuer frei!** (Rüschhausweg 18) wird die zur Wurst servierte Soße nach Schärfegraden sortiert. Von „normal" (Schärfegrad 1, für

Weicheier) bis hin zu „Apokalypse" (Schärfegrad 7, mit Verbrennungen dritten Grades ist zu rechnen!), kann man das Ausmaß der Pein selbst bestimmen. Ach ja, man kann sich hier auch seinen persönlichen Burger zusammenstellen lassen. www.feuerfrei.eu

Unser Tipp: nach und nach hocharbeiten und sich so den Respekt des Personals mühsam verdienen.

Einen anderen Zugang zur Currywurst wählt man bei **Currycult** (Dorpatweg 4-6). Hier werden besonders eigenwillige Bratwurst-Variationen angeboten: ob mit Schokosoße und Chilis oder mit Schafskäse. Zwar sind die Kreationen definitiv Geschmacksache, aber über mangelnden Einfallsreichtum kann man sich hier nicht beschweren. www.currycult.com

Gyros & Döner

Türkische und griechische Fast-Food-Buden gibt es wie Sand am Meer, auch in Münster. Vor allem an der Wolbecker Straße reiht sich ein Grillspieß an den nächsten. Ein Grieche ragt aber aus der Masse hervor:

Papa George (Wolbecker Str. 51) ist eine Münsteraner Institution. Es gibt kaum jemanden, der hier nicht schon einmal die Grundlage für ein abendliches Gelage gelegt oder sich aus einem anderen Anlass mal so richtig voll gefuttert hätte.

Wohlgemerkt: hier wird keine Reformkost serviert. Bei Papa George wird ernsthaftes Imbisshandwerk, auf der festen Materialgrundlage von Gyros betrieben – und an einem gut besuchten Samstagabend gehen hier ohne weiteres Kalorienbeträge im hohen sechsstelligen Bereich über die Theke. Immer reichlich und immer lecker. www.papageorge.ms

Besondere Empfehlung: Die Gyrospizza, am besten mit reichlich Tzatziki obendra

Schräg gegenüber von Papa George findest Du den familiengeführten Imbiss **ATHEN Grill** (Wolbecker Str. 48). Neben griechischen

Spezialitäten gibt es hier auch Frittiertes, Schnitzel und Pizza. Das Tzatziki wird immer frisch zubereitet und die Portionen sind üppig.

In der Nähe des Bahnhofs steigt die Anzahl der Dönerbuden um ein Vielfaches. **Big Döner** (Bremer Platz 4) punktet mit einer großen Salatauswahl und verschiedenen Fleischsorten. Ein Lob gibt's vor allem für die Fallafelrolle und den Yufka-Döner.

In den Imbissbuden **Döner King** (Bahnhofstr. 70) und **Gökcen Mehmet King Döner** (Berliner Platz14) wird Kundenfreundlichkeit groß geschrieben: schnelle Zubereitung, ein gutes Preis-Leistungsverhältnis und lange Öffnungszeiten. Das Fleisch für die Döner ist zertifiziert bzw. stammt aus eigener Produktion.

Oberhalb des Schlossgartens hat sich das arabische Schnellrestaurant **Aleppo Grill** (Steinfurter Str. 31) eine Namen gemacht. Neben Döner und Pizza gibt es hier auch verschiedene arabische Speisen und Süßigkeiten.

Ein Mitternachts-snack gefällig? Dann probiere mal die Pommes-Döner-Box von **Casa Ilayda** (Hörsterstr. 5) und ein kühles Bierchen dazu!

Asiatisch

Die Tendenz zum food to go macht auch vor der asiatischen Küche nicht halt. Wer sich unterwegs mit Nudel- und Reisgerichten – vor allem nach chinesischem und vietnamesischem Rezept – eindecken möchte, wird auch in Münster fündig.

Mitten in der Stadt und mit Blick auf den Rathausinnenhof liegt das **China Corner** (Syndikatplatz 8). Hier bekommst Du die ganze Palette unkomplizierter chinesischer Gerichte, wie man sie kennt und liebt: Ente, Huhn, Schwein & Co., dazu Nudeln oder Reis, süß-sauer oder scharf. Natürlich kannst Du die Stäbchen auch im sitzen zücken, vorausgesetzt Du findest einen Platz, denn vor allem zur Mittagszeit ist hier die Hölle los. www.china-corner.de

Vietnamesische Küche bietet das **La Que** (Wolbecker Str. 38). In frisch renovierten und in zartem Lindgrün gehaltenen Räumlichkeiten genießt auch das Auge, während Du Deine Geschmacksnerven mit der Küche Vietnams bekannt machst. www.la-que.de

Mittagspause

Egal ob an der Uni oder im Job: Mittags ist der Nährwert des Frühstücks verbrannt und Du brauchst dringend Nachschub, um den Nachmittag ohne Unterzuckerung zu überstehen. Wohin sich wenden in der Not? Nun, Du bist mit Deinem Problem nicht alleine: zur Mittagszeit strömen Tausende von Studenten und andere Hungrige zu den Futterstellen. Schauen wir mal, wo die zu finden sind:

Ein besonderer Tipp für den Mittagstisch ist eigentlich kein Restaurant, sondern ein Gemüseladen: **Die Peperoni** (Wolbecker Str. 24) ist ein Gesamtkunstwerk. Gemüse wird hier scheinbar nur nebenbei verkauft, während der eigentliche Spaß erst zur Mittagszeit anfängt:

In der wohl größten Pfanne Münsters brutzelt Djahan – seines Zeichens Inhaber und mindestens so originell wie sein Lokal – eine vegetarische Gemüsepfanne, die kurz darauf mit einer täglich wechselnden Beilage, Salat und Obstsalat auf Buffetbasis serviert wird. Wer für die hungrige Meute musiziert, dem spendiert Djahan sogar ein Gratis-Essen. Außerdem finden hier abends immer mal wieder Konzerte, Lesungen, Poetry-Slams und dergleichen mehr statt. Die regelmäßigen Besucher bilden schon seit Jahren einen eingeschworenen Fanclub, man kennt sich, schnackt und schmaust gemeinsam. Unbedingt hingehen! www.gemuesekultur.de

Studenten haben es einfach: Sie gehen in die Mensa. In Münster haben sie sogar zwei zur Auswahl: Da ist einmal die **Mensa am Aasee** (Bismarckallee 11), das Stammhaus des Studentenwerks und zugleich die Grande Dame unter den universitären Erfrischungsanstalten.

Nichtsdestotrotz kommt sie seit ihrer Modernisierung in zeitgemäßem Gewand daher (sogar in einem der modernsten Deutschland, glaubt man dem Studentenwerk) und trumpft mit ihrer Lage direkt am Ufer des Aasees. Das Essensangebot ist allerdings wie eh und je in der Studentenschaft umstritten, in jedem Fall isst man als Student hier günstig und unter seinesgleichen.

Ähnlich verhält es sich mit der großen Schwester, der **Mensa am Ring** (Domagkstr. 61), direkt am Coesfelder Kreuz. Hier essen vor allem die Naturwissenschaftler, da deren Institute alle in der Nachbarschaft liegen. In jedem Fall sollte man darauf achten, nicht in

der Nähe von Medizinern zu sitzen, die für die Angewohnheit berüchtigt sind, Details aus ihren Anatomieübungen bei der Mahlzeit zu diskutieren.

Neben diesen beiden Hauptadressen betreibt die Uni noch kleinere Bistros und Cafeterien, besonders erwähnenswert sind hier der **Cabuk** (Domplatz, unten im Fürstenberghaus), der „Kakaobunker" (ursprünglich von Studenten so getauft, inzwischen nennt die Uni ihn selbst so) und das **Bistro Schloss** (Schlossplatz 2, im Kellergeschoss des Schlosses), wo neben dem üblichen Naschkram mittags auch immer ein bis zwei Tellergerichte erhältlich sind.

Was die Uni noch so alles bereit hält und was täglich auf der Speisekarte steht, erfährst Du auf der Homepage des Studentenwerks: www.studentenwerk-muenster.de --> Essen & Trinken

Ansonsten kannst Du Dich natürlich auch auf den Weg zu einem der Imbisse und Schnellrestaurants Deines Vertrauens machen. --> s. Seite

Essen gehen

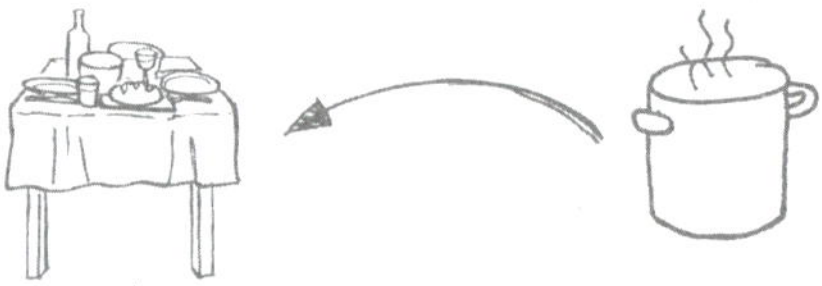

Echt westfälisch

Du wohnst in Münster und möchtest jetzt wissen, was wirklich dran ist an der deftigen westfälischen Küche – oder Deine Verwandschaft kommt Dich besuchen und Du möchtest Deinen Charme spielen lassen, indem Du ihnen die rustikalen Errungenschaften Münsterländischer Kochkunst vorführst? Kein Problem: Die Münsteraner sind stolz auf ihre Küche und weihen Touristen und Zugereiste gerne in die Geheimnisse ihrer Delikatessen ein.

Pinkus Müller (Kreuzstr. 4-10) ist viele Dinge zugleich: Privatbrauerei, Restaurant und Spitzname von Carl „Pinkus" Müller, eines früheren Vertreters der Müller-Dynastie. Der Spitzname rührt wohl

daher, dass Pinkus nach einem Gelage mit einem Freund tatsächlich in der Lage war eine – damals noch gasbetriebene – Straßenlaterne zu „löschen" ... naja, auszupinkeln). Pinkus Müller produziert nach wie vor unverdrossen seine Bierspezialitäten und serviert in seinem Restaurant westfälische Spezialitäten. Für Münster-Touristen keine Kür, sondern Pflicht. Und für Münsteraner ein geliebtes Traditionshaus. www.pinkus.de

Stuhlmacher (Prinzipalmarkt 6/7, direkt neben dem Rathaus) ist gewissermaßen der Platin-Iridium-Standard der Münsteraner Esskultur. Wer hier zu Mittag isst, hat es in Münster geschafft – sozusagen die noch etwas exklusivere Alternative zum Pinkus. www.gasthaus-stuhlmacher.de

Ein wenig rustikaler, aber durchaus nicht weniger gemütlich, geht es im **Alten Gasthaus Leve** (Alter Steinweg 37) zu. Abgesehen von den bewährten westfälischen Standards, stellen vor allem Wildgerichte die Spezialität des Hauses dar. Urig! www.gasthaus-leve.de

Fleischeslust

Steakhäuser findest Du überall, aber all diejenigen, die wirklich mal ein ordentliches Stück Fleisch mit etwas Raffinesse genießen wollen, sollten hier reinschauen:

Das Restaurant **Scharfer Zahn** (Wolbecker Str. 135) hat sich auf die Zubereitung von Steaks vom Rind und Schwein (Huhn gibt es auch, manchmal sogar Strauß) spezialisiert. Das Besondere ist, dass die Steaks mit hausgemachten Soßen und Dips serviert werden, die man wirklich nicht in jedem x-beliebigen Steakhaus bekommt. Auf

Wunsch kommt das Ganze auch extra scharf auf den Tisch. Wer Fleisch liebt, ist hier also goldrichtig. Wenn du Vegetarier bist und mehr oder weniger freiwillig hier einkehrst, bleiben dir immerhin Ofenkartoffel, Tagliatelle und Gemüse-Burger. Könnte also schlimmer sein. www.scharferzahn.de

Fisch

So etwas gibt es ansonsten nur in Hamburg oder Bremen: In der **Fischbrathalle** (Schlaunstr. 8) ist der Name Programm. Umgeben vom sachlichen Design der Zwanziger Jahre bekommt man hier Fisch in allen Variationen – und vor allem: frisch. Hier kannst Du täglich wechselnde Gerichte zu Dir nehmen und mit einem kühlen Blonden hinunterspülen. Fischgenuss von geradezu hanseatischem Purismus, ohne Schnickschnack und Schickimicki und das auch noch zu moderaten Preisen. Ein echter Geheimtipp. www.fischbrathalle-muenster.de

Internationale Küche

Weil Du vielleicht nicht immer nur Fast Food, Selbstgekochtes oder Westfälisches essen möchtest, folgen nun die Restaurants in Münster, die Essen aus allen erdenklichen Teilen der Welt auf den Tisch bringen:

Italien

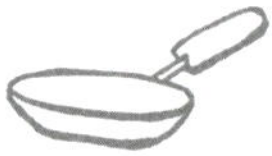

Romantisch beim Italiener zu Abend essen? Sich wie Susi und Strolch die Fleischbällchen zuschieben? Das geht - und zwar im **Il Cucchiaio d'Argento** (Überwasserstr. 3), zu deutsch: „der Silberlöffel". Vino und cucina italiana vom Feinsten und in nobler Atmosphäre. (Hmmm, vergiss das mit den Fleischbällchen lieber, und wenn Du's doch machst, schick ein Foto!) www.der-silberne-loeffel.de

Etwas lockerer geht es im **Mocca d'or** (Rothenburg 14-16) zu. Hier konzentriert man sich auf das Kerngeschäft italienischer Küche – Pizza und Pasta. Und das richtig gut! Die Pasta ist hausgemacht und die Pizza kommt aus dem Holzkohleofen. Aber auch für andere Geschmäcker ist vom knackigen Salat bis zur wärmenden Suppe allerhand geboten. Im Sommer sitzt es sich am schönsten auf einer der beiden gemütlichen Terrassen. www.mocca-d-or.de

Griechenland

Bereits seit Jahrzehnten erobert die Wiege unserer abendländischen Kultur mit ihrer einfachen, aber stets schmackhaften Küche die Welt im Sturm. Auch in Münster überzeugen die Hellenen mit ihrer Kost, **Papa George** kennst du ja schon. s. Seite 108

Mehr im Restaurantsektor angesiedelt ist dagegen **Santorini** (Schillerstr. 30), das potentiellen Besuchern schon wegen seiner hübschen Behausung Interesse weckt. Auch die große Speisekarte kann sich sehen lassen. Hier werden die Freunde der griechischen Lebensart nichts vermissen und vom Vegetarier bis zum Fleischliebhaber wird jeder fündig. www.santorini-ms.de

Besonders genau nimmt man es mit der griechischen Authentizität im **Ouzeri** (Mauritzstr. 22). Hier wird nicht nur original griechisch aufgetragen, sondern in regelmäßigen Abständen auch musiziert. Da fließt der Ouzo und es wird gesellig. www.ouzeri-muenster.de

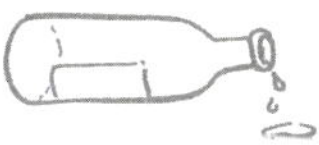

Frankreich

Oh là là. In Münster gibt es natürlich auch Bistros und Cafés französischen Zuschnitts. Die wahre Haute cuisine läuft in Münster jedoch nur unter einem Namen: **Giverny** (Spiekerhof 25). Hier wird alles geboten, was die hohe Schule französischer Kochkunst hergibt: Mit Bouillabaisse, Austern, besten Weinen und allem avec. Sicher nichts für den schmalen Geldbeutel am Monatsende, aber zu besonderen Anlässen eine wunderbare Adresse.
www.restaurant-giverny.de

MexTex

Es ist ja erst ein paar Jahre her, dass die Südamerika-Welle über Deutschland geschwappt ist. Damals, als alle auf einmal den Buena Vista Social Club hörten und Caipirinhas schlürften. Glücklicherweise war dies nicht in allen Bereichen eine kurze Phase: In Münster haben sich ein paar Restaurants gehalten, die den ein oder anderen Besuch wert sind:

Eine wirklich außergewöhnliche Kulisse mit speziell mexikanischem Einschlag bietet das **Enchilada** (Arztkarrengasse 12). Im großen Saal mit der hohen Decke und den Backsteinwänden werden zu rhythmischen Salsa-Klängen Tacos, Gambas und vieles mehr serviert. www.enchilada.de --> Standorte --> Münster

Direkt an der Wasserkante des Hafenbeckens gelegen, punktet das **Pier House** (Hafenweg 22) vor allem in den Sommermonaten mit seiner Aussicht. Vor dieser Szenerie begeistert die Küche mit Quesadillas, Empanadillas und allerlei Mexikanischem und Texanischem – genau so wie die gut sortierte Bar mit Cocktails, die zu den besten in Münster zählen. www.pierhouse.de

Naher Osten

Im Les Cedres (Warendorfer Str. 161) wird libanesisch gekocht. In orientalischem Ambiente werden Köstlichkeiten aus dem Land der hohen Zedern gereicht – an Samstagen sogar mit Bauchtanzdarbietung! www.lescedres.de

Das Culinarium (Mauritzstr. 27) wirkt auf den ersten Blick nicht orientalisch, aber die Küche untersteht einem hochdekorierten Koch ägyptischer Herkunft, der kreative, internationale Küche anbietet, die das Herkunftsland ihres Schöpfers nicht verleugnet. Hier erwarten Dich kulinarische Erlebnisse der besonderen Art. www.culinarium-muenster.de

Spanien

Eine Tapas-Bar, wie man sie sich wünscht, ist das **El Bodegón** (Warendorfer Str. 43). Bei Kerzenschein werden im rustikalen Ambiente Tapas, aber auch Salate und Hauptgerichte angeboten. Dazu passt natürlich nichts besser als ein Wein aus dem spanischen Mutterland. www.el-bodegon.de

Ein ähnliches Angebot hat das **La Provincia** (Wienburgstr.148) parat. Besonderes Highlight sind hier das Frühstücksangebot an Sonntagen und der Garten, in dem im Sommer aufgetischt wird. www.laprovincia.de

Portugal

In Münster lebt eine große Gemeinde von Mitbürgern portugiesischer Herkunft, dementsprechend gut ist die Stadt in Sachen portugiesischer Gastronomie aufgestellt.

Das **Calor** (Piusallee 122) serviert neben portugiesischer Küche auch deutsche Gerichte, der Schwerpunkt liegt jedoch – wie es sich für Portugal gehört – im Bereich Fisch und Meeresfrüchte. Mit Stockfisch oder Dorade auf dem Teller und einem portugiesischen Wein im Glas kommt direkt Urlaubsfeeling auf. www.calor-muenster.de

Einen ähnlichen Mix auf der Speisekarte bietet das **Alem Mar** (Neubrückenerstr. 28) an. Die Besonderheit sind hier die Nudelgerichte mit portugiesischem Einschlag. www.alem-mar.de

Indien

Alteingesessen ist das **Kohinoor** (Hamburger Str. 4), in direkte Nähe zur Ostseite des Bahnhofes. Hier bekommst Du traditionelle indische Küche auf den Teller, vor allem Lamm und Huhn. www.facebook.com/IndischesRestaurantKohinoor

Indische und nepalesische Kost bereitet das **Little Buddha** (Wolbecker Str. 31) zu. Der Akzent liegt auf leichter, unkomplizierter Küche, das Lokal ist vor allem auf Laufkundschaft ausgelegt. Super für alle eigenwilligen Esser: Am Buffet kann man sich sein Menü selbst zusammenstellen. www.littlebuddha-muenster.de

Japan

Neben den bereits erwähnten Sushi-Anbietern kannst Du die japanische Küche natürlich auch auf aufwändigere Weise genießen: im **Acacia** (Friedrich-Ebert-Platz 2) wird bei aller japanischen Zurückhaltung geklotzt und nicht gekleckert: Das Lokal wurde vor wenigen Jahren von Stararchitekten neu gestaltet, die Speisekarte

bietet neben tsumami (also Vorspeisen, nicht zu verwechseln mit tsunami!) das erlesenste Sushi der Stadt. www.restaurant-acacia.de

USA

Die Vereinigten Staaten von Amerika sind als kulinarischer Standort umstritten. Einige bemängeln die dürftige Esskultur, die anderen führen dagegen die Vielfalt der regionalen Küchen und die Gradlinigkeit der amerikanischen Speisenauswahl ins Feld. Wir lassen uns davon nicht beirren und lassen Dich selbst entscheiden.

Road Stop (Schiffahrter Damm 315). Wie es sich gehört, ist hier alles ein bisschen größer, vor allem die Burger, die Du Dir selber zusammenbauen kannst. Außerdem gibt's natürlich andere amerikanische Klassiker wie Chicken Wings oder Spare Ribs. Nur leider hat der Parkplatz keine US-Maße: der quillt bei Hochbetrieb ständig über. Also lieber mit dem Fahrrad als mit dem Auto kommen. Im Sommer ist der große Biergarten mit seinen schattigen Bäumen ein toller Platz zum Entspannen und Schlemmen. http://muenster.roadstop.de

Ähnlich gigantomanisch (und lecker!) geht es im neu hinzugekommenen **Tennessee Mountain** (Steinfurter Str. 104) zu. Das große amerikanische Frühstücksbuffet heißt nicht umsonst so und die Karte bietet neben Steaks, Burgern und Seafood auch einiges für Vegetarier und Experimentierfreudige (Alligator!). http://muenster.tennessee-mountain.de

Kaffee

endlich Cappuccino

Durst?
Durst?
Durst?
Durst?
Bier
Bier
Bier
Bier
Wein
Wein
Kaffee
Cappuccino
endlich
Cappuccino
Kaffee
Wein
Bier

„Cavete Münster!" heißt auf Deutsch „Hütet euch vor Münster" und war der Titel eines berühmten Pamphlets von 1958, in dem sich der Student Wilfried Weustenfeld bitter darüber beklagte, dass das „auffallendste Kennzeichen dieser Stadt ist, dass rein gar nichts los ist" und es „nicht ein einziges Studentencafé, geschweige denn eine -kneipe" gäbe. Diese Zeiten sind zum Glück vorbei. Heute gibt es in der Bischofsstadt unzählige Möglichkeiten, um Spaß zu haben, den Durst zu löschen und auch mal einen über denselben zu trinken.

Wenn Du mit Freund, Freundin oder Freunden unterwegs bist, willst Du ja sicherlich nicht in einer Bahnhofskneipe landen, zumal die Umgebung dort nicht gerade zu den Aushängeschildern der Stadt gehört. Für eine gelungene gesellige Runde ist neben der Qualität vor allem auch das Drumherum, das Flair, das Ambiente entscheidend. Wir stellen Dir hier eine Auswahl an besonderen Locations vor, damit Du auch in den ersten Wochen und Monaten in Deiner neuen Stadt nicht auf dem Trockenen sitzt.

Kaffee, Kaffee muss ich haben ...

... schallt es in der so genannten „Kaffeekantate" von Johann Sebastian Bach. Was können wir Dir über dieses Getränk noch erzählen, ohne dass es wie kalter Kaffee klingt? Schon bei ihrem Auftauchen in Europa ist die braune Brühe, die auf Wikipedia als „schwarzes, psychotropes, coffeinhaltiges Heißgetränk aus gerösteten und gemahlenen Kaffeebohnen" definiert wird, zum Suchtmittel Nummer 1 geworden. Wenn auch Du zu den Liebhabern gehörst, bietet Dir Münster gleich mehrere Gelegenheiten, Deiner Sucht zu frönen.

Für Kulturmenschen: der Sitz-Kaffee

roestbar eins (Nordstr. 2), **zwo** (Martinistr. 2/ Ecke Hörstr.), **drei** (Bohlweg 68): Mit mittlerweile drei recht unterschiedlichen Kaffeebars und einer eigenen Rösterei, von der aus die halbe Stadt mit den leckeren Bohnen versorgt wird, ist die regional verwurzelte Roestbar Münsters erste Adresse für das anregende Heißgetränk. Hier genießt Du nicht nur ausgezeichneten Kaffee, sondern erlebst das ganze Jahr hindurch ein besonderes Ambiente. www.roestbar.de

Die Bohne (Ludgeristr. 60): Klein aber fein. Zeitung lesen, entspannt der Musik lauschen oder in der „offenen" Rösterei zuschauen, wie der edle Kaffee entsteht. www.diebohne-ms.de

Café Kleimann (Prinzipalmarkt 48): Der Münsteraner Café-Klassiker am Prinzipalmarkt punktet mit einer eigenen Pralinenmanufaktur und bietet sich wunderbar für Elternbesuche an. Muss man mal besucht haben. www.konditorkleimann.de

Café CoLibri (Alter Steinweg 11): In der architektonisch herausragenden neuen Stadtbücherei gelegen, kannst Du hier bei Kaffee und Kuchen Deinen bibliophilen Neigungen nachgehen oder im Zeitungslesesaal mondän die Zeit verbringen.

CBD Coffee Bar (Hötteweg 11): Versteckt in einer Seitengasse, fern vom Trubel der nahegelegenen Einkaufsmeile, werden hier Kaffeespezialitäten und sogar Kurse rund um das beliebte Getränk angeboten. www.coffeeandbaristadreams.de

Kaffee trinken, schwatzen und das bunte Treiben der Stadt beobachten findet normalerweise an größeren Plätzen statt. Münster hat aber nun mal keinen Markusplatz und auch eine Piazza del Duomo sucht man vergeblich. Aber dafür gibt's vor Ort schnuckelige Plätzchen wie den Domplatz mit dem **Marktcafé** (Domplatz 6-7) und der **Floyd Coffee-Lounge** (Domplatz 6, Stubbengasse 20). Hier ist genug los, um Leute zu beobachten und einen Hauch des süßes Nichttuns zu erleben. www.floyd-coffee.de

fyal central (Geisbergweg 8): Unweit des Domplatzes liegt auch das angesagte Szene-Café, das mit einem günstigen Angebot an Kaffee, Kuchen, seinem Ambiente sowie ein bisschen Kunst und Kultur punktet. Gerade im Sommer lässt sich hier, im gemütlichen Außenbereich, die eine oder andere Vorlesung vertrödeln. www.fyalcentral.de

Gasolin (Aegidiistr. 45): Früher tankten hier Autos, heute gibt's nur noch Treibstoff für die Fahrer. Die Café-Bar in der alten Tankstelle ist mit dem Kunstwerk auf dem Dach nicht zu übersehen und vor allem für die Sonntagnachmittage zu empfehlen, wenn Mr. Monk bei Kaffee & Kuchen Cooljazz aus den 50er und 60er Jahren auflegt. www.cafe-gasolin.de

Das Kunstwerk **Auto Office Haus** auf dem Flachdach der 50er Jahre-Tankstelle stammt von dem kanadischen Künstler Kim Adams und ist ein Überbleibsel der Skulptur-Projekte-Ausstellung von 1997. Adams setzte mit seiner Skulptur den Traum vom Fortschritt auf Rädern in Szene.

Café Schöngemacht (Scharnhorststr. 25): Drinnen wie draußen ein wahres Kleinod, inmitten des städtebaulich eher als neutral zu bezeichnenden Stadtteils von Pluggendorf - dafür aber in unmittelbarer Nähe zum Aasee. Hier bekommst Du alles in Bioqualität und selbstgemacht. www.schoengemacht.de

Birkenwald (Hansaring 14): Stylishes Café in der Nähe des Kreativkais, mit Leckereien vom hauseigenen Konditor. Eine Homepage hat das Café nicht. Aber auf Facebook könnt ihr euch über die leckeren hausgemachten Gerichte informieren: www.facebook.com --> birkenwald

Alexianer Waschküche (Bahnhofstr. 6): Hier kehrst Du nicht nur ein, wenn die saubere Wäsche mal wieder knapp wird. Das Bistro-Café mit Wohlfühl-Atmosphäre bietet auch in regelmäßigen Abständen interessante Veranstaltungen, die nichts mit Fleckentfernung und Weichspüler zu tun haben. www.alexianer-waschkueche.de

Schloßgarten. Café, Bar, Restaurant (Schloßgarten 4): Idyllisch, mitten im Schloßpark gelegen. Hat ein bisschen was von einem Kurpark, was Dich aber auf keinen Fall von einem Besuch abhalten sollte! Bevor Du hier einkehrst, solltest Du vor allem im Herbst unbedingt in den nahegelegenen Botanischen Garten der Uni gehen und dort an den Blättern des großen Kuchenbaums schnuppern. Danach ist Heißhunger auf Kaffee & Kuchen garantiert! Probier's auch mal draußen im Biergarten! www.schlossgarten.com

SpecOps network (Von-Vincke-Str. 5-7): Das Subkultur-Café mit der Einrichtung aus den 1950er Jahren ist die perfekte Alternative zum üblichen 08/15-Kaffeeklatsch. Zu Heiß- oder anderen Getränken gibt es Zeitungen, Spiele und ein großes Bücherregal! Darüber hinaus wird noch etliches mehr an Unterhaltung geboten. www.spec-ops.de

Noch mehr Kaffee, Kuchen, Waffeln und Bagels in gemütlich studentischer Wohnzimmeratmosphäre findest Du hier:

Tante August (Augustastr. 20):
www.facebook.com/TanteAugust

Pension Schmidt (Alter Steinweg 37):
www.facebook.com/schmidt.pension

Teilchen & Beschleuniger (Wolbeckerstr. 55):
www.teilchenundbeschleuniger.de

Für den Zeitgeist: Kaffee zum Mitnehmen

Er bewahrt tagtäglich unzählige Studenten davor, in den Vorlesungen einzuschlafen, er hilft dabei, auch den langweiligsten Arbeitstag durchzustehen, im Winter hält er Dir die kalten Hände warm und auch sonst gehört er für viele ganz einfach zum Durch-den-Tag-Bringer-Nummer 1: der Coffee to go.

Von den ca. 150 Litern Kaffee, die wir in einem Jahr in uns hineinkippen, werden mittlerweile über

Die Organisation **Enactus**, sich in studentischen Grupp organisiert, hat das Probler mit der Pappbecher-Seuche erkannt und versucht nun mit dem Projekt „Cup2Grow", von Münster ausgehend, umweltverträgliche Kaffeebecher zu etablieren.
www.unimuenster.enactus.de --> projekte --> cup2grow

40 % in Pappbechern ausgeschenkt. Der rasche Aufstieg der to-go-Kultur führte dazu, dass es mittlerweile einige umweltfreundlichere Alternativen zu den plastikbeschichteten Gefäßen gibt. Auch wenn so ziemlich alle der genannten Cafés auch die to-go-Variante des bitteren Lebensretters anbieten, haben wir hier noch ein paar besondere Anlaufstellen für Dich rausgesucht: Wegen seiner Lage direkt am Aasee ist das zur Uni-Mensa gehörende **Uferlos** (Bismarckallee 11) eine gut frequentierte Anlaufstelle für den mobilen Getränkekonsum. Für einen Mensabetrieb ist der Kaffee durchaus passabel. Du kannst Dein Getränk auch ganz klassisch in eine Porzellantasse füllen lassen und Dein Käffchen auf der großen Dachterrasse genießen, inklusive Panoramablick. www.uferlos-muenster.de

Milchmädel (Domgasse 4): Ein Highlight! Versteckt in der kleinen Gasse zwischen den beiden großen Plätzen Münsters, bekommst Du hier einen besonders guten Kaffee. Und auch das Tee-Angebot kann sich sehen lassen – Hut ab, Mädels! Wenn Du Glück oder Geduld hast, kannst Du einen der zwei Sitzplätze vor der Tür ergattern. www.milchmaedel.de

Auf dem **Wochenmarkt** am Dom gibt es nicht nur mobilen Kaffee, sondern auch mobile Cafés. Vom Michaelistor kommend, steht dort gleich am Anfang das Dreiradauto des **Café e più.** Am anderen Marktende, gegenüber vom Landesmuseum, versorgt Dich **Dieks Kaffee & Curry** mit Deiner täglichen Koffeindosis.
www.wochenmarkt-muenster.de

Für mehr Infos zum Münsteraner Wochenmarkt siehe „Hunger?", S. 97–99

Der Kaffeefreund: Als Fahrradhauptstadt braucht Münster natürlich auch ein Fahrradcafé. Dominik Schweer hat diese lustige Idee umgesetzt und steht mit seinem außergewöhnlichen Dreirad, das er extra in Holland hat anfertigen lassen, hauptsächlich auf dem Sankt-Josefs-Kirchplatz an der Hammerstraße.
www.derkaffeefreund.de

Vokabelprobleme? S. „Sprachregeln", S. 272

Ne Lowine schickern. Bier in Münster

Hä? Was soll das heißen? In Münster hörst Du diesen Satz gerade abends immer wieder: ein Bier trinken, heißt es und ist definitiv als Aufforderung zu verstehen. Bei der Auswahl an Kneipen in Münster muss es aber nicht bei einem bleiben.

Das Münsterland hat ja eigentlich den Ruf, eine Schnapsregion (s. Abschnitt „Hochprozentiges") zu sein, aber auch Bier blickt hier auf eine lange und vielfältige Tradition zurück. Noch immer gibt es einige Brauereien, die dem deutschen Einheitsbiertrend bis heute widerstehen. Die Biere von **Pott's**, erkennbar an den ploppenden Bügelflaschen, sind in der Tat ein „Münsterländer Original". Das Brauhaus von Pott im nahegelegenen Oelde (In der Geist 120) bietet sich für einen kleinen Sonntagsausflug an. www.potts.de

In Münster selbst ist von ehemals über 150 Altbierbrauereien nur noch **Pinkus Müller** (Kreuzstr. 4-10) übriggeblieben. Die machen aber besonders leckere Biere und das auch noch in Bioqualität. Skurril ist der Ursprung des Brauereinamens: Er geht auf einen

Spitznamen des schillernden Carl Müller (1899–1979) zurück, der von seinen Freunden nach einem gewonnenen Urinierwettbewerb den Titel „Pinkullus" erhalten hatte. www.pinkus.de

Neu und außergewöhnlich ist das **Gruthaus**. Die kleine Ein-Mann-Brauerei befindet sich in der Nähe des historischen Rathauses. Bei seinem „Pumpernickel Porter" und dem „Grut" orientiert sich die Brauerei an Rezepten, die vor dem Reinheitsgebot geschrieben wurden. Wenn Du Lust hast, das mal auszuprobieren, dann ist das **James** (Hörsterstr. 27) in jedem Fall eine gute Adresse. Weitere Infos sonst unter www.gruthaus.de

Bier-Lokale

Erste Anlaufstelle für einen bierlastigen Abend muss das Kuhviertel sein. Es ist bekannt für Studentenkneipen und das Kunstgewerbe. Hier solltest Du so schnell wie möglich vorbeischauen. Vor allem die **Akademische Bieranstalt Cavete** (Kreuzstr. 37/38), die – wie der Name selbst – ein Resultat aus der eingangs erwähnten Schmähschrift von Wilfried Weustenfeld ist, ist einen Besuch wert. Sie wurde 1959 als erste studentisch betriebene Kneipe Deutschlands gegründet. Von Brinkhoff's No.1 über Sion Kölsch bis zur gewöhnungsbedürftigen Altbierbowle (Altbier mit Früchten), hier gibt's alles, was das durstige Herz begehrt. www.muenster-cavete.de

Der Bunte Vogel (Alter Steinweg 41): Die alte Kultkneipe ist seit 1986 in den Räumen der **Heulenden Kurve** zuhause. Die Vorgängerkneipe bekam ihren Namen einst von eben dieser Lage am Alten Steinweg. Denn hier verlief bis in die 50er Jahre hinein die Strecke der elektrischen Straßenbahn. Durch die enge Kurve übertönte die Bahn vor Ort durch Heulen und Quietschen jedes Gespräch.

Heute kann man sich im Bunten Vogel problemlos unterhalten. Die Kneipe besticht aber nicht nur durch die gesprächstaugliche Umge-

bung, sondern vor allem mit dem Ambiente und dem leckeren Hausbier „Lowine" aus der Brauerei Pott's.
www.pipeline-muenster.de

früh bis spät (Alter Steinweg 31): Unerklärlicherweise erfreuen sich in Münster gerade die Biere aus Köln großer Beliebtheit. Wer auf Kölsch steht, ist hier gut aufgehoben.
www.fruehbisspaet.de

The James (Hörsterstr. 27): Eine große Vielfalt an englischen Bieren, aber auch andere Besonderheiten, wie das „Pumpernickel Porter" aus dem Gruthaus, werden hier in typischer Pub-Atmosphäre ausgeschenkt.
www.thejames.de

> Wenn Du Kölsch willst, gehst Du nach Kölle? Dann nimm unseren Stadtführer **„Endlich Köln!"** mit, damit kannst Du Dich vorzüglich auf Deinen feuchtfröhlichen Städtetrip vorbereiten.

Altes Gasthaus Leve (Alter Steinweg 37): In dem wohl ältesten Gasthaus Münsters wird das Bier noch in Steinkrügen ausgeschenkt.
www.gasthaus-leve.de

Stuhlmacher (Prinzipalmarkt 6/7): In gutbürgerlicher Atmosphäre werden hier vor allem die Freunde des bayrischen Bieres glücklich gemacht. Die Hausmarke „Stuhlmacher Lagerbier" wird aber gleich vor Ort gebraut. www.gasthaus-stuhlmacher.de

Sommer, Sonne, Biergarten

Münster hat zwar den Ruf, die „Hauptstadt des Regens" zu sein, aber die zahlreichen Außenbereiche vor Gaststätten und Cafés lassen auch auf eine andere, sonnige Seite Deiner Wahlheimat schließen. In der Stadt hast Du an einem lauschigen Sommerabend die Qual der Wahl: Fast jede Kneipe oder Gaststätte stellt Stühle und Tische in die warme Abendluft, und überall ist jede Menge los. Wo das Straßencafé aufhört und der Biergarten anfängt, ist nicht immer leicht zu sagen. Wir haben Dir ein paar Adressen rausgesucht, von denen Du mehr erwarten kannst, als einen Klappstuhl und eine umgedrehte Bierkiste.

Kruse Baimken (Am Stadtgraben 52): „Wat sall dat Rasten und Rosten alleen in't Heimken, kuehm doch laiwer in't Kruse Baimken!" Das ist das sympathische Motto dieser Kneipe. Sympathisch ja, aber Du hast keine Ahnung, was das bedeuten könnte? Üb mal ein bisschen, wenn es klappt, bist Du wieder ein Stück mehr Münsteraner geworden! Wohl der klassischste aller Biergärten in Münster findet sich bei der historischen Gaststätte Kruse Baimken. Glücklich, wer einen der 800 Plätze im idyllischen Garten ergattert. www.kruse-baimken.de

Alter Pulverturm (Breul 9): Vom Frühjahr bis hinein in den Spätsommer bietet der Alte Pulverturm Biergarten-Idylle pur und das mitten in der Stadt. Bis Mitternacht werden Pils, Weizen & Co serviert. Direkt an Münsters Promenade gelegen, gibt's hier auch was für den kleinen und großen Hunger. 200 Gäste finden vor Ort ein gemütliches Plätzchen, inmitten von Bäumen und geschützt unter Sonnenschirmen. www.alter-pulverturm.de

Zum Himmelreich (Annette-Allee 9): Ohne Zweifel der schönste Biergarten. Mit seinen großen Bäumen, der Lage direkt am Aasee und dem leckeren, hausgemachten "Himmelshell" (Bio-Landbier) kann man hier gut den einen oder anderen Nachmittag verbringen. www.zum-himmelreich.de

Lit:fass (Dahlweg 10): Die Kneipe im Südviertel, versteckt im Hinterhof einen lauschigen Biergartens. Hier kannst Du nicht nur ein gemütliches Bierchen trinken, sondern Dir auch den Bauch mit fester Nahrung vollschlagen. Das Lit:fass bietet verschiedene Sonderangebote, die Du auf der Homepage begutachten kannst: www.litfass-muenster.de

Unikum (Horstmarer Landweg 101): Drinnen lässt es sich in separaten Nischen romantisch flüstern und draußen unter freiem Himmel lustig trinken. Das Unikum eignet sich sowohl als Treffpunkt für ausgedehnte Abende als auch für einen kurzen „Leezenstopp", bevor Du weiterziehst. Die Speisekarte wird saisonal angepasst und auch bei den Getränken bleiben kaum Wünsche offen. Gerade abends hat der Außenbereich gemütlichen Charme. Kurze Regenschauer lassen sich auf den zwei Bundeskegelbahnen überbrücken. www.unikum-muenster.de

Hong Bin II (Auf der Laer 9): Am Ende der Wolbecker Straße liegt der etwas andere Biergarten. In den Räumen eines ehemaligen Landgasthauses kann man chinesische und mongolische Speisen genießen. Und auch der exotische Asia-Garten ist weit entfernt vom typisch deutschen Biergarten mit Brauereigarnitur und blauweißen Tischdecken. www.hong-bin.de

Maikotten (Maikottenweg 208): Der Maikotten liegt recht weit draußen im Osten, ist den Weg aber auf jeden Fall wert. Hier sitzt man wirklich im Grünen und rund ums Jahr, vor allem aber im Frühjahr und Sommer, finden vor Ort verschiedene Sonderveranstaltungen und Livekonzerte statt. www.maikotten.de

Heidekrug (Coermühle 100): Die Freiluft-Schenke liegt zwar recht weit vor den Toren der Stadt in den Rieselfeldern, ist aber mit dem Fahrrad gut zu erreichen und auf jeden Fall eine kleine Reise wert. www.heidekrug-muenster.de

Edle Tropfen von der Traube

Wein. In Münster? Aber sicher! Das flache Münsterland gehört zwar nicht wirklich – nein, eigentlich gar nicht – zu den Regionen mit eigenem Weinanbau, dennoch ist der vergorene Weintraubensaft fester Bestandteil der Münsteraner Kultur. Bereits im Mittelalter wurde im Rathaus nicht nur der stadteigene Weinvorrat gelagert, sondern auch gleich eine Weinstube eingerichtet. Auch sonst ist in Münster die Weinversorgung jenseits von Supermärkten gesichert.

Wein für Zuhause

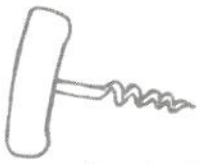

T. F. Hassenkamp (Ludgeristr. 58/59): Traditionsgeschäft mit Stil. Seit fünf Generationen wird hier eine große Auswahl der besten Weine geboten. www.hassenkamp.de

Jacques' Wein-Depot (Warendorfer Str. 22): Das Wein-Depot bietet Weine aus aller Welt. Daher lässt sich am Verkostungstisch stets Neues entdecken. In Münster findest Du sogar vier Filialen (Altenroxeler Str. 95, Borkstr. 2, Warendorfer Str. 22 und Westfalenstr. 152). www.jacques.de -> Depotfinder -> Münster

Villa Vinum (Rosenstr. 2): Auch hier gibt's eine große Auswahl aus aller Herren Länder. Die integrierte Wein- und Kaffeebar lädt zum Verweilen ein. www.muenster.villavinum.de

Tommys Weine (Aegidiistr. 64 und Dyckburgstr. 450): Du hast keine bis gar keine Ahnung, welcher Wein der richtige für Dich ist? Bei Tommy bekommst Du kompetente Beratung, egal ob Du nach Charakter, Rebsorte, Region oder der geplanten Speisenfolge für das abendliche Date entscheiden willst. Günstige Angebote geben auch Gästen mit kleinem Geldbeutel die Möglichkeit, bei der Begleitung mit erlesenen Weinen zu punkten. www.tommys-weine.de

Weinhandlung Peter Nientiedt (Steinfurter Str. 57-59): Das Motto der Weinhandlung sagt schon alles: „Das Leben ist zu kurz, um schlechten Wein zu trinken!" Unter den ca. 800 verschiedenen Weinen und den in etwa ebenso vielen Spirituosen findet jeder den richtigen Tropfen. www.weinhandlung-nientiedt.de

Weinhandlung Reblaus (Warendorfer Str. 41) ist ein Vertreter der kleineren Weinläden in Münster und zwar ein ganz besonderer. Denn Inhaber Dietmar Wiesner legt viel Wert auf Originalität, ob bei der Deko oder beim Wein: Hier gibt's für jeden etwas Besonderes. www.muensterswarendorferstrasse.de --> wein

Wein außer Haus

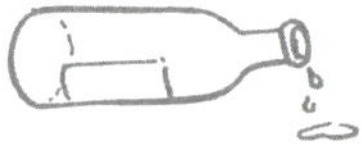

In geselliger Runde und mit anregendem Ambiente schmeckt Wein natürlich viel besser als allein am Küchentisch. Auch hier bietet Dir Dein neues Zuhause eine große Angebotsvielfalt, was sicherlich nicht zuletzt dem hohen Akademikeranteil der Stadtbevölkerung geschuldet ist- so verschieden wie die Studienfächer, so verschieden sind auch die Weinlokale.

Joducus (Finkenstr. 17): Die kleine, schnuckelige Weinstube im Kreuzviertel hat ihren Schwerpunkt auf deutsche Weine gelegt. Der Name Joducus entstand - natürlich! - aus einer Weinlaune heraus, er sollte inhaltsleer sein und nur oberflächlich akademisch klingen. Dieser Witz spielt auf eine Gemeinsamkeit des früheren und des jetzigen Betreibers an: sie brachen beide ihr Studium ab. Auch ohne akademischen Grad entstand hier eine wunderbare, urige Weinstube, die mit Flair und einem guten Angebot punktet.
www.weinstube-joducus-muenster.de

Peter's Weinbar (Warendorfer Str. 22): Im Erdgeschoss des Gebäudes des Landschaftsverbandes Westfalen-Lippe bietet die Weinbar „Gute Weine & leichte Kost". Hier begleiten leckere Flammkuchen, verschiedene Pastagerichte und andere Köstlichkeiten die ausgewählten Weinsorten auf ihrem Weg in die Magengrube. www.peters-weinbar.de

Schoppenstecher (Hörsterstr. 18): Das Paradebeispiel für eine gemütliche Weinstube, mit einer großen Auswahl an offenen Weinen. Der Evergreen unter den Münsteraner Weinlokalen existiert seit über 30 Jahren und braucht daher keine Website um die Tische mit gutgelaunten Weintrinkern zu füllen. Von Dienstag bis Sonntag kannst Du hier zwischen 18.00 und 1.00 Uhr sitzen, quatschen und trinken.

Idéal (Beginengasse 12): Die stylishe Café- Wein- und Tapasbar liegt im Zentrum der Stadt. Ob belgische Waffeln am Morgen, ein knackiger Salat am Mittag oder Spaghetti Bolognese am Abend, das Idéal ist ein Ort für Genießer. Ausgesuchter Kaffee und erlesene Weine machen das Angebot perfekt. www.ideal-muenster.de

Cocktails & Longdrinks

Die bunten Getränke mit allerlei Verzierung werden mittlerweile fast überall angeboten, allerdings hauen sie einen nicht überall vom Barhocker. Bei den folgenden Adressen kannst Du aber sicher sein, dass die Barkeeper tatsächlich Ahnung vom Getränkemixen haben.

Bier Wein Trinken Wasser Geselligkeit

Seventyfour (Alter Fischmarkt 12): Die Bar gehört zum Restaurant 1774. Hier werden super Cocktails gemixt und im Restaurant gibt's ein breites Speiseangebot für eine ausreichende Grundlage. www.1774-alterfischmarkt.de

PierHouse (Hafenweg 22): Wenn Du aus der schier endlosen Auswahl an Cocktails ein leckeres Schirmchen-Getränk ausgewählt hast, kannst Du hier Deinen Drink mit Blick über den quirligen Hafenbereich genießen. Für die Qualität des PierHouse spricht, dass es zur Bacardi Top Bar gewählt wurde. Und das schmeckt man auch, nicht nur beim Bacardi. www.pierhouse.de

A2 am See (Annette-Allee 3): Das Bistro bietet Dir Lounge-Atmosphäre mit tollem Ausblick auf den See. Abends verwandelt es sich dann in eine stilvolle Bar, in der Du Deine Lieblingscocktails genießen kannst. Bei schönem Wetter ist die Skybar auf dem Dach des A2 ein wahrer Besuchermagnet. www.a2amsee.de

Hochprozentiges aus der Region

„Immer wenn ich traurig bin, trink ich einen Korn. Wenn ich dann noch traurig bin, trink ich noch'n Korn." Schon Heinz Erhardt sang uns von der tröstenden Wirkung von Hochprozentigem. Im Münsterland findest Du gleich mehrere Brennereien, die sich auf die geistreichen Trostspender spezialisiert haben.

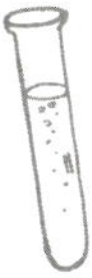

Die Feinbrennerei **Sasse** (Düsseldorfer Str. 20) hat sich in Schöppingen niedergelassen. Neben der Brennerei kannst Du Dich in der Probierstube durch das breite Angebot kosten und Dich anschließend im Privatverkauf mit hochprozentigen Leckereien zum „ab Werk"-Preis eindecken. www.sassekorn.de

Die Kornbrennerei **Gerbermann** (Püning 11) lockt mit ihren Angeboten nach Everswinkel. Der Familienbetrieb schaut auf eine lange Tradition zurück und bietet durch das reine Wasser aus dem Berdel einen besonders milden Weizenkorn. Der ist auch Bestandteil der leckeren Liköre. www.gerbermann.com

Die Kornbrennerei **Eckmann** (Nordholter Weg 2) brennt schon seit 1836 in Drensteinfurt ihren mittlerweile DLG-prämierten Korn. Neben einigen anderen Läden kannst Du auch direkt in Münster, in der Marktallee 27, den traditionsträchtigen Weizen-Schnaps einkaufen. www.brennerei-eckmann.de

Weitere Adressen für Wein, Bier, Kaffee und Cocktails gibt es unter: www.muenster-geht-aus.de

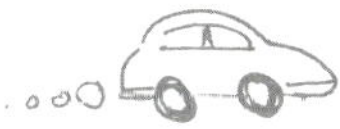

Grillen

Biergarten

Biergarten

Badesee

Badesee

Eis

Badesee

Grillen

Sommer!
Es ist
Sommer!
Sommer!
endlich
Kicken
Kicken
Grillen
Grillen
Badesee
Grillen
Badesee
Grillen
Grille
Biergarten
endlich
Biergarten

Es ist so weit. Du hast die kalte Jahreszeit ohne Erfrierungen höheren Grades überstanden, Dich durch die nicht enden wollende Spargelsaison gefuttert und nun ist er da: der Sommer! Natürlich wirst Du wie alle anderen in der Sonne liegen wollen, aber wo? Und was kannst Du unternehmen, wenn Du eine Abwechslung vom Herumliegen in der Sonne brauchst? Glück gehabt, denn Münster hat sowohl dem Sonnenanbeter als auch dem Unternehmungslustigen einiges zu bieten.

Eiszeit!

Eis, das sommerliche Lebenselixier! Von Vanille bis zu blau gefärbtem Synthetikgeschmack, vom Spaghettieis bis zum Frozen Yogurt bieten die Eisdielen in den Sommermonaten alles auf, was die Tiefkühltruhen und Eismaschinen hergeben. Aber vor dem Genuss kommt die Qual, nämlich die der Wahl: Von welchem Salon lässt sich der Eisafficionado (oder die Eisafficionada) in Münster verführen?

Beim **Lazzaretti** (Spiekerhof 26) sind nicht nur die gefrorenen Kreationen Hingucker. Vor dem Lokal im modernen Design kannst Du im Schatten der Überwasserkirche im großen Außenbereich an der Ecke Spiekerhof/ Spiegelturm sitzen und den Passanten beim Vorbeiflanieren (und den Radfahrern beim Vorbeiflitzen) zugucken. Wenn Du in nomadischer Stimmung bist, kaufst Du an der Straßentheke ein Eis „auf die Faust" und begibst Dich mit Deiner Beute auf

den Weg in Richtung Stadt (wo Du dann anderen Leuten beim Eisessen zuguckst). Oder Du lässt Dich auf einer Bank an der Aa nieder, die hinter dem Gebäude zwischen den Brücken über Spiegelturm und Spiekerhof ihren verwunschensten Abschnitt durchfließt.
www.lazzaretti.de

Das **Eiscafé Firenze** (Königsstr. 12-14) ist eine weitere feste Adresse der Speiseeisszene der Stadt. Hier kannst Du gemächlich Deinen Eisbecher löffeln und dabei mitleidig die Leute betrachten, die völlig entkräftet aus dem nur wenige Meter entfernten Picasso-Museum oder den umliegenden Geschäften herausstolpern (womöglich, um sich gleich darauf am Nebentisch niederzulassen) oder – solltest Du selbst zu diesen Leuten gehören – Kraft für Deine nächsten Vorhaben zu sammeln.

Ebenfalls immer wieder einen Besuch wert ist das **Eiscafé Grava** (Wolbecker Str. 43). Hier wartet eine abwechslungsreiche Auswahl auf Dich: Hello Kitty Eis, Biscotto, Rhabarber und im Winter vielleicht mal eine heiße Waffel? Dein Gaumen wird es Dir danken!

Jung und etwas schräg präsentiert sich **Frozen Gold–Schleckkultur** (Hansaring 33), eine Art unkonventionelles Start-up der münsteraner Eisbranche. Hier werden dem szenegängigen Publikum Snacks und eben auch Eisspezialitäten angeboten. Allerdings ist der Laden nicht immer durchgehend in Betrieb, am besten schaust Du selbst nach, wie die Dinge stehen, wenn Du in der Gegend bist.

Noch ein Tipp: Softeis-Enthusiasten werden in den Sommermonaten an einem Stand in der Salzstraße vor Karstadt fündig ...

Ins kühle Nass – Freibäder und frei baden

Freibäder

Unabhängig davon, ob Du die überschüssigen Kalorien vom Eis wieder loswerden oder einfach die warmen Tage in der Nähe von reichlich kühlem Wasser verbringen willst: Im Sommer sind Freibäder und andere Wasserstellen Oasen der Erfrischung für den überhitzten Städter.

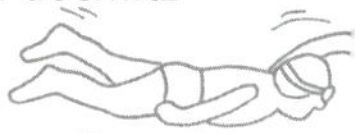

Das Freibad **Stapelskotten** (Laerer Werseufer 2) im „Fernen Osten" der Stadt liegt mitten im Grünen, direkt an der Werse. Die idyllische Lage hat ihren Preis: Der Weg führt auf der Straße Richtung Wolbeck ein ganzes Stück stadtauswärts. Aber einmal angekommen, erwarten Dich dort ein riesiges Schwimmareal, Liegewiesen und Spielflächen, unter anderem für Beachvolleyball und Basketball, und das in bester Lage.

Nicht näher am Stadtzentrum liegt das **Freibad Hiltrup** (Zum Hiltruper See 171). Genauso wie das Freibad Stapelskotten findest Du es mitten in der Natur, diesmal zwischen dem Hiltruper See (in dem Badeverbot herrscht) und dem Dortmund-Ems-Kanal. Geboten werden nicht nur ein 50-Meter-Becken, sondern auch ein Sprungturm, ein Spaßbecken mit 80-Meter-Rutsche, Sportanlagen und natürlich jede Menge Platz zum Liegen. www.muenster.de
--> Freizeit & Sport --> Sport --> Zu wasser & in der Luft
--> Bäder in Münster

Nicht in städtischer Hand ist das **DJK Sportbad** (Grevener Str. 125), bei dem der Akzent eher auf dem Schwimmsport liegt. Liegewiesen sind aber dennoch vorhanden, und die relative Nähe zur Innenstadt macht das Bad zusätzlich attraktiv. www.djk-sportbad.de

Ebenfalls in privater Trägerschaft ist das Freibad **Sudmühle** (Dyckburgstr. 468). Dieses Bad liegt weit außerhalb und lässt sich ohne

Auto wohl nur von den nordöstlichen Stadtteilen aus gut erreichen. Die Ausstattung beschränkt sich auf das Wesentliche, also Schwimmbecken, Liegewiesen und viel Natur drum herum.
www.schwimmvereinigung.de --> Sportbad Sudmühle

Andere Gewässer

Zunächst einmal die schlechte Nachricht: Im **Aasee** darf man nicht baden. Macht aber auch Sinn; Algenblüten und andere unpassende Dinge lassen den Tümpel vor allem in den Sommermonaten immer wieder „umkippen" und zur gesundheitsgefährdenden Jauche werden. Dann kommt noch erschwerend hinzu, dass jede Menge Schrott – in Münster natürlich vor allem Fahrräder – unerkannt auf dem Grund des Sees schlummert und den potenziellen Schwimmer gefährdet. Kleiner Trost: Der See ist ohnehin nicht tiefer als zwei Meter und selbst dafür müsste man schon weit hinaus schwimmen.

Auch der **Hiltruper See** ist nicht zum Baden gedacht, wohin sich also wenden, um abseits von Badeanstalten an und in das Wasser zu kommen?

Ganz klar: Die Badewanne Münsters ist der **Dortmund-Ems-Kanal**. Auf der ganzen Länge von der Warendorfer Straßenbrücke im Norden bis zum Stadthafen im Süden wird der Kanal im Sommer zum Eldorado für In-der-Sonne-Lieger, Griller und Hobbyschwimmer. Die Wasserqualität ist hervorragend, tatsächlich macht immer wieder die Behauptung die Runde, das Kanalwasser sei bedenkenlos trinkbar. Wir wollen nicht hoffen, dass Du darauf angewiesen bist, Deinen Durst

mit dem Wasser eines Schifffahrtsweges zu stillen, aber das Schwimmen ist jedenfalls bedenkenlos möglich.

So sorglos sich die Vergnügungs- und Erholungssuchenden an beiden Ufern aber auch benehmen mögen, so sehr sind dennoch einige Sicherheitshinweise angebracht:

Der Kanal ist ein offenes Gewässer, auf dem Binnenschiffe fahren. Du solltest im Wasser immer die Umgebung im Auge behalten und den Schiffen aus dem Weg schwimmen, im Zweifelsfall sogar das Wasser verlassen, wenn sich ein Kahn nähert.

Viele Jugendliche machen sich einen Spaß daraus, von den Kanalbrücken ins Wasser zu springen. Das ist nicht nur verboten, sondern auch gefährlich: Zwar ist das Wasser vier bis fünf Meter tief, aber man könnte immer noch treibendes Holz, ein überraschend auftauchendes Ruderboot oder sogar einen anderen Schwimmer treffen. Theoretisch wäre es auch möglich, bei großer Eintauchtiefe am Gewässerboden mit irgendwelchem Schrott wie alten Fahrrädern, die auch hier herumliegen, zu kollidieren.

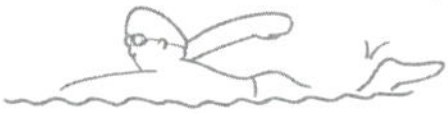

Wenn Du aber auf Deine Sicherheit und auf die anderer achtest, steht einem Sommer am und im Kanal nichts im Wege.

Spiel und Spaß

Beachvolleyball

Volleyball ist gut und schön, aber zur echten Sommerattraktion wird es erst in seiner Erscheinungsform als Beachvolleyball. Wenn es Dich zum Baggern und Schmettern auf Sand zieht, hast Du im Stadtbereich Münsters noch mehr Möglichkeiten als die Beachplätze zu nutzen, die es in jedem der Freibäder gibt.

s. „Freibäder", S. 142

Nicht nur in den Freibädern, auch in den Sportanlagen des **Instituts für Sportwissenschaft** der **Wilhelms-Universität** gibt es ganze vier Beach-Courts (Horstmarer Landweg 62a). Die kannst Du beim Hochschulsport Münster für Dich und Deine Freunde mieten.

Zeigen, was Du drauf hast, darfst Du jedes Jahr im Sommer beim **Mittsommerturnier** für Studierende. Wenn Du bis dahin noch ein bisschen tranieren willst, kein Problem! In einem der Beachvolleyball-Kurse des Hochschulsports lernst Du alle Tricks.
www.uni-muenster.de/Hochschulsport

Richtig gut im Sand wälzen lässt es sich auch im **Stadtpark Wienburg** (zwischen dem Stadtzentrum und dem Zentrum Nord). Der 26 Hektar große Park bietet neben vielen anderen Freizeitmöglichkeiten auch Beachvolleyballplätze.

Bei gutem Wetter meistens ziemlich voll sind die Beachvolleyballfelder im **Sportpark Sentruper Höhe** im **Aaseepark**. Dort musst Du sicher nicht lange auf Mitspieler warten.

Eine Liste mit noch mehr heißen Sandplätzen in Münster findest Du hier:
www.muenster.de/stadt/sportamt
--> Sportstätten
--> sonstige Sportanlagen
--> Beachvolleyballanlagen

Jedes Jahr, meistens im Mai, verwandelt sich auch der **Schlossplatz** in eine Beachvolleyballarena. Hier macht dann die **smart beach tour** Station. Das ist aber eher etwas für die Profis. Für Dich heißt das: zugucken und staunen.

Kicken und Dribbeln – Hobbyfußball

Du hast das Herumliegen in der Sonne satt? Die Kalorien vom Grillen am Vorabend müssen abtrainiert werden? Wasserscheu? Keine Sorge, auch auf dem Trockenen findest Du in Münster genügend Angebote rund um das Thema Spiel, Sport und Aktivität – auch und gerade im Sommer.

Wenn Du gerne Fußball spielst, aber dafür nicht gleich einem Verein beitreten willst, wirst Du in Münster jederzeit Hobbykicker finden, die mehr oder weniger regelmäßig auf den Wiesen der Stadt das Leder rollen lassen. Du hast natürlich immer die Gelegenheit an einem frühen Sommerabend Spieler anzusprechen, die Du irgendwo auf einem Stück Rasen entdeckst. Auf Zufallsfunde oder Mundpropaganda musst Du Dich aber nicht verlassen, um Gleichgesinnte zu finden. Da gibt es einfachere Mittel und Wege.

Die **Bunte Liga Münsterland** (Dunantstr. 30) ist ein wenig formaler Zusammenschluss von Hobbykickern mit derzeit zehn Teams. Sie treffen sich an fest vereinbarten Spieltagen, um gemeinsam zu bolzen und zu „pöhlen". s. „Sprachregeln", S. 176

Auf den Plätzen des **SV Teutonia Coerde** (Coerheide 46), liebevoll in Coerheide Arena umgetauft, tragen die Graswurzeltornados, Maschine Münster, die Shaolin Kickers und andere Mannschaften ihre epischen Schlachten aus. Fußball ohne Schlips und Kragen, aber dafür mit einem Augenzwinkern. www.bunteliga-ms.de

Pferde und Reiten

Münsterland ist auch Pferdeland. In Warendorf befinden sich das **Bundesleistungszentrum für Reitsport** und das **Deutsche Olympiade-Komitee für Reiterei** (beides Freiherr-von-Langen-Str. 13, 48231 Warendorf), aber auch für Amateur- und Freizeitreiter ist rund um Münster alles geboten, was das Herz begehrt.
www.pferd-aktuell.de

In Handorf liegt die **Westfälische Reit- und Fahrschule** (Havichhorster Mühle 100a). Hier können sich Reitsportfreunde in allen denkbaren Disziplinen wie Springen, Dressur und Vielseitigkeit aus- und weiterbilden. Auch Berufsausbildungen zum Pferdewirt und Trainerkurse werden angeboten. www.wrfs-muenster.de

Nördlich von Wolbeck befindet sich der **Gutshof Haus Möllenbeck** (Kreuzbach 326). Hier gibt es Pensionsställe für Pferde mit eigenen Spring- und Dressurplätzen sowie eine Dressurhalle für gehobene Ansprüche. www.haus-moellenbeck.de

Daneben sind viele Reiter in Vereinen organisiert, einige stehen auch Reitern ohne eigenes Pferd offen, etwa der **Reitclub St. Mauritz** (Pleistermühlenweg 144). www.reitclub-st-mauritz.de

Am gegenüberliegenden, östlichen Stadtrand befindet sich der **Reit- und Fahrverein Roxel** (Bösenseller Str. 6), ganz im Norden der **Reit- und Fahrverein Münster-Sprakel** (Reitanlage: Im Heidegrund 233). www.ruf-roxel.de www.rv-muenster-sprakel.de

Klettern

In der warmen Jahreszeit ist besonders der **Klettergarten High Act** (Salzmannstr. 140) eine Reise wert. Hier kannst Du in luftigen zehn Metern Höhe unter freiem Himmel von einer Herausforderung zur nächsten kraxeln. Da ist der Adrenalinkick garantiert – auch wenn wirklich nichts passieren kann, weil Du bei allem mit Seil und Gurt 1a gesichert bist. www.high-act.de

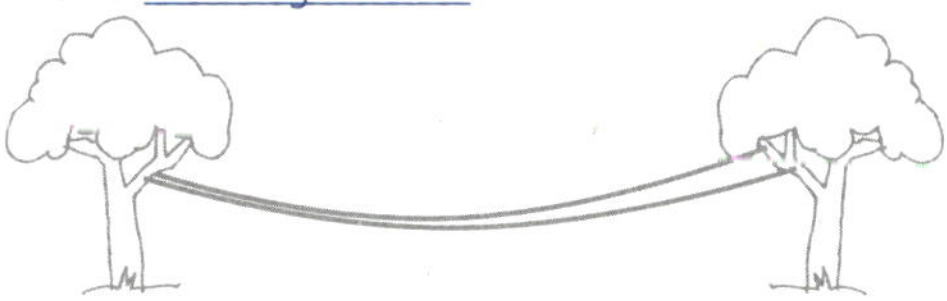

Etwa 40 Kilometer von Münster entfernt liegt Ibbenbüren. Hier gibt's für Outdoor-Begeisterte den **Kletterwald Ibbenbüren** (Ledder Str. 110). Der hat mit seinen 30.000 m^2 Fläche allen Grund, sich „Wald" zu nennen. Hier kannst Du in ein bis 14 Metern Höhe sieben verschiedene Parcours in unterschiedlichen Schwierigkeitsstufen durchklettern. Highlights wie Netzbrücken, Seilbahnen und Sprünge gehören natürlich auch dazu. www.kletterwald-ibbenbueren.de

Minigolf

Minigolf ist über die Jahre ein wenig aus der Mode gekommen, aber falls Du Lust bekommen solltest, eine Runde zu spielen, haben wir ein paar Anlagen für Dich ausfindig gemacht.

Der Landgasthof **Pleister Mühle** (Pleistermühlenweg 196) betreibt eine Anlage mitten im Grünen. Wenn Du die Lust auf Schläger und Bälle verlieren solltest, kannst Du nur ein paar Meter weiter ein Kanu für eine geruhsame Tour auf der Werse mieten.
www.pleistermuehle.de

Noch einen Minigolfplatz findest Du beim Hotel **Haus Hüerländer** (Twerenfeldweg 4), sozusagen am anderen Ende der Stadt. Um hier die hubbeligen Bälle über die Felder zu jagen, musst Du nicht im Hotel übernachten! www.haus-hueerlaender.de

Ein weiterer Platz liegt an der **Wolbecker Straße** stadtauswärts, genauer gesagt unter der Adresse: Auf der Laer 5. Und wenn Du plötzlich mal Lust bekommst, andere Schläger zu schwingen - direkt nebendran gibt es Tennisplätze ...

Inlineskating

Kein Zweifel, Münster ist Radfahrerterritorium, das hält aber eine beträchtliche Zahl von Münsteranern nicht davon ab, Alternativen zu suchen. Seit den 90er Jahren sind sie nicht mehr wegzudenken aus dem Bild deutscher Großstädte: die Inlineskater. Mit dem Ende des Lifestyle-Jahrzehnts ist es um sie wieder etwas ruhiger geworden, aber nach wie vor nutzen viele Menschen die Rollenschlittschuhe, so auch in Münster.

Du kannst Dir natürlich einfach Skates anziehen und drauf los laufen (Helm nicht vergessen!), aber wenn Du die Sache ernsthafter angehen möchtest, findest Du in Münster auch Inlineskate-Clubs.

Da ist zunächst einmal der **I.S.C.** (Inline Skating Club Münster e.V.), der die ganze Palette anbietet, von Kursen für Einsteiger und Fortgeschrittene bis hin zu Trainingslagern und Sportfreizeiten. www.inlineskating-muenster.de

Mehr auf gemeinsames Er"fahren" der Landschaft ausgelegt ist der Verein **Münster rollt e.V.**, der dem interessierten Skater die Möglichkeit bietet, nicht nur die Stadt, sondern auch das Umland auf Skate-Touren besser kennenzulernen. www.msr.jkms2.de

Ein Event für alle Skater der Stadt ist die regelmäßig (jeden 1. und 3. Freitag des Monats von Mai bis September) stattfindende **Skatenight Münster**. Ein bunt gemischtes Teilnehmerfeld (Inline-Skater vorneweg) macht sich auf den Weg durch den Sommerabend, auf Routen durch das ganze Stadtgebiet.
www.skatenight-muenster.de

Ballonfahren

Nun, zu Land und zu Wasser hast Du Dich schon erprobt, welches Element bleibt jetzt noch? Genau: Luft. Im platten Münsterland herrscht eher selten geeignete Thermik, Segelfliegen fällt also aus und fürs Gleitschirmfliegen fehlen die Steilhänge zum Starten. Aber warum nach Thermik suchen, wenn man sie selbst erzeugen kann? Im Münsterland fährt man Heißluftballon! Du wirst am Himmel über der Stadt an vielen Tagen einzelne Exemplare, manchmal auch ganze Rudel, beobachten können und vielleicht bekommst Du beim Zusehen ja Lust, es selbst einmal zu probieren?

Ein Wort der Warnung vorweg: Sprich Ballonleuten gegenüber niemals vom „Fliegen"! Im Ballon wird „gefahren", nicht geflogen. Wenn Du diese einfache Regel beachtest, wirst Du keine Probleme mit Deinen Flugbegleitern im Korb bekommen.

Verschiedene Firmen in Münster bieten Ballonflüge an, beispielsweise das **Ballon Team Münster** (Am Handorfer Bahnhof 35) oder

Balloon Charter (Bentelerstr. 49). Die Preise für Kurztrips liegen im unteren dreistelligen Bereich, aber das Erlebnis ist es wert: Endlich kannst Du Dir Münster und Umgebung auch von oben ansehen! www.balloncharter.de www.ballonteammuenster.de

Jeder Sommer hat mal ein Ende, aber beide Anbieter unternehmen auch im Herbst und im Winter Ballonfahrten – jedenfalls sofern das Wetter mitspielt.

Navigare necesse est – Boote und Bötchen

So weit im Landesinneren mag es überraschen, aber auf den Wasserflächen Münsters ist jede Menge los: Für den arglosen Touristen im Sommer kommt meistens nur das Befahren des Aasees mit dem Tretboot in Frage, doch dabei kann er jederzeit eine größere Anzahl von Segelbooten erblicken, die auf dem Gewässer kreuzen – wo kommen die eigentlich her?

Der Aasee ist Segelrevier und nicht wenige Studenten haben nach einigen Jahren die Stadt nicht nur mit ihrem Abschlusszeugnis, sondern auch mit dem „Sportbootführerschein Binnen" wieder verlassen. Gelernt haben sie in einem der Segelclubs oder einer der Segelschulen der Stadt.

Der **Segel-Club Münster** (Annette-Allee 7) liegt idyllisch direkt am Ufer des unteren (stadtnahen) Aasee-Endes und bietet Mitgliedern die Ausbildung vom Jüngstensegelschein bis zum Sportküstenschifferschein, Training für Regatten sowie Segelfreizeiten auf dem Ijsselmeer, der Nord- und Ostsee. www.segel-club-muenster.de

Ein vergleichbares Angebot, aber ohne Clubmitgliedschaft, bietet gleich nebenan die **Segelschule Overschmidt** (Annette-Allee 1). www.overschmidt.de

Nicht in so exklusiver Lage, aber am oberen Aasee dennoch sehr schön gelegen und mit viel Platz, bietet der Segelclub **Hansa Mün-**

ster (Mecklenbecker Str. 112) ebenfalls Ausbildung und Segelvergnügen an. Eine Besonderheit sind hier die Flottillentörns auf der Ostsee – bis Kopenhagen oder Bornholm – oder auf dem Mittelmeer. www.segelclub-hansa.de

Wenn Du Dich auf dem Wasser lieber völlig verausgaben willst, kannst Du es mit dem Rudern versuchen. Die Ruderer Münsters sind auf dem Kanal zu Hause und betreiben ihren Sport in zwei Vereinen. Beide Vereine haben neben Einstiegskursen, Breiten- und Leistungssport auch Wanderfahrten im Programm:

Der **Ruderverein Münster** (RVM) (Bennostr. 7) findet sich zwischen den Brücken von Wolbecker Straße und Schillerstraße am Kanal. Der Anleger liegt direkt am Kanalseitenweg und bei der Vor- und Nachbereitung der Boote schauen den Sportlern nicht nur Spaziergänger und Wasservögel zu, sondern auch die Kaffeetrinker auf der Terrasse des Bennohauses nebenan. www.rvm1882.de

Der **Akademische Ruderclub Münster** (ARC) hat gleich zwei Bootshäuser: im Norden zwischen Schleuse und Warendorfer Straßen-Brücke (Rheinstr. 40) und im Süden bei Hiltrup (Hansestr. 80). www.arc-ms.de

Der Verein **Kanupolo Münster** bietet Polo auf dem Wasser, mit dem Kanu. Dieser Exot unter den Wassersportarten ist noch sehr jung, aber dennoch richtet der Verein inzwischen schon die zweite Mannschaft ein. Trainiert und gespielt wird im Becken des alten Stadthafens II

(Zufahrt über den Hawerkamp), im Winter im Bürgerbad in Handorf. www.muenster.org/kpm

Das Revier der Kanufahrer in Münster ist die **Werse**. Die meisten Verleihboote werden an der **Pleistermühle** zu Wasser gelassen, von hier aus paddelt man entweder stromabwärts nach Norden in Richtung Handorf oder südlich in Richtung Angelmodde. Die Strecke ist allerdings begrenzt und das Vergnügen reicht eher für einen freien Tag als für eine mehrwöchige Expedition. Dennoch kriegt man Mutter Natur zur Abwechslung mal von der Wasserseite zu sehen und die ist speziell an der Werse sehr schön.

Kanus werden von verschiedenen Anbietern verliehen, zum Beispiel vom **Kanuverleih Pleistermühle** (Pleistermühlenweg 196) oder von Reiseanbietern wie **Rucksack Reisen** (Geschäftsstelle: Hammerstr. 418) www.kanuverleih-pleistermuehle.de www.rucksack-online.de

Unterwegs – Wandern und radeln

Wandern

In der Stadt wird eher spaziert als gewandert. Die beliebtesten Strecken in Münster sind natürlich vor allem die Ufer des Aasees und des Kanals, wo Du Dir den Weg mit Joggern, Radfahrern und (nicht immer angeleinten) Hunden teilst. Manch ein Flaneur umrundet wohl auch die Altstadt auf der Promenade.

Wer wirklich wandern will, wird sich aus der Stadt hinausbegeben. Das Münsterland ist eher ein Newcomer unter den Wanderregionen Deutschlands – und seien wir ehrlich: Die platte Landschaft lädt mehr zum Erkunden mit dem Rad als zum Erwandern ein. Dennoch sind die Touristikverbände der Region sichtlich bemüht, das Umland von Münster auch passionierten Zu-Fuß-Gehern schmackhaft zu machen.

Eine speziell in Münster verwurzelte Tradition ist dabei das **Pilgern**, zu dem jedes Jahr große Zahlen von Gläubigen aufbrechen. Der Klassiker in diesem Bereich ist die **Telgter Wallfahrt**, deren Route über den Prozessionsweg (der im Stadtgebiet von Münster tatsächlich so heißt) von Münster Richtung Osten zur Wallfahrtskapelle in Telgte führt. Diese Strecke lässt sich aber auch ganz weltlich erwandern. Informationen und Wegbeschreibungen zu diesem und anderen Wanderwegen findest Du hier:

www.muenster.de --> Tourismus --> wandern

In die Pedale – Radsport und Radtouren

Münsterland ist Fahrradland, aber während sich die meisten Münsteraner mit dem alltäglichen Radfahren und mit gelegentlichen Radtouren in die Umgebung begnügen, wollen es einige sportliche Zeitgenossen wissen: In der warmen Jahreszeit machen Scharen von Rennradlern die Landstraßen der Region unsicher und viele von ihnen sind in Vereinen organisiert.

Der **RSV Münster** ist der älteste Verein am Platz und bietet neben dem Rennbetrieb auch organisierte Touren an. Außerdem gibt es Abteilungen für Radball, Fahrrad-Polo und Einradfahren.
www.rsv-muenster.de

Die **Radsportfreunde Münster** (Geschäftsstelle Studtstr. 35) sind auf Touren spezialisiert und bieten regelmäßige Treffen, überregionale Fahrten und auch alters- und geschlechtsspezifische Gruppen an. www.radsportfreunde-muenster.de

Eine Neugründung aus dem Jahr 2011 ist der **Radclub Münster e. V.** (Tönne-Vormann-Weg 28), der ebenfalls alles rund um das Thema Rennradfahren bietet, vom Trikot bis zum Leihrad für das Training. www.rc-muenster.de

Im Münsterland wird das Thema „mountain" nicht so groß geschrieben. Dementsprechend rar sind die Möglichkeiten in der näheren Umgebung. Strecken über Stock und Stein findet man allenfalls in den **Baumbergen** rund um Billerbeck (etwa 25 Kilometer westlich von Münster) oder in der **Haard**, einem hügeligen und komplett unbebautem Waldstück südlich von Haltern (etwa 40 Kilometer südwestlich von Münster). Mehr zum Thema Mountainbike in und um Münster findest Du unter www.sprung-pilot.de

Stadtnah bieten sich Dir praktisch überall in den Außenbezirken Münsters alle erdenklichen Touren an und mit einer Radwanderkarte der Region kannst Du auch ohne feste Route jederzeit improvisieren.

Besonders beliebt ist der **Nordosten der Stadt**, rund um **Mauritz-Ost**, **Handorf** und **Gelmer**. Hier kannst Du an der beschaulich dahinplätschernden Werse entlangfahren – etwa von der Pleistermühle bis hinauf nach Sudmühle oder Handorf, dann in westlicher Richtung abbiegen und bei Gelmer die seltenen Vögel in den Rieselfeldern beobachten. Sollte die Lust an der freien Natur plötzlich nachlassen, weichst Du auf den Kanalseitenweg aus und gelangst auf direktem Weg schnell in Deine urbane Heimat zurück.

Für Radwanderer mit größeren Ambitionen hat das Münsterland buchstäblich tausende Kilometer an ausgeschilderten Radwanderwegen zu bieten. Die Palette reicht von überschaubaren Tagestouren bis hin zur Königsdisziplin: auf der **100 Schlösser Route** kannst Du Dich knapp 1000 Kilometer lang an praktisch allen nennenswerten Schlössern und Burgen der Region vorbei bis zum Abwinken abstrampeln. www.muensterland-tourismus.de

--> 100 Schlösser Route

Fleischeslust – Grillen

Vom vielen Entspannen und Abkühlen bekommst Du wahrscheinlich bald Hunger und wie könnte man den an einem Sommerabend besser stillen, als in einer fröhlicher Runde am Grill? Egal, ob Du Koteletts, Würstchen oder vegetarisches Grillgut auf den Rost wirfst, nichts rundet einen Sommertag besser ab, als mit ein paar Freunden (und einigen Dutzend Mücken) bei guten Gesprächen in die Glut zu schauen, während nach und nach aus der Hitze des Tages eine laue Sommernacht wird.

Als Ort für das Grillvergnügen bietet sich neben dem heimischen Garten oder Balkon praktisch jede Grünfläche in Münster an. Die Grundregel lautet: Ist es nicht ausdrücklich verboten, ist es erlaubt – immer vorausgesetzt, dass es sich um eine öffentliche Grünanlage handelt. Im Hochsommer sind daher überall auf den Wiesen der Stadt grillende Grüppchen, mehrheitlich wohl Studenten, anzutreffen. Viele ziehen es vor, sich einen Platz in der Nähe der

© Raphael Rohe, www.rohe-design.de/Pixelio

eigenen Wohnung zu suchen, aber natürlich gibt es einige „Hotspots", Orte, die an lauen Sommerabenden, besonders am Wochenende, die Massen anziehen.

Da ist zunächst wieder einmal der **Dortmund-Ems-Kanal**, sozusagen der Alleskönner unter den sommerlichen Locations. Hier kann man nicht nur bei Tag in der Sonne liegen und baden, sondern im ganzen Uferbereich auch auf den Wiesen sitzen und grillen.

Bis vor einigen Jahren war das Grillen am Kanal offiziell verboten, mit der Begründung, dass Schiffe vorbeifahren könnten, die brennbares Gefahrgut geladen haben. Mit der Zeit hat sich jedoch anscheinend die Einsicht durchgesetzt, dass von Grills keine Gefahr für die Binnenschifffahrt ausgeht und heute sind die Kanalufer von der Schleuse im Norden bis zum Stadthafen im Süden an fast jedem Sommerabend voll besetzt.

Besonders praktisch ist hierbei, dass die Kanalseitenwege links und rechts der Wasserfläche die gesamte Strecke entlang laufen. Damit ist für die Griller der Weg zum Ort des Geschehens einfach zu erschließen und die gesamte Osthälfte der Stadt schnell erreichbar: einfach den Seitenweg hinauf oder hinunter bis zur gewünschten Kanalbrücke (Warendorfer Straße, Wolbecker Straße usw.) und in Richtung Stadt oder in die Gegenrichtung zum jeweiligen Vorort abbiegen.

Die andere große Adresse fürs Grillen ist der **Aasee**. Am nordöstlichen Ende bis beinahe in die Stadtmitte reichend, bietet er auf dem gesamten Uferareal bis kurz vor Mecklenbeck reichlich Platz auf Wiesen und unter Bäumen. Tatsächlich ist die zur Verfügung stehende Fläche so groß, dass Du Dich mit Deinen Freunden besser auf eine genaue Stelle zum Treffen einigen solltest, die Angabe „Grillen am Aasee" wird nicht reichen.

Im Vergleich zum Kanal werden die Dinge hier etwas geordneter angegangen: Die Stadtverwaltung hat im innenstadtnahen Uferbereich Aschebehälter aufgestellt, um das Entleeren von Grills zu ermöglichen und an den Abenden am Wochenende (freitags und samstags bis 2.00 Uhr nachts, sonntags bis 22.00 Uhr) sind Streifen des Ordnungsamtes unterwegs, die nach dem Rechten sehen und bei Fragen und Problemen gerne behilflich sind.

Weitere Orte, die viele Grillfreunde anziehen, sind der **Südpark** (an der Hammer Str., direkt südlich der Josefkirche), die Grünflächen südlich entlang der **Einsteinstraße**, unmittelbar nördlich des Schlossgartens und natürlich die zahlreichen Grasflächen links und rechts der Promenade, vor allem im Bereich **Kreuzschanze** (hinter Buddenturm und Finanzamt, das Areal zwischen Promenade, Kleimannstraße und Am Kreuztor), im Bereich rund um den **Zwinger** (links und rechts des Neubrückentors) und am **Kanonengraben** (gegenüber des unteren Endes des Aasees, zwischen Promenade, Weseler Str. und Kanonengraben).

An Sommerabenden findest Du also fast überall in der Stadt ein Plätzchen, um Deine Kohlen anzufachen – Wiesen gibt es genug. Wahrscheinlich entdeckst Du wie viele andere, die sich am Hafenbecken, in Hinterhöfen, auf Hochhausdächern oder sonst wo zusammenfinden, auch eines schönen Sommertages Deinen persönlichen Lieblingsort zum Grillen.

Sc

Schnee

Schnee

Schnee

Schnee

Schnee

Schne

Schnee

Schnee

Schnee

Schnee

Schnee

Winter!
Frostige Zeiten
Winter!
Winter!
kalt
brrr
Eiskratzerei
Schnee
Schnee
Eiskratzerei
Sauna
Sauna
Sauna
kalt
kalt
brrr
Schnee
endlich
brrr
brrr
brrr

Das Münsterland ist fast vollständig eben und steht unter ständigem Einfluss maritimen Klimas. Anders ausgedrückt: In der kalten Jahreszeit findest Du in Münster eher selten ein Winterwunderland, dafür gibt es umso häufiger „Schietwetter".

Für den Münsteraner bedeutet das, dass Skifahren, Rodeln und Hundeschlittenrennen nicht zu den typischen Freizeitveranstaltungen im Winter gehören. Trotzdem kommt es immer wieder mal zu überraschenden Wintereinbrüchen und jedes Mal dauert es eine gewisse Zeit, bis alle Straßen geräumt sind und die Leute sich an die neuen Verhältnisse gewöhnt haben. Aber Zumutungen des Alltags zum Trotz hat Münster seinen Bewohnern und Besuchern auch von November bis März allerhand zu bieten, sei es im Freien oder auch indoor ...

Hallenbäder & Wellness

Münsters Hallenbäder

Die Stadt Münster hat in den letzten Jahren große Summen in die Renovierung ihrer Bäder investiert. Dabei hat sie – anders als andere Kommunen auf den Ausbau einiger weniger Bäder zu Spaßtempeln verzichtet und hat sich stattdessen zum Ziel gesetzt, den Münsteranern gleich mehrere schlichte, aber moderne Bäder zu bieten. So kommt es, dass Du nicht nur im innerstädtischen Bereich, sondern auch in vielen Stadtteilen abseits des Zentrums Hallenbäder

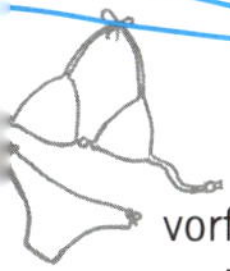

vorfindest, die auch jetzt in der kalten Jahreszeit auf durchgefrorene Besucher warten.

Das **Hallenbad Mitte** (Badestr. 8), auch bekannt als „Zoobad", weil es in der Nachbarschaft des ehemaligen Zoogeländes liegt, ist nicht nur das älteste Hallenbad Münsters, es ist auch sonst im besten Sinne des Wortes „old school". Die riesigen Fenster des modernisierten 50er-Jahre-Baus öffnen den Blick ins Grüne und die Ausstattung des Bads kommt auf den Punkt. Schwimmbecken mit Tribüne und ein Fitnessraum stellen die Ansprüche des ambitionierten Hobbyschwimmers zufrieden. Daneben schaffen Sprudelbecken, Liegestühle und Solarien Raum für Entspannung. Das Bad liegt direkt an der Promenade, etwas südlich des Schlosses, und ist dadurch besonders auch mit dem Fahrrad sehr gut zu erreichen.

Das **Hallenbad Ost** (Mauritz-Lindenweg 101) ist mit über 700 m² Wasserfläche das größte Hallenbad Münsters, liegt nur wenige Meter entfernt vom Dortmund-Ems-Kanal und bietet seit seiner Renovierung über den reinen Schwimmbetrieb hinaus auch ein Soleaußenbecken, Massagedüsen und einen Saunabereich. Wenn Du irgendwo im östlichen Bereich der Stadt rund um Mauritz wohnst, kannst Du hier schnell ankommen und abtauchen.

Das **Hallenbad Kinderhaus** (Idenbrockplatz 8) liegt mitten im Kinderhauser Ortskern und bietet den Wasserratten der nördlichen City nicht nur Schwimmbecken, sondern auch eine große Wasserrutsche und Kinderbespaßung für die Kleinen.

Im **Hallenbad Hiltrup** (Westfalenstr. 201) geht es besonders stylish zu: Das große 25-Meter-Becken besteht komplett aus Edelstahl und die Farbauswahl bei den Fliesen und der Inneneinrichtung ist ... nun ja, sehr farbig – Schwimmen im Farbrausch!

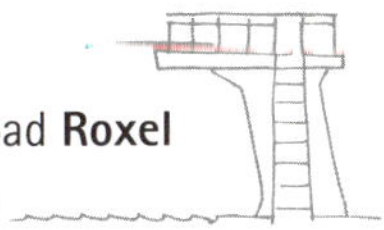

Einfarbig, aber nicht eintönig, geht es dagegen im Hallenbad **Roxel** (Tilbecker Str. 36) zu: Hier ist alles in Blautönen gehalten.

Schnee kalt Eiskratzen Sauna brrr

Genau wie das Hallenbad **Wolbeck** (Brandhoveweg 101) orientiert es sich am Grundbedarf: schwimmen, baden und plantschen ohne Schnickschnack. www.münster.de --> Freizeit und Sport --> Bäder in Münster

Einheizen, Reinsetzen, Aufgießen – Sauna

Wohin soll der Münsteraner, wenn es ihn nach schweißtreibendem Herumlungern gelüstet? Wo transpiriert es sich im schönen Münster eigentlich am besten? Hier kommen ein paar Tipps für all diejenigen, denen hochrote Köpfe gut stehen:

Irgendwann in den 70er Jahren baute ein Tischlermeister eine Sauna als Anschauungsobjekt. Irgendwie verselbständigte sich die Sache und heute ist die **Eymann Sauna** (Gropiusstr. 4, Anfahrt über die Schadowstraße) in Amelsbüren eine der grandiosesten Sauna- und Wellnesslandschaften weit und breit.

Die Preise sind mehr als angemessen für einen Tag Luxuswellness und liegen noch eher im unteren Bereich, gemessen an vergleichbaren Einrichtungen. Einzig die Anfahrt ist etwas aufwändiger. Amelsbüren liegt schon weit außerhalb, aber es fahren natürlich Busse (Linie 1 Richtung Amelsbüren), und wer ein paar hundert Meter Fußweg nicht scheut, kommt in wenigen Minuten mit der Regionalbahn Richtung Dortmund (vom Hauptbahnhof aus) zur Station Amelsbüren.

Wenn Du also mit Sauna etwas anfangen kannst, solltest Du hier unbedingt einmal reinschauen. Und echte Saunafans kommen gar nicht erst um die Eymann Sauna herum. www.eymann-sauna.de

Auch das **Hallenbad Ost** (Mauritz-Lindenweg 101) wartet in seinem Untergeschoss mit drei Saunas auf. Die Timbersauna im Saunagarten bietet satte 90 Grad und in der Bio- und Kräutersauna lässt es sich auch sehr gut aushalten. www.münster.de --> Freizeit und Spo --> Bäder in Münste

Aber wir dürfen natürlich die **Inselsauna** (Geringhoffstr 46/48), die Sauna „für ihn", nicht vergessen! Hier darf mann in vier verschiedenen Saunas, oder gerne auch Saunen, entspannen. Es gibt stündlich wechselnde Aufgüsse (z.B. Eis- Salz- oder Honigaufguss) und eine echt schöne Außenterrasse. Die Sache wäre also geschwitzt! www.dieinselsauna.de

Keine schwarzen Sohlen! – Indoorsport

Boah, der innere Schweinehund nimmt jetzt, auf dem Weg in die oder aus der Adventszeit, auch gleich mit zu. Wie willst Du Dich je wieder sinnvoll und kalorienverbrauchend bewegen, nach all dem Essbaren, das Du Dir die letzten Wochen über lustvoll einverleibt hast? Was muss, das muss! Wenn Du genug über frische Speckrollen und unsexy sitzende Hosen gejammert hast, schau Dir Münsters Sportangebot für die kalten Monate an.

Alle gemeinsam – Sportvereine

Du hast Lust, auch im Winter Sport zu treiben, aber alleine klappt das sowieso nicht? Kein Problem. Münster ist randvoll mit Sportvereinen, die auch beim Hallensport keinen Wunsch unerfüllt lassen. Von Schach bis Tanzen, von Karate bis Kunstturnen ist alles dabei. Eine Übersicht über die Vielfalt der Vereine erhältst Du hier: www.sportvereine-ms.de

Der größte Allround-Sportverein am Platz ist wohl die **Turngemeinde Münster** (Büro: Lotharingerstr. 17). Hier wird die ganze Palette geboten: Klassiker wie Turnen und Gymnastik, Kampfsport, Tanzen, Tischtennis, Fechten und noch vieles mehr. Die jeweiligen Sportarten werden natürlich an unterschiedlichen Orten ausgeübt und in den einzelnen Gruppen sportelt es sich sehr familiär, während die „TG" eher wie eine Dachorganisation im Hintergrund bleibt. www.tg-muenster.de

Schnee kalt Eiskratzen Sauna brrr

Eher etwas zum Zugucken ist der **USC Münster** (ansässig in der Sporthalle Berg Fidel, Sperlichstr. 10), ein Volleyballverein, der seit Langem sehr erfolgreich in der Damenbundesliga agiert. Der USC betreibt insgesamt acht Damen- und eine Herrenmannschaft. Wer aber ambitioniert ist und den Sport konsequent betreiben will, ist hier durchaus richtig. Die Heimspiele sind für die zahlreichen Fans jedenfalls Pflichttermine und eine gute Gelegenheit, auch in der kalten Jahreszeit beim Mitfiebern auf Temperatur zu kommen.
www.usc-muenster.de

Wenn Du als Student in die Stadt kommst, bietet sich Dir die besondere Gelegenheit, an einem oder mehreren der vielen Angebote des **Hochschulsports** (Horstmarer Landweg 62a) teilzunehmen. Neben bewährten Disziplinen wie Schwimmen und Badminton werden auch exotische Sportarten angeboten, etwa Capoeira oder Rhönrad, bis hin zu echten Kuriositäten wie Unterwasserrugby. Mehr zum Sportangebot der Uni erfährst Du unter:
www.uni-muenster.de --> Hochschulsport

Neben den großen Institutionen kümmern sich natürlich auch Dutzende kleiner Vereine um alle möglichen Sparten des Breitensports in geschlossenen Räumen: Von Aikido bis Zumba stehen dem sportbegeisterten Münsteraner alle Möglichkeiten offen.

Tipp: Viele Klein- und Kleinstvereine inserieren ihre Angebote im städtischen Anzeigenblättchen „na dann …"
www.nadann.de

Bälle schlagen – Tennis & Co.

Wer lieber auf eigene Faust den Schläger schwingt, kann sich für eines der großen Sportcenter entscheiden, die die betreffenden Sportarten in unterschiedlichen Kombinationen anbieten. Aus dem Dreigestirn Tennis, Squash und Badminton sind jedenfalls alle drei möglichen Zweierkombinationen zu haben: Das **Sportline** (Geister Landweg 2) bietet Hallentennis und Badminton, das **Sportcenter**

Borkstraße (Borkstr. 17b) Tennis und Squash und der **Sportpark Roxel** (Am Rohrbusch 81-85) Badminton und Squash.
www.sportline-muenster.de www.sport-center-borkstrasse.de
www.sportpark-roxel.de

Vielleicht möchtest Du lieber in einem Tennisclub spielen? Auch da bietet Münster jede Menge Auswahl:

Tennis Münster (Dingbängerweg 349) beispielsweise lockt mit zwölf Außen- und vier Hallenplätzen und ist die richtige Adresse sowohl für Hobby- als auch für Turnierspieler. 600 Mitglieder können nicht irren! www.thc-muenster.de

Der **TSC Münster-Gievenbeck** (Rudolf-Steiner-Weg 1) verfügt über fünf Sandplätze, einen Spielplatz und ein Clubhaus mit Terrasse. Vielleicht wäre erst mal eine Schnuppermitgliedschaft was für Dich? Die gibt's günstiger und lässt Dir genügend Zeit zu entscheiden, ob Du dauerhaft dabei bleiben willst.
www.tennis.tsc-muenster.de

Oder Du probierst es mal beim **Tennis-Club Münster e.V.** (Am Freizeitzentrum). Hier kannst Du Dich auf acht Sandplätzen austoben. Als Student bist Du mit 80 Euro im Jahr dabei! www.tc-muenster.de

Kegeln

Kegelbahnen finden sich in Münster in vielen Gaststätten. Etwa im **Mauritius** (Warendorfer Str. 71, auch Billard). Hier dürfen sich Profis genauso austoben wie Spontankegler ...
www.gaststaette-mauritius.de

Auch im **Unikum** (Horstmarer Landweg 101) und im bereits erwähnten **Sportcenter Borkstraße** kann man Kegelbahnen buchen.
www.unikum-muenster.de www.sport-center-borkstrasse.de

Und das ist natürlich noch längst nicht alles! Das **Haus Münsterland** (Immelmannstr. 37) hat drei vollautomatische, wettkampftaugliche Bundeskegelbahnen im Programm. Und für ganz junge Spieler gibt es sogar eine eigene Kinderkegelbahn. www.haus-muensterland.com

Ganz unverhofft überrascht das Hotel-Restaurant mit dem sympathischen Namen **Zur dicken Eiche** (Osttor 71) mit einer Moonlight-Kegelbahn! Hier kannst Du Deine ruhige Kugel in psychedelischer Beleuchtung schieben. www.zur-dicken-eiche.com

Eine Besonderheit ist die in regelmäßigen Abständen stattfindende **Kegelparty** in der Halle Münsterland, beworben als „größte Kegelparty Europas". Viele Kegelclubs aus allen Regionen, auch fernab des Münsterlandes, nehmen jedes Mal an der Veranstaltung teil. Puristen mögen bemängeln, dass es sich hier mehr um das Thema „Party" als um das Thema „Kegeln" dreht. Sicher ist, dass man bei der Kegelparty als kontaktscheuer Abstinenzler nicht das volle Spaßpotential ausschöpfen wird. www.kegelparty-muenster.de

Bowling

In Sachen Bowling hat Münster in den letzten Jahren deutlich aufgerüstet. Der Platzhirsch ist das **Cosmo Bowling** (Trauttmansdorffstr. 10), das auf 28 Bahnen mit Gastronomie und regelmäßigen Events und Themenabenden Bowling im ganz großen amerikanischen Stil präsentiert. www.cosmo-bowling-muenster.de

Als mögliche Konkurrenz hierzu feierte 2013 das **Xtrike** in Roxel (Am Rohrbusch 81-85) sein Comeback mit einer Wiedereröffnung im modernisierten Gewand. www.xtrike.de

Billard

Billardtische sind in den Kneipen Münsters, wie andernorts auch, selten geworden. Anscheinend wurde diese Aktivität von Karaoke,

Tischkicker & Co. aus dem Bereich rustikaler Gastronomie hinausgemobbt. Andererseits nahm man dies offenbar zum Anlass, den Billardbegeisterten der Stadt Lokalitäten zu bieten, in denen sie sich in professionell anmutender Atmosphäre voll auf ihren Sport konzentrieren können.

Im Falle Münsters heißt das Nonplusultra in Sachen Billard **Pool Hall** und befindet sich auf dem Areal des alten Güterbahnhofs (Hafenstr. 64), wo 20 Poolbillard- und zwei Snookertische gemietet werden können. Daneben locken Tischfußball und Dart, und wer will, kann für die private Runde von Mitspielern Pokertische mieten. www.pool-hall.de

Mitten in der Stadt und eine altbekannte Adresse bei Münsteraner Billardspielern ist der **Billard Pavillon** im Aegidiimarkt (Aegidiimarkt 5), ebenfalls mit Pool- und Snookertischen und Fußballübertragungen auf Großleinwand. www.billard-pavillon.de

Immer schön festhalten – Klettern in Münster

Wenn Du auch im platten Münsterland mal hoch hinaus willst, musst Du keineswegs verzweifeln. Im **High Hill** (Salzmannstr. 140) findest Du jede Menge Platz zum Bouldern und Klettern unter professioneller Anleitung. Außerdem wartet neben einem Hochseilgarten auch ganz überraschend ein Niedrigseilgarten auf Dich.
www.high-hill.de → s. auch „Es ist Sommer", S. 147

Im 15 Kilometer entfernten Senden lauert zudem das **Big Wall Klettercentrum Münsterland** (Im Südfeld 2, 48308 Senden) auf Kletterwütige. Auf 800 m² kannst Du Dich austoben, Kurse für Groß und Klein, betreutes Eltern-Kind-Klettern und Technikkurse auszuprobieren. www.bigwall.de

Jede Menge Spaß in der Senkrechten verspricht auch das **Vertikal Labor Münster** (Lütkenbeckerweg 10). Hier, im Hafengebiet der Stadt, haben die Inhaber eine ehemalige Kunststofffabrik angemietet und ein Kletterparadies daraus gemacht. Es gibt offenes Klettertraining, Extrakurse zum Abseilen und Jugendprogramme.
www.erlebnis-projekt.de

Indoor-Wintersport

Beim Wort Skifahren fällt Dir nicht gleich Münster ein? Die erste Assoziation zur Stadt sind weder steile Abhänge noch feuchtfröhliches Après-Ski? Wie kommts? Weil hier halt wirklich nicht so viel mit Wintersport ist.

Wer trotzdem Lust auf steile Pisten, Sessellift fahren und Après-Ski hat, findet sich schneller als er gucken kann in der **Jever Skihalle Neuss** (An der Skihalle 1, 41472 Neuss) wieder. Zugegeben, die liegt nicht gerade um die Ecke, sondern ganze 150 Kilometer entfernt. Da musst Du schon mal eineinhalb Stunden Auto- oder Zugfahrt einplanen. Lohnt sich aber! Hier wartet nämlich eine 300 Meter lange Abfahrt auf Dich und mit ihr Herausforderungen für jeden Geschmack und jedes Leistungsniveau. Sanfte Hänge, steile Pisten, zwei Schlepplifte, ein Vierer-Sessellift und eine „Bergstation" in 110 Metern Höhe. Und damit blutjunge Anfänger schnell mit den Profis mithalten können, hält die Skihalle auch einen Zauberteppich bereit, auf dem es sich vortrefflich üben lässt – auch auf kurzen Beinen ... www.allrounder.de

Auch das **Alpincenter Skihalle Bottrop** (Prosperstr. 299-301, 46238 Bottrop) kann sich sehen lassen. Es ist näher dran (ca. 85 Kilometer) und Du kommst mit dem Auto in einer Stunde hin. Hier kannst Du auf der längsten Indoor-Piste der Welt hinunterrasen,

Skikurse buchen und natürlich auch dem jungen Skihäschen-Nachwuchs beim Lernen und Hoppeln zuschauen. www.alpincenter.com

Im 50 Kilometer entfernten Hamm wartet **MaxiIce** (Maximilian-Park Hamm, Karl-Koßmann-Str. 1, 59071 Hamm), eine große Eishalle, auf Kufenläufer. Du kannst der lokalen Eishockeymannschaft, den Hammer Eisbären, zuschauen, Dein eigenes Können optimieren oder sogar mal die ganze Halle für Dich und Deine Freunde mieten! www.eishalle-hamm.de

Rheine ist 40 Kilometer entfernt und verfügt über eine große **Eissporthalle** (Kopernikusstr. 34, 48429 Rheine). Hier ist immer freitags und samstags abends Eisdisco. Ganz schön retro – aber definitiv kein gewöhnliches Wochenendprogramm. www.eissporthalle-rheine.de

Raus in die Kälte

Wie bereits eingangs erklärt, ist für Wintersportler in Münster kaum etwas zu holen. Für Alpinski und Snowboard fehlen die Berge, für die Nordische Kombination fehlen Schanzen und Loipen, und für alles zusammen fehlt meistens der Schnee. Sicher, alle paar Jahre erwischt ein besonders strenger Winter auch das Münsterland; dann friert der Aasee zu und wenn die Obrigkeit die Eisfläche freigibt, kann man vielleicht ein paar Runden auf Schlittschuhen drehen. Notfalls setzt man sich eben mit einer Thermoskanne Kaffee an den Kanal und schaut den Eisschollen zu. Oder ...

Skifahren im Hochsauerland

57 Skigebiete mit 150 Skiliftanlagen, 17 Beschneiungsanlagen und 172 Loipen, die zusammen über 1400 Kilometer lang sind – ein echtes Skiparadies ist so weit nun auch wieder nicht. Mach Dich

doch an einem langen Wochenende mal auf, zum Beispiel Richtung Winterberg. Das ist 150 Kilometer weg und Du bist in knapp zwei Autostunden da. Hals- und Beinbruch! www.ski.hochsauerland.de

Rodelrodeos in Münster

Auf den ersten Blick wirkt die Stadt also auch für Rodelfans nicht gerade wie die beste Adresse. Aber eingefleischte Münsteraner kennen da ein paar Geheimtipps. Pack Dein Gefährt und schau mal hier vorbei:

Promenade zwischen Hörsterstraße und Warendorfer Straße

Vorbergshügel in Münster-Nienberge

Promenade neben der Aegidiistraße

Bei der **Skulptur von Guillaume Bijl**, nähe Museum Mühlhof

Wenn Du mehr Rodelspaß suchst, musst Du vielleicht zum Rodelhang in die Seppenrader Schweiz in Lüdingshausen, das 30 Kilometer von Münster entfernt liegt. Oder Du machst Dich auf den Weg in die Baumberge, den höchsten Höhenzug des Münsterlandes, zwischen Münster und Coesfeld.

Eislaufen

Seitdem es den Eispalast nicht mehr gibt, ist da nicht mehr so viel. Klar, wenn Du Dich traust, kannst Du bei reichlich dicker Eisschicht mal Dein Glück auf dem Aasee versuchen. Von offizieller Seite ist das wie gesagt nur selten erlaubt, aber wenn es lange genug Frost gegeben hat, tummeln sich die Münsteraner auf der glatten Fläche.

Eine weitere Chance ist noch der **Germania Campus** (Dorpatweg). Hier geht's immer Anfang Dezember ab! Vor Ort steht nämlich unter freiem Himmel eine 1a-Eisfläche zur Verfügung, die jedes Jahr aufs Neue geflutet wird. Das kostet Dich als Student 3 Euro und

Schlittschuhe lassen sich für den gleichen Preis auch gleich ausleihen! www.germaniacampus.de

Natürlich kannst Du auch ganz genüsslich in einer echten Eishalle Deine Runden drehen - nur leider eben nicht mehr in Münster. s. S. 168

Weihnachtszeit

Glühwein und Touristen – Weihnachtsmärkte

Münster hat mehr als nur einen Weihnachtsmarkt: An fünf Standorten laden Buden und Stände von Ende November bis zum 23. Dezember zum Verkosten von gebrannten Mandeln und Glühwein, zum Erwerb von Kerzen, Räucherwaren, Silberschmuck, Kunsthandwerk, Kitsch und Krempel ein. Aber Achtung: Das Touristenaufkommen, das in diesem Zeitraum die Innenstadt überflutet, vor allem aus dem Ruhrgebiet und den Niederlanden, ist nichts für klaustrophobe Gemüter.

Der Markt im (und rund um den) **Rathausinnenhof** („Platz des Westfälischen Friedens") stellt alljährlich das Flaggschiff der Weihnachtsmarktarmada dar. Dieser größte und traditionsreichste Weihnachtsmarkt Münsters erhält seine besondere Atmosphäre durch die von Gebäuden umschlossene Lage: Zwischen den altertümlichen Mauern des Rathauses und der modernen Architektur des Stadthauses entkommt der Besucher dem Trubel des Vorweihnachtsbetriebes und bewegt sich auf dem Markt ein bisschen wie in einer Parallelwelt. Viele der Anbieter sind bekannte Größen und wer sich durch die Vielfalt der Weihnachtsspezialitäten naschen (oder durch die traditionsreichsten Glühweintöpfe trinken) will, ist hier genau richtig.

In der Nähe fällt der **Lichtermarkt am Fuße der Lambertikirche** zunächst durch den einheitlichen Look der blauen Buden auf, die rund um den 20 Meter hohen Weihnachtsbaum in Reihenhausbauweise errichtet werden. Über allem erheben sich, in der winterlichen Dunkelheit abends nur schemenhaft auszumachen, Turm und Schiff der Lambertikirche.

So einheitlich sein Erscheinungsbild auch ist, in einer Hinsicht tanzt der Lichtermarkt aus der Reihe: Er schließt bereits am 22. Dezember, einen Tag vor den anderen Märkten.

Wie auch der Markt im Rathausinnenhof, ist der **Adventsmarkt am Aegidiimarkt** im Innenhof eines Gebäudes, eben des Aegidiimarktes an der Ecke von Bispinghof und Aegidiistraße untergebracht. Was dem Markt an historischer Kulisse fehlen mag, macht er durch eine Krippe und eine riesige Holzpyramide wett (nichts Ägyptisches, sondern eine überdimensionierte Weihnachtspyramide im Stil erzgebirgischer Schnitzerei).

Besonders praktisch: Unter dem Aegidiimarkt befindet sich eines der großen Parkhäuser, wobei fraglich ist, ob man zu fortgerückter Stunde noch einen Platz findet.

Klein aber fein präsentiert sich das **Weihnachtsdorf am Kiepenkerl** (am Spiekerhof, Ecke Bergstr.). Von hier aus kann man auch, falls der Bedarf an Weihnachtsatmosphäre gedeckt ist, in eines der umliegenden Lokale ausweichen oder seinen Imbiss beim entspannten Flanieren in Richtung Prinzipalmarkt vor den erleuchteten Schaufenstern der Nobelgeschäfte verzehren. (Und ja, in dieser Richtung warten auf Unersättliche bereits die nächsten Weihnachtsmärkte.) www.kiepenkerl-weihnachtsmarkt.de

Ein Neuzugang der letzten Jahre ist der **Giebelhüüskesmarkt** an der Überwasserkirche. Wie auch der Markt am Kiepenkerl liegt er an der Einflugschneise der parkenden Touristenbusse am Schlossplatz Richtung Innenstadt. Aber gerade deswegen besteht hier die Chance, dass man für einige Zeit dem Gedränge der großen Märkte im Stadtkern, wohin es die Massen zieht, entgeht und die eine oder andere Tasse Glühwein in vorweihnachtlicher Besinnlichkeit genießen kann. www.giebelhüüskesmarkt.de

Weihnachtsspezialitäten

Das Fest der Liebe ist ja mitlerweile bei seinen Attributen weniger festgelegt. Neben dem weihnachtlichen Doppelgestirn Kitsch und Kommerz darf man auch die Völlerei nicht vergessen. Die neusten Trends zum Thema kannst Du auf einer Weihnachtsmesse wie **Zimt & Sterne** in der Halle Münsterland entdecken.
www.zimtundsterne.de

Oder wie wäre es denn mit leckeren **Münsterplätzchen**? Das ist nicht irgendein schnödes Gebäck, sondern Köstlichkeiten aus Gewürzspekulatius, die zahlreichen Münsteraner Sehenswürdigkeiten nachempfunden sind. Du hast schon immer einen unerklärlichen Drang verspürt, mal in den Paulus-Dom oder das Rathaus zu beißen? Schon länger drüber nachgedacht, ein kleines bisschen am Wasserturm zu knabbern? Das ist möglich! Schau zum Beispiel im **Kiek in't Schapp** (Hammer Str. 60), da gibt es die kalorienhaltigen Monumente.

Musik Musik

Mus

abhorsten

DJan

abhorsten

abhorsten

Feiern
Feiern
Feiern
usik
Club
Club
Musik
Musik
DJane
Musik
Flirt-Faktor
Musik abhorsten
Flirt-Faktor
Musik
Flirt-Faktor
Club
Musik

Musik DJane Club Flirt-Faktor abhorsten

Wer behauptet, dass in Münster nichts los ist, der hat sich hier wohl noch nie eine Partynacht um die Ohren geschlagen. Ob schick mit ein bisschen Glamour oder alternativ mit abgewetzten Chucks, es findet sich für jeden Nachtschwärmer und jede Partykanone das passende Plätzchen. Wenn Du da nicht auf Deine Kosten kommst, bist Du selber Schuld! Denn jeden Tag, vor allem aber an Freitag-, Samstag- und auch an Mittwochabenden, öffnen diverse Kneipen, Clubs und Diskotheken ihre Türen, um die vergnügungshungrigen Massen einzulassen.

Damit Du einen ersten Überblick bekommst, wohin Du Dich mit Deiner Feierwut wenden kannst und wo Deine musikalischen Vorlieben am besten bedient werden, stellen wir Dir in diesem Kapitel viele der bekannten und auch unbekannteren, kleinen und großen Größen des Münsteraner Nachtlebens vor.

Abtanzen

In diesem Abschnitt findest Du alle Locations, in denen die Musik laut und die Tanzfläche ständig besetzt ist: Clubs, Diskotheken und dergleichen, grob sortiert nach Musik- oder Stilrichtung.

Querbeet

Go-Go Rose Club (Servatiiplatz 1): Von den Münsteranern kurz als Go-Go bezeichnet, ist der Club eines der Urgesteine der gepflegten musikalischen Abendunterhaltung. In bewährtem – aber niemals veraltetem – Look wird hier die gesamte musikalische Palette abseits aller Extreme geboten. Im Laufe der Partynacht wird es vor dem von stabilen Türstehern bewachten Eingang recht eng. Aber an dem einen oder anderen Abend auf der Außentreppe des Go-Go mit dutzenden Feierlustigen auf Einlass gewartet zu haben, gehört zur Partybiographie jedes jungen Münsteraners. www.gogo-roseclub.de

Jovel Music Hall (Albersloher Weg 54): Totgesagte leben länger, das gilt auch für das Jovel. 1979 wurde der Laden von „Steffi" Stephan, dem Bassisten aus Udo Lindenbergs Panikorchester, gegründet. Heute befindet er sich, nach einer kleinen Odyssee, in den Räumlichkeiten des früheren Autohauses Kiffe. In drei Bereichen (Jovel Hall, Jovel Club und Jovel Lounge) gibt's alles an Party und Konzerten, was die Münsteraner aus dem Haus lockt. Die Bühne wird hier von allen Bands gerockt, die zu groß für kleinere Clubs sind, aber auch nicht die Riesensäle der benachbarten **Halle Münsterland** füllen können (oder wollen). www.jovel.de

Club Veron (Albersloher Weg 14): Gut möglich, dass hier, wenn Du das liest, schon ein neuer Club eröffnet hat. Bei Redaktionsschluss nannte sich der Partytempel im Gebäude des Cineplex jedenfalls noch Club Veron. Der Club ist eher auf erwachseneres Publikum ausgerichtet, je nach Wochentag gibt es Ü21 oder sogar Ü30-Vorgaben (Personalausweis und/oder Krähenfüße zum Beweis mitbringen!). Die Musik geht in Richtung Black Music und House, ohne sich aber ausschließlich darauf zu versteifen. Die Innenausstattung macht auf cool, viele Spiegel, viel Neon, viel Bling-Bling und dürfte in erster Linie ein Publikum ansprechen, das sich selbst nicht als „alternativ" bezeichnen würde. www.club-muenster.de

Groovig und jazzig

Heaven (Hafenweg 31): Zwei Herzen schlagen ach ... in der Brust des Heaven. Hier wird nicht nur ein Restaurant mit thailändischem Einschlag betrieben, sondern auch ein Club, der für seine gediegene Atmosphäre bekannt ist. Im Sommer öffnet das Heaven noch den Coconut Beach am Hafenufer hinterm Haus, mit Sand, Palmen und Liegestühlen. Die Musikauswahl deckt die ganze Palette von Black bis Elektro ab und vorm Feiern kann man sich im Restaurant stärken. Auf gepflegte Garderobe sollte man hier schon achten. www.heaven-lounge.de

Hot Jazz Club (Hafenweg 26b): Wer Jazz liebt, kommt an diesem Club nicht vorbei. Hier finden fast täglich Konzerte statt. Als Jazz-Purist sollte man sich aber vorher genau den Veranstaltungskalender ansehen, denn auch die Segmente Blues, Funk und Fusion werden bedient. Das Ganze ist, das bringt die Sache so mit sich, eher etwas zum Sitzen und Füße wippen als zum Tanzen und Zappeln. An den Tischen werden nicht nur Martinis, sondern auch leckere Speisen serviert. Nicht alle Veranstaltungen sind kostenpflichtig, aber im Allgemeinen ist es ratsam, vorher Karten zu reservieren, da der Laden meistens proppenvoll wird. www.hotjazzclub.de

Szene

Wie in allen größeren Städten gibt es sie auch in Münster, „die Szene". Die Szene, das ist jenes schwer definierbare Kollektiv von Leuten, die die neueste, die unabhängigste, die noch nicht bekannte Musik hören und in ihren ausgefallenen Klamotten dazu tanzen wollen.

Zentraler Veranstaltungsort dieser Kategorie ist das **AMP** im alten Güterbahnhof (Hafenstr. 64). Hier treten immer wieder die in Insiderkreisen angesagten Bands auf. Im Rahmen der hippesten Partyreihen bringen einheimische und angereiste DJs das Beste aus den Bereichen Independent und Elektronik zu Gehör. Dazu wird natürlich auf den zwei Tanzflächen am(p)tlich getanzt und gefeiert. www.amp-ms.de

Die Eule (Königsstr. 45): Lange Jahre war die Eule eine Diskothek, von der die Altvorderen in Münster den Jungspunden mit feuchten Augen erzählten: die angesagteste Location im Münster der 80er Jahre. Seit 2012 findet sich hier, am angestammten Ort, eine Neuauflage der Legende. DJ Eavo (auf ihn wirst Du im Münsteraner Nachtleben des Öfteren stoßen) hatte Erbarmen und eröffnete einen Club, der mit diesem Namen nicht scheitern konnte. In einer

Inneneinrichtung, deren Retrocharme sogar in der ästhetisch hartgesottenen Partyszene der Stadt ihresgleichen sucht, wird auf zwei Tanzflächen der hippen Jugend alles um die Ohren gehauen, was im Indie-Bereich Rang, Klang und Namen hat. www.fieber-tanzparty.de

Rock & Metall

Sputnikhalle (Am Hawerkamp 31): Zwar wird hier auch anderes geboten, aber in erster Linie ist die Sputnikhalle, die der Volksmund liebevoll „Sputte" nennt, für ihr Programm im Sektor „Musik mit elektrischen Gitarren" bekannt. Alle Headbanger und Luftgitarrenspieler kommen hier in charmanter Fabrikhallenatmosphäre auf ihre Kosten. Wer sich von Lautstärke und Ekstase erholen will, kann es nebenan im Sputnik-Café ruhiger angehen lassen. www.sputnikhalle.de

Metro (Mauritzstr. 30): Eigentlich steht der Name für eine Partyreihe („Metro on Tour" oder „Metroparty"), die in regelmäßigen Abständen an wechselnden Orten in Münster Lärm macht. Aber seit ein paar Jahren gibt es auch einen festen Standort für das Konzept: das Metro, auch bekannt als Metrobar. Hier wird in kleinerem Rahmen ausgeschenkt, Sport geguckt oder (zu späterer Stunde) gefeiert. Für die größeren Anlässe gibt es weiterhin die Metropartys, auf denen das Publikum von Bands und hochspezialisierten DJs gerockt wird. www.rockbar.ms

Plan B (Hansaring 9): Klein und alternativ kommt diese Location daher, die definitiv mehr ist als der sprichwörtliche Plan B in der Abendgestaltung. Die Musikauswahl deckt den Alternative- und

Punksektor ab, passend dazu beschränkt sich die Einrichtung auf das Wesentliche. Im Normalbetrieb eher als Kneipe mit Tresen und Kicker konzipiert, erwacht das Plan B erst bei Partys und Konzerten zu wildem Leben – und ist dann derart gut besucht, dass man sich sogar seinen Stehplatz erobern muss. www.plan-b-ms.de

Techno & Elektro

Auch die Freunde elektronischer Klänge werden in Münster fündig. Am Hawerkamp ist das **Fusion** (Am Hawerkamp 31) ein fest etablierter Bestandteil des Nachtlebens. An den Wochenenden wummern hier die Beats aus den Lautsprechern, dass die alte Fabrikhalle bebt. Der musikalische Akzent liegt klar auf Techno. www.fusion-club.de

Im angegliederten Club **Conny Kramer** umspühlt Feinteiligeres wie Drum'n'Bass, Elektro oder House die Ohren. Besonderes Schmankerl: Jedes Jahr zu Weihnachten kehrt Westbam, das berühmte Kind der Stadt, aus der Hauptstadt zurück in die alte Heimat und legt im Fusion auf – Pflichttermin, nicht nur für die Technogemeinde. www.connykramer.ms

Der berühmte DJ zeigt seine Heimatverbundenheit schon in seinem Pseudonym: „Westbam" steht für **Westfalia Bambaataa**. Der ehemalige Veranstalter der Mayday bezieht sich mit dem Namen auf sein Vorbild, Afrika Bambaataa, das Hip-Hop-DJ-Urgestein aus New York.

Club Charlotte (An der Kleimannbrücke 5): Dieser Club ist zwar noch recht neu, hat sich aber mit dem Gebäude des Depots einen wohlbekannten Ort ausgesucht. Auch hier kommt meist Elektronisches auf die Plattenteller. Die generelle Marschrichtung liegt neben Techno vor allem auf Trance und Goa. Dass die Charlotte etwas abseits der üblichen Partymeile liegt, gleicht sie durch ihre Soundanlage aus, die von Fachleuten und Kennern als eine der besten Münsters gelobt wird. www.club-charlotte.com

Favela (Am Hawerkamp 31): Ein kleiner, aber sehr beliebter Club. Seine Markenzeichen sind Purismus sowie der unbedingte Wille zum kompromisslosen Feiern zu harten Elektroklängen. Das hat auch zur Folge, dass hier länger durchgehalten wird als in den meisten anderen Clubs. Wenn woanders schon die Schotten dicht gemacht werden, wird hier noch einmal richtig aufgedreht. Der beste Platz also, um bis weit in den nächsten Tag hinein zu feiern. www.clubfavela.de

Alternativ

Gleis 22 (Hafenstr. 34): Ein sehr spezieller Anlaufpunkt für die Abendgestaltung ist das Gleis 22, von den meisten einfach „Gleis" genannt. Im Erdgeschoss einer städtischen Jugendbildungseinrichtung finden regelmäßig spektakuläre Konzerte in kleinem Rahmen statt. Seinen musikalischen Schwerpunkt legt das Gleis ganz klar auf den Independent-Bereich. Das Besondere am Gleis ist, dass in der Vergangenheit immer wieder Bands gebucht wurden, die später dann zu nationalem oder sogar internationalem Starruhm gelangten, etwa The Hives oder Maximo Park. Hier hast Du also gute Chancen die Stars von morgen für kleines Geld zu sehen und vor allem zu hören. Ein weiteres Highlight sind die Partyreihen wie der „Kräutertempel". www.gleis22.de

Cuba Nova (Achtermannstr. 10-12): In früheren Jahren, als der Club noch „Cuba" hieß, hatte er den Ruf, lediglich langhaarige Menschen im Norwegerpullover einzulassen. Inzwischen hat sich das Langhaar-Exil aber zu einer der beliebtesten Partyzentralen der Stadt gemausert. Das neue Cuba hat nicht nur Essen und Trinken im Programm, sondern auch einige der bekanntesten Partyreihen wie

Robots & Botanics und die Wilde Hilde. Auch Poetry Slams finden hier regelmäßig statt. www.cubanova.de

Kneipen und Bars zum Feiern und Versacken

In der Innenstadt reiht sich eine Kneipe an die andere und das macht die Stadt zu einer einzigen langen Theke. Damit Du den Überblick behältst, haben wir für Dich einige der wichtigsten Namen zusammengestellt.

Die Schaltzentrale im Münsteraner Kneipengeschehen ist das **Kuhviertel**, jene paar wenigen Quadratmeter in der nordwestlichen Ecke der Innenstadt, rund um die Kuhstraße. Hier gibt es deutlich mehr Barhocker als Briefkästen und Du kannst vor Ort problemlos so manchen umtriebigen Abend verbringen, ohne irgendwo zweimal einkehren zu müssen.

Destille (Kuhstr. 10): Diese Kneipe ist wohl die bekannteste Größe im Kuhviertel. Vor Urzeiten war sie eine kleine, feine Jazz-Kneipe, heute ist sie die Location schlechthin, wenn es darum geht, ausschweifend zu feiern. Wenn irgendwo in Münster auf den Tischen getanzt wird, dann hier.

Die **Gorilla Bar** (Jüdefelderstr. 54) ist ein weiterer Anlaufpunkt, der auf einer ernsthaften Kneipentour durch das Kuhviertel nicht fehlen darf. Auch hier wird hochkonzentriert gefeiert, aber aufgelockert durch Livekonzerte und Sportübertragungen.
www.gorilla-bar.de

Ruhiger geht es in der 1959 gegründeten, allerersten Studentenkneipe – pardon: akademischen Bieranstalt – Münsters, dem **Cavete Münster** (Kreuzstr. 37/38) zu, wo neben Getränken auch Essen in gemütlicher Atmosphäre serviert wird. www.muenster-cavete.de

Ganz ähnlich liegen die Dinge im **Blauen Haus** (Kreuzstr. 16), gleich nebenan. Beide Kneipen sind sehr beliebte Treffpunkte für Studentengruppen, Kurstreffen und dergleichen. www.blaue-haus-muenster.de

Das **Piano** (Frauenstr. 46) liegt ein paar Straßen weiter, im Überwasserviertel. Es ist vielleicht nicht die kleinste, aber auf jeden Fall die schmalste Kneipe Münsters. Wirtin Steffi hat den Laden souverän in der Hand, und wer hier Stammgast ist, braucht kein eigenes Wohnzimmer mehr. An Wochenenden ist bis 5.00 Uhr geöffnet und jeden Samstag ist Karaoke-Abend. www.pianobar-muenster.de

Wenn es wirklich einmal spät – oder vielmehr früh – wird, wenn der Abend vorbei ist und die Nacht noch nicht enden soll, dann kannst Du in der **Mocambo Bar** (Hörsterstr. 10) vorbeischauen. In schummrigem Licht wird an der Bar bis 5.00 Uhr in der Frühe alles ausgeschenkt, was Dir den Abschied von einer langen Nacht versüßt. www.mocambobar.de

An Freitagen und Samstagen hält man in der **Atelier Bar** (Bült 2) sogar noch eine Stunde länger durch. Auch hier liegt der Akzent auf stimmungsvollem Barambiente und reichhaltiger Getränkeauswahl. www.atelier-bar.de

Partys

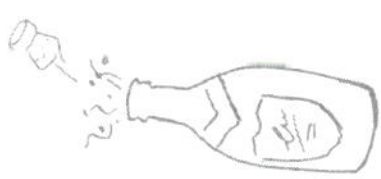

In Clubs und Kneipen kannst Du jeden Tag gehen, aber die echten Highlights sind zu besonderen Anlässen stattfindende Partys. Bei den durch und durch privaten Veranstaltungen können wir nicht helfen, da bist Du auf Deinen Freundeskreis angewiesen. In Sachen „Feiern von Drittanbietern" folgen hier aber die relevanten Fakten:

Münster ist eine Universitätsstadt, daher ist das Umfeld der Uni in Partyfragen die sicherste Adresse. Hochsaison für die größeren

Veranstaltungen sind traditionell der Semesterbeginn und das Semesterende, aber auch während der Vorlesungszeit gibt es außerhalb der Hörsäle jede Menge zu tun.

Praktisch jeder Fachbereich veranstaltet in unregelmäßigen Abständen eigene Feten. Das sind zumeist **Fachschaftpartys** (organisiert von der jeweiligen Fachschaft, logisch). Von den Partys erfährst Du normalerweise an der Uni, durch Plakate oder per Mundpropaganda.

Eine sehr spezielle Veranstaltung sei hier namentlich erwähnt: das **JuWi-Fest**, das jedes Jahr im Frühsommer von den Fachbereichen Jura und Wirtschaftswissenschaften im Juridicum, dem großen Gebäude neben der Unibibliothek, abgehalten wird. Wer die eher improvisierten Feiern kleinerer Fachbereiche gewohnt ist, wird hier sein blaues Wunder erleben, denn am JuWi wird geklotzt und nicht gekleckert: Bühne, gebuchte Bands und Catering bereiten die angehenden Juristen und Wirtschaftler auf standesgemäßes Feiern vor und entschädigen für das mühsame Büffeln unterm Jahr. Hier sollte man sich rechtzeitig um die Eintrittskarten kümmern. www.juwifest.de

Aktuelle Veranstaltungshinweise findest Du in den Gratis-Magazinen **na dann...** und **wochenschau**. Auch die Magazine **Gig** und **Ultimo** bringen regelmäßig Sonderhefte raus (ebenfalls gratis), in denen junge Münsteraner alles Wissenswerte finden. Party on!
www.nadann.de
--> Veranstaltungen
www.wochenschau-muenster.com
-->Termine

Daneben gibt es **Wohnheimpartys**, die nicht nur für die jeweiligen Bewohner geöffnet sind, sondern ebenso Schlachtenbummler anziehen, die von anderswo einfallen. Auch hier gilt: Plakate und Flyer beachten.

Ein Exot in Sachen Partygeschehen ist **Wohnzimmer e.V.** Der Verein organisiert monatlich Partys in privaten Wohnungen. Hier kannst Du es Dir zwischen Beistelltisch und Anrichte gut gehen lassen kann. Diese Privatpartys sind wunderbar zum Leute kennenlernen. Wenn Du mehr erfahren möchtest:
www2.wohnzimmer-ev.de

Nächtlicher Heißhunger

Wer kennt das nicht: Die durchfeierte Nacht neigt sich dem Ende entgegen und Du hast Hunger! Leider ist der eigene Kühlschrank leer und der Frittenschmied Deines Vertrauens liegt schon lange in den Federn. Was tun?

Im **Nordstern** (Hoyastr. 3) bekommst Du bis 3.00 Uhr nachts noch etwas zu essen. Zu empfehlen sind vor allem die legendären Nordstern-Hähnchen, die auch zu früheren Uhrzeiten schmecken.
www.nordstern-hostel.de

In der Innenstadt wirst Du zu später Stunde immer wieder auf einzelne Imbisse stoßen, die länger durchhalten als andere. Vor allem kleinere **Döner-Läden** lassen sich an den Wochenenden das Geschäft mit den hungrigen Heimkehrern nicht entgehen.

Eine weitere Option sind die bekannten Burgerfabriken amerikanischen Urspungs. Die Filialen von **Burger King** an der Weseler Straße und an der Steinfurter Straße. haben an Freitagen und Samstagen bis 5.00 Uhr geöffnet. **McDonald's**, ebenfalls an der Weseler Straße, hält immerhin bis 4.00 Uhr durch.

Als letzter Ausweg in Sachen später Verpflegung bleiben ansonsten nur noch die Tankstellen, die glücklicherweise rund um die Uhr geöffnet sind.

Musik DJane Club Flirt-Faktor abhorsten

Die beliebtesten beim Partyvolk sind die **Westfalen-Tankstelle** (Von-Steuben-Str. 13) und die **Aral** (Steinfurter Str. 1-3), besser bekannt als „Gelbe" und „Blaue Theke".

Jetzt wollen wir hoffen, dass Du nicht hungrig ins Bett gehen musst. Außerdem, wenn Du lange genug durchhältst, machen um 7.00 Uhr schon die ersten Bäcker auf.

Der Weg nach Hause

Du schwankst aus der Kneipe oder dem Club, vielleicht hast Du auch schon den nächtlichen Heißhunger gestillt, aber ... wie kommst Du jetzt nach Hause? Unter uns: Die meisten fahren mit dem Fahrrad, wie es sich in Münster gehört. Aber die Polizei hält inzwischen auch Fahrradfahrer zur Alkoholkontrolle an und falls das Ergebnis positiv (also für den Betroffenen negativ) ausfällt, kann das ziemlich unangenehm für die Fahrerlaubnis und den Geldbeutel werden. Auch der Fußweg empfiehlt sich nicht immer, vor allem in der kalten Jahreszeit kann die Strecke bis zur heimischen Haustür schon recht lang werden.

Der Nachtbus

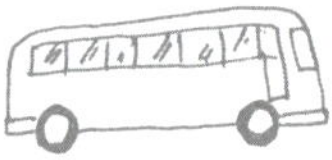

Eine kostengünstige Möglichkeit ist der **Nachtbus** (N80-N85): Die sechs Linien bringen Dich nach einer langen Nacht sicher nach Hause. Bis 0.00 Uhr fahren die Busse halbstündig, danach heißt es aufgepasst. Während die Busse täglich um 0.05 Uhr und 1.15 Uhr und von Samstag auf Sonntag bis um 4.45 Uhr am Hauptbahnhof halten, stoppen die Fahrer an anderen Haltestellen nur auf Zuruf. Für die richtigen Nachtschwärmer rentiert sich daher ein Blick auf die Abfahrtszeiten. Die findest Du unter:
www.stadtwerke-muenster.de

--> Busverkehr --> Fahrplaninformation
--> Fahrpläne, Netzpläne --> Netzpläne
--> NachtNetz Münster

Auch wenn Du außerhalb wohnst, brauchst Du nach dem Diskobesuch nicht auf einer Parkbank zu campieren. Die **Überlandlinien** der Regionalverkehrsverbände sorgen dafür, dass auch die Auswärtigen bis in die frühen Morgenstunden nach Hause kommen. Je nachdem, wo Du wohnst, sind die Anbindungen besser oder schlechter. Am besten informierst Du Dich direkt unter:
www.provinzial-online.de --> Service --> NachtBus

Taxi

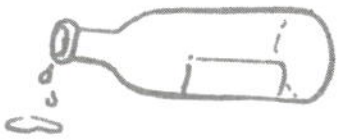

Im Notfall bleibt natürlich immer noch das **Taxi**, das Dich bequem bis direkt vor Deine Haustür bringt.

In Münster gibt es außerdem ein **Frauen-Nacht-Taxi**, kurz FNT. Frauen und Mädchen ab 14 Jahren, die nicht in direkter Nähe einer Bushaltestelle wohnen, brauchen sich dank dieser Einrichtung nicht alleine durch die Dunkelheit zu quälen. Einfach dem Busfahrer sagen, wo man aussteigen möchte, Taxigutschein entgegennehmen, ins wartende Taxi einsteigen und sicher an der Haustür ankommen. Durch den Gutschein bezahlst Du nur die gefahrenen Kilometer und sparst Dir die Anfahrtsgebühren des Taxis.
www.stadtwerke-muenster.de
--> Busverkehr --> Bus & Taxi
--> Frauen-Nacht-Taxi

Kirche
Kirche
Kirche
geschlossen
aus
brunchen
Kühlschrank leer
brunchen

Sonntage
Sonntage
Sonntage
Kühlschrank leer
Kirche
brunchen
geschlossen
geschlossen
Kühlschrank leer
Kühlschrank leer
Kühlschrank leer
Kirche

Endlich Sonntag, endlich ausschlafen und den Tag genießen! Die perfekte Gelegenheit, einen Ausflug zu machen, mal so richtig ausgiebig zu frühstücken oder Freunde auf eine Tasse Kaffee einzuladen. Was soll bei solchen Aussichten noch schiefgehen?

Zum Beispiel ein Kühlschrank, dessen Inhalt unerklärlicher Weise auf ein paar schrumpelige Paprika zusammengeschrumpft ist oder der Super-GAU schlechthin: Kaffee ist alle. Bevor Du jetzt aber in kopflose Panik verfällst und eine Nulldiät beschließt: Sei unbesorgt! Auch am Sonntag muss in Münster keiner verhungern. Wenn man weiß wo, kann man sich lebensmitteltechnisch sogar ziemlich gut über Wasser halten. Also greif' Dir Deine Einkaufstasche und los geht's zum Notfalleinkauf!

Notfalleinkauf

Grundsätzlich gilt in NRW das Ladenschlussgesetz und Samstag nach 22.00 Uhr ist leider Schluss mit frischem Gemüse und großer Käse-Auswahl. An der guten alten Tankstelle bekommst Du jedoch Brötchen, Schokolade und kleine Snacks, die Dich auf jeden Fall über den Tag bringen. Wenn es nur das Frühstück ist, das fehlt, findest Du alles Nötige zum Beispiel in der **Aral-Tankstelle** beim Schloss (Steinfurter Str. 1-3, 24 h geöffnet). Eine größere und günstigere Auswahl bietet Dir der Shop der **T-Tankstelle** (Weseler Str. 269-271, sonntags geöffnet von 8.00-24.00 Uhr).

Ab 8.00 Uhr hat aber auch das **Studis Kiosk** (Gescherweg 70) geöffnet. Brötchen fürs Frühstück, Nudeln, Gemüse, Obst, Tiefkühlzeug und Getränke findest Du hier genauso, wie alle Zutaten, um einen leckeren Kuchen zu backen oder eine Flasche Wein für gemütliche Stunden. Ganz so günstig wie im Discounter kommst Du hier allerdings nicht weg und es empfiehlt sich, die Ablaufdaten zu kontrollieren. Aber dafür wirst Du hier sieben Tage die Woche versorgt.

Der **Drogeriemarkt Rossmann** im Hauptbahnhof ist ebenfalls sieben Tage die Woche und sonntags von 8.30 bis 21.30 Uhr für Dich da. Außer allen nötigen Utensilien, um Deine Bude vor dem Besuch der (Groß-)Eltern noch schnell auf Vordermann zu bringen, bekommst Du hier Snacks, Süßkram und eine Auswahl alkoholischer und nicht-alkoholischer Getränke.

Gleich gegenüber werden in der Filiale der **Bäckerei Krimphove** von 7.00 bis 20.00 Uhr frische Brötchen gebacken.
www.krimphove.de

Auch andere Bäckereien schmeißen sonntags für Dich ihre Öfen an, so etwa Filialen der **Stadtbäckerei** am Hoher Heckenweg 186 (7.30-16.00 Uhr) oder der Wolbecker Straße 136 (8.00-12.00 Uhr).
www.stadtbaeckerei-muenster.de

Sonntagsbrunch und -frühstück

Der Sonntag ist was Besonderes, da darf das Frühstück schon mal vom Standard „lauwarmer Kaffee und 'ne Schale Müsli" abweichen. Daher bieten viele Cafés und Restaurants in Münster einen Sonntagsbrunch an oder – etwas weniger nobel, aber dafür genauso lecker – Frühstück bis zum Abend. Das Richtige für all diejenigen, die nicht einsehen, wie man am Sonntag vor 12.00 Uhr überhaupt nur ans Aufstehen denken kann. Das einzig Beschwerliche an so einem Brunch ist wohl die Qual der Wahl, denn die Zahl der Lokalitäten, die mit frischen Brötchen, Eiern, Waffeln und vielen hausgemachten Spezialitäten locken, ist groß:

Endlos Brunchen

Crêperie du Ciel (Maria-Euthymia-Platz 7-9): Wie Gott in Frankreich schlemmt man beim bretonischen Brunch in Münsters leckerster Crêperie. Neben den obligatorischen Crêpes können Quiche,

Crème brûlée, französischer Käse, Eier mit Kaviar und ganze „Brot-Sinfonien" verköstigt werden. Der Luxus-Brunch kostet 16,90 Euro und wird von 10.00 bis 14.00 Uhr angeboten, inklusive eines leckeren Cidre. Am ersten Sonntag des Monats ist das himmlische Genusserlebnis zudem glutenfrei.
www.creperie-muenster.de

Schlossgarten (Schlossgarten 4): Königlich brunchen lässt es sich gleich neben dem botanischen Garten, entweder drinnen oder bei schönem Wetter auch draußen auf der Terrasse. In eleganter Atmosphäre schlemmst Du Dich von 9.30 bis 14.00 Uhr durch ein reichhaltiges Buffet. Frische Waffeln gehören unbedingt dazu. 12,90 Euro sind auf keinen Fall zu viel verlangt, ein Glas O-Saft ist bei diesem Preis schon inbegriffen. Auch für die Kinderbetreuung ist gesorgt und an jedem ersten Sonntag im Monat spielt eine Jazz-Band. www.schlossgarten.com

Cafè Uferlos (Bismarckallee 11): Gleich am Aasee neben der Mensa kann von 10.00-14.30 Uhr so richtig losgebruncht werden. Die Auswahl an Speisen und Getränken lässt wirklich keine Wünsche offen. Die Location ist nicht nur bei Studenten sehr beliebt und verfügt außerdem über eine Sonnenterrasse mit herrlichem Blick auf den See. Preislich sind Erwachsene mit 16,50 Euro (Sektempfang inklusive), Kinder von 6 bis 12 Jahren mit 7,75 Euro dabei. Eine Reservierung ist auch hier Pflicht. www.uferlos-muenster.de

Caputo's Genießerbrunch (Königsstr. 59): Ganz exklusiv wird es jeden ersten und dritten Sonntag im Monat gegenüber dem Picassomuseum. Hier kannst Du Dich von 9.00-14.30 Uhr in gehobener und dennoch gemütlicher Lounge-Atmosphäre durch allerlei Brötchen, Croissants, Müslis und wechselnde warme Gerichte probieren, inklusive aller Getränke. Mit 24,90 Euro für Erwachsene und 12,90 Euro für Kinder von 6-13 Jahre spielt das Caputo's allerdings in der oberen Brunch-Preis-Liga. www.caputos.de

Alexianer Waschküche (Bahnhofstr. 6): Das Angenehme mit dem Nützlichen verbinden, das geht am besten am Bahnhof bei den guten Seelen des Alexianer Krankenpflegeordens. Während Deine Wäsche gemächlich ihre Runden dreht, kannst Du im stylischen Bistro ausgiebig brunchen. Von 9.30-11.00 Uhr bietet Dir der Inklusionsbetrieb für 12,50 Euro neben frischen warmen und kalten Leckereien auch eine Heißgetränk-Flatrate. Reservierung erwünscht. www.alexianer-waschkueche.de

GartenCafé (Waltrup A3, Altenberge): Die Grünwerkstätten laden jeden ersten Sonntag im Monat zum Schmausen am Buffet. Alle Speisen, die bei diesem Brunch auf den Tisch kommen, sind 100 Prozent ökologisch, regional und natürlich lecker. Im Sommer findet das Ganze unter freiem Himmel statt. Feste Preise gibt es hier nicht. Einfach satt essen und so viel bezahlen, wie es Dir wert war. Hier kannst Du sogar von 12.00-18.00 Uhr schlemmen! www.garten-cafe.net

Café Extrablatt (Aegidimarkt 1): Für 9,45 Euro gibt's den Sonntagsbruch gleich am Aegidimarkt von 9.30-13.00 Uhr – Milch und O-Saft inklusive. Für den kleinen Preis werden Frühstücksklassiker wie frische Backwaren, Belag, Aufstriche, Eier und Müsli geboten, ab 12.00 Uhr wird ein warmes Gericht aufgetischt. Antipasti um

den Appetit anzuregen gibt's durchgängig. Am schönsten lässt es sich im warmen Wintergarten im ersten Stock genießen.
www.cafe-extrablatt.com --> Münster Aegidimarkt

Frühstück Spezial

Ein Frühstückserlebnis der besonderen Art ganz ohne Brunch-Getue findest Du in Münster bei folgenden Adressen:

Münster-Frühstück: Der privat organisierte Frühstückstreff findet jeden ersten Sonntag im Monat ab 10.00 Uhr im **Café BarCelona** (Stubengasse 17) statt. Mit 8,95 Euro ist das Frühstücksbuffet dort eines der preisgünstigsten und in netter Atmosphäre neue Leute kennenlernen, gibt es gratis dazu.
www.muensterfruehstueck.de

Wenn Du Deine Sonntage am liebsten im Bett verbringst, lass' Dir Dein Frühstück einfach nach Hause bringen. Sogar Kuchen und Partygebäck werden von **Morgengold** sonntags bis spätestens 9.00 Uhr ausgeliefert.
www.morgengold.de

Echtzeit (Hohenzollernring 49-51): Beim Öko-Frühstück kannst Du Dein Frühstück aus verschiedenen Komponenten zusammenstellen, wie z.B. Aufstrichen aus eigener Herstellung und Brot von der vielfältigen Brotbar. Frühstückszeit ist sonntags von 10.00 bis 14.00 Uhr. www.echtzeit-bio-genuss.de

Der besinnliche Teil des Sonntags

Münster gilt ja gemeinhin als erzkatholisch und auf der Website des Bistums wird gleich freiheraus zugegeben, dass die Zahl der Kirchengemeinden viel zu groß ist, um einen aktuellen Gottesdienstplan herauszugeben. Für die Messezeiten wird auf die wöchentlich erscheinende Bistumszeitung verwiesen. www.kirchensite.de

Doch auch, wenn alles fest in römisch-katholischer Hand zu sein scheint, hat Münster keineswegs eine religiöse Monokultur. Evangelische, freikirchliche, russisch-orthodoxe und buddhistische Gemeinden haben hier genauso ihren Platz gefunden wie die Synagoge, fünf Moscheen und zwei Königreichsäle. Auch kleinere Religionsgemeinschaften wie die International Gospel Church, ein Zen-Dojo oder die Bahá'í-Gemeinde zeigen, wie bunt Spiritualität in Münster ist. Auf der Homepage der Stadt findest Du eine Übersicht aller vertretenen Glaubensrichtungen und weiterführende Links, damit niemand auf die Auszeit für die Seele verzichten muss.

www.muenster.de

Wer dagegen nicht so sehr auf erhabene Atmosphäre und stille Andacht steht, der sollte beim bunten und modernen Jugendgottesdienst **Effata** in der Martinikirche (Martinikirchhof) vorbeischauen. www.jugendkirche-muenster.de

Und natürlich gibt's in Münster auch eine **Queer-Gemeinde**, in der sich schwule und lesbische Christen treffen und gemeinsam ihren Glauben leben. www.queergemeinde-muenster.de

Spazieren und Flanieren

Muße ist das Stichwort für den Sonntag. Da verzichtet selbst der waschechte Münsteraner einmal auf sein Fahrrad und macht sich zu Fuß auf zum Sonntagspaziergang. Ob durch die Stadt zum Lieblingscafé oder in der weiten Flur, das bleibt ganz Dir überlassen.

Der Klassiker ist natürlich der Spaziergang um den Aasee. Im Sommer trifft sich hier ganz Münster, alle zwei Meter steht ein Grill, es wird Fußball gespielt und irgendwo singt jemand zur Gitarre. Im Kiosk bei den Aaseeterrassen gönnt man sich Pommes und Eis oder ein gepflegtes Bierchen an der Skybar des **A2**. www.a2amsee.de

Gleich gegenüber vom A2 befindet sich der **Bootsverleih**, denn man kann den Aassee natürlich auch paddelnd, tretend und segelnd erkunden. www.overschmidt.de --> Aasee --> Bootsverleih

Wenn Du schon mal am Aasee bist, kannst Du auch gleich einen Abstecher in den **Allwetterzoo** (Sentruper Str. 315) machen, das Solarboot Solaaris bringt Dich sogar auf dem Wasserweg direkt dorthin. Wie der Name schon sagt, ist der Zoo bei jeden Wetter geöffnet und die zum Großteil überdachten Wege sorgen dafür, dass Du auch bei Regen den nagelneuen Elefantenpark, den Robbenhaven, oder den Pinguinmarsch angucken kann. Wie man es von einem modernen Zoo erwartet, steht das Wohlergehen der Tiere und die Haltung in möglichst artgerechten Gehegen im Mittelpunkt. Der Eintrittspreis von 12,90 bis 14,90 Euro für Erwachsene und 6,90 bis 8,90 Euro für Kinder bis 14 Jahre beinhaltet außerdem das im Zoo untergebrachte Westfälische Pferdemuseum. www.allwetterzoo.de

Ein kleiner Kulturschatz verbirgt sich stadtauswärts zwischen Gievenbeck und Havixbeck. Von der Straße aus nicht zu sehen, steht hier **Burg Hülshoff**, eine romantische Wasserburg, in welcher die Dichterin Annette von Droste-Hülshoff fast 30 Jahre gelebt hat. Der weitläufige Park lädt zum Lustwandeln ein und die Burg selbst beherbergt neben dem Droste-Museum auch ein Café-Restaurant im historischen Schlosskeller, das traditionell westfälische Speisen serviert. www.burg-huelshoff.de

Wenn Du Tiere lieber in freier Natur als im Wildgehege der Burg oder im Zoo beobachten möchtest, schnapp' Dir ein Fernglas und erkunde die **Rieselfelder** in Münsters Norden. Ehemals als natürliche Kläranlage genutzt, ist das Gelände heute ein EU-Vogelschutzgebiet und sozusagen der internationale Großflughafen für Zugvögel. www.rieselfelder-muenster.de

Südlich von Münster am Dortmund-Ems-Kanal, liegt das **Venner Moor**, ein weiteres Naturschutzgebiet, das man auf zwei Rundwegen (2,5 km und 4,5 km) erkunden kann. Wie so ziemlich alles im Münsterland, so ist auch das ehemalige Hochmoor mehr oder weniger flach und genügt so definitiv den Anforderungen an einen gemütlichen Spaziergang. www.naturschutzzentrum-coesfeld.de --> Projekte --> Venner Moor

Stärken kannst Du Dich danach übrigens im **Biergarten Venner Moor** (Venne 3), wo deftige lokale Küche, bayrisches Bier sowie Kaffee und Kuchen auf Dich warten. www.venner-moor.de --> Biergarten

Karten und Infomaterial rund um die Ausflugsziele im Münsterland bekommst Du in den Buchläden der Innenstadt sowie online im Münsterland-Shop. www.muensterland-shop.com

Ausflüge um die Ecke

Auch ein Tagesausflug in die nähere Umgebung von Münster ist eine gute Möglichkeit, sich den Sonntag zu versüßen. Wer das Versüßen wörtlich nimmt, fährt eben mal fix über die Grenze in die Niederlande zum nächsten **Pannekoekenhuis**. Das Semesterticket für Studierende gilt übrigens bis ins knapp 70 km entfernte Enschede.

Nordöstlich von Münster liegt Osnabrück, dessen **Zoo** mit seinen großen Themenwelten ebenfalls einen Besuch wert ist. Ganz besonders außergewöhnlich ist der **Unterirdische Zoo**, wo der Besucher in die wuselige Welt unter seinen Füßen eintauchen kann. www.zoo-osnabrueck.de

Noch einen Schritt weiter bei der Synthese von Artenschutz und Freizeitvergnügen ist die **Zoom-Erlebniswelt** in Gelsenkirchen gegangen. In den naturgetreu gestalteten Arealen verlaufen die Gehegegrenzen größtenteils unsichtbar. Gespenstische Goldminen wollen erkundet werden und vom Boot aus kannst Du die Fauna Afrikas entdecken. www.zoom-erlebniswelt.de

Eine Autostunde südlich von Münster bist Du dann schon mittendrin im Ruhrpott. In Bochum erwartet Dich zum Beispiel das **Deutsche Bergbau-Museum** und im 80 km entfernten Bottrop befindet sich der **Movie Park**, der das Herz aller Achterbahn- und Showbegeisterten zum Strahlen bringt.
www.bergbaumuseum.de
www.movieparkgermany.de

Hast Du im Movie Park alle Achterbahnen abgegrast, kannst Du die Attraktionen im **Phantasialand** in Brühl unsicher machen. Das Phantasialand ist zwar etwas weiter weg, dafür ist es aber noch etwas größer. www.phantasialand.de

Wenn es Dich interessiert, wie man sich früher nicht nur sonntags die Langeweile vertrieben hat, dann schau doch mal im **Puppen- und Spielzeugmuseum** in Coesfeld vorbei. Die Sammlung des Museums umfasst, wie der Name vermuten lässt, Puppen, Puppenstuben und Blechspielzeug aus dem 19. und 20. Jahrhundert.
www.puppenmuseum-coesfeld.de

Sachen einfach nur angucken ist nicht so Dein Ding? Anfassen ausdrücklich erlaubt ist auf dem Gelände des **Phänomania Erfahrungsfeldes** in Essen. Sehen, Hören, Riechen Tasten, Erleben und

Erforschen an Stationen, die erstmals für die Weltausstellung 1967 entwickelt und seitdem ständig ergänzt wurden.
www.erfahrungsfeld.de

Kaffee und Kuchen

Nostalgiecafé (Brock 7, Senden-Boesensell): In der Ponyidylle des Landhofs **Große Hellmann** befindet sich das Nostalgiecafé ganz im alten Bauernstil. Hier wird von März bis November nach Omas Rezepten noch selbst gebacken und vor allem der Streuselkuchen sucht im Münsterland seinesgleichen. www.grosse-hellmann.de

--> Nostalgie-Café

Café Longinusturm (Baumberg 45, Nottuln): Zwischen Havixbeck und Nottuln steht die höchste Erhebung des Münsterlands: der Longinusturm. Von oben kannst Du bei gutem Wetter bis in den Teutoburger Wald sehen. Das Café im Erdgeschoss wartet mit selbstgebackenem Brot, süßen Sünden aus der Kuchenmanufaktur und Fair-Trade-Kaffeespezialitäten auf. Im beliebten Bikertreff werden auch kleine warme Speisen serviert. www.longinusturm.de

--> Café

Sonntag Abend: Tatort-Gucken

Allwöchentlich am Sonntag ab 19.00 Uhr wird in der ganz auf die 20er Jahre getrimmten **Bar Bohème Boulette** (Hansaring 26) im Hafenviertel fleißig der Lösung des Tatort-Falls entgegengefiebert. Im hinteren Zimmer kannst Du gemeinsam mit anderen Tatort-Freunden dieses sonntägliche Pflichtprogramm bei einem Glas Bier oder einem hausgemachten Burger absolvieren. Ganz besonders viel Spaß macht es natürlich, wenn Kommissar Thiel und Professor Börne quasi gleich vor der Haustür ermitteln.
www.boheme-boulette.de

s. „Münster fiktiv", S. 269

Eltern

Touris

Sightseeing

Touris

Touris

Sights

aufräumen

auf

aufräumen

aufräumen

aufräumen

Sig

Besuch
Besuch
Besuch?
Tourikram
Tourikram …
Besuch
Tourikram …
Sightseeing
endlich
Eltern
Eltern
Sightseeing
Eltern
seeing

Du bist in Münster gerade ein bisschen angekommen – und dann das: Du schlenderst gemütlich das erste Mal mit Freundin, Freund oder Familie durch die Straßen und plötzlich zeigt eine Person ohne Vorwarnung mit ausgestrecktem Zeigefinger auf ein auffälliges Gebäude, schaut Dich dabei mit großen, erwartungsvollen Augen an und fragt: „Und was ist das?". Damit Du dann lässig und souverän antworten kannst, ohne zur Recherche ins Stadtarchiv zu müssen, haben wir hier für Dich das Wichtigste zusammengefasst. So machst Du im Handumdrehen Deine eigene Münster-Touritour. Oder lässt sie machen ...

Frage jemanden, der sich auskennt ...

Erste Anlaufstelle ist die Touristeninformation, die sich hier **Münster Marketing** nennt (Klemensstr. 10), aber trotz des Namens eine Vielzahl an Infos gratis anbietet. www.tourismus.muenster.de

Der einfachste Weg, die Stadt kennenzulernen, ist natürlich eine geführte Tour. Davon gibt es in Münster viele, doch hängt die Qualität vor allem von der Person ab, die den Schirm hochhält. Sowohl **StattReisen, Stadt Lupe** als auch **k3-Stadtführungen** bieten neben klassischen Stadtführungen auch thematische Touren an. Dank der bekannten Gesichter von Thiel & Boerne sowie Wilsberg sind vor allem Krimiführungen äußerst beliebt. Aber es gibt auch Spezialtouren zu Kunstwerken, kulinarische Events und die in jeder Stadt mit ein bisschen älterem Gemäuer unerlässlichen Nachtwächterführungen. www.stattreisen-muenster.de
www.stadt-lupe.de www.stadtfuehrungen-in-muenster.de

In Münster gibt es zwar auch die obligatorischen Doppeldeckerbusse, rollende Glaskästen oder sogar Pferde- und Elektrokutschen, doch sind die für eine Stadterkundung nicht wirklich geeignet. Einen Überblick zu allen Angeboten mit vielen Infos, Links und Apps bietet die Homepage der Stadt. www.muenster.de --> Tourismus --> Sightseeing

Die beste Art sich auf Entdeckungstour zu begeben, ist zu Fuß oder mit der „Leeze".

Vokabelprobleme? s. „Sprachregeln", S. 272

Tourikram selbst gemacht

Münster ist eine Touristenstadt. Spätestens, wenn Dir wieder einmal eine Gruppe Umherirrender vor die Leeze läuft, wird Dir das Ausmaß dieser ständigen Invasion klar. Die wenigsten Touris wissen aber, dass fast alles in der Stadt rekonstruiert ist. Denn während des 2. Weltkrieges wurde Münster zu über 90 Prozent zerstört. Die traditionell konservative Bevölkerung Münsters hat die Stadt danach kurzerhand einfach wieder dem alten Zustand entsprechend aufgebaut. Das Gute an dieser Mogelpackung ist, dass Münster deshalb eine richtig hübsche Altstadt hat. Und die zeigen wir Dir jetzt mal!

zu Fuß

Los geht's! Du hast den praktischen Gratis-Mini-Faltplan oder Dein Smartphone griffbereit? Nein? Kein Problem: Unsere Tour funktioniert auch ganz ohne Karte! Und keine Sorge: Unterwegs kehren wir auch mal ein, um Hunger und Durst zu stillen.

Fangen wir mal ganz unkonventionell auf der **Königsstraße** an. Zu unserem Startpunkt kommst Du mit den Stadtbuslinien 1, 2, 10-14 und 22 (Haltestelle Picasso-Museum). Hier standen früher große Adelshöfe, von denen allerdings nur noch wenig erhalten ist. Am nördlichen Ende der Königsstraße finden wir den Druffel'schen Hof, der heute das **Picasso-Museum** (Picassoplatz 1) beherbergt und den gleichnamigen Picassoplatz. An dem wird Dir vielleicht die seltsame Straßenpflasterung auffallen, aber aus der Fußgängerperspektive wahrscheinlich rätselhaft bleiben. Erst ein Blick von weit oben wird Dir zeigen, dass es sich hier um ein riesiges Porträt von Pablo handelt. Das **Restaurantcafé Pablo** (Münster Arkaden, Ludgeristr. 100) oder **La Californie** (Picassoplatz 1) bieten sich hier zum Einkehren an. Aber wir haben ja gerade erst angefangen. www.pablo-muenster.de www.la-californie.de

Wir biegen nun nach rechts auf die Rothenburg ab, werfen noch einen Blick auf das prächtige Giebelhaus Nr. 43/44 und kommen dann zum Stadthausturm, dem Rest des ehemaligen Stadthauses von 1907. Damit bist Du auch schon im Zentrum und stehst auf dem **Prinzipalmarkt**, dem Mittelpunkt der einstigen Bürger- und Hansestadt. Mit den Schaugiebeln, deren einstige Pracht auch nach dem Wiederaufbau noch zu erahnen ist, haben Bürger und Gilden Macht und Wohlstand demonstriert. Zusammen mit den Bogengängen sind die Giebelreihen des Prinzipalmarktes zum Erkennungszeichen der Stadt geworden.

Das prächtigste Haus gleich am Anfang ist übrigens das **historische Rathaus**, der wohl bedeutendste gotische Profanbau Europas und Symbol des Westfälischen Friedens, der von 1644-1648 in Münster und Osnabrück verhandelt wurde und den 30-jährigen Krieg beendete. In dem original erhaltenen Friedenssaal mit seinem Renaissance-Schnitzwerk hängen die Porträts der wichtigsten Gesandten, die aus ganz Europa zu diesem Ereignis angereist waren.

Das Rathaus ist aber auch Symbol für den Nachkriegswiederaufbau. An der linken äußeren Seitenwand kann man an den Goldblattmarkierungen sehen, ab welcher Höhe Rekonstruiertes auf altem Mauerwerk sitzt.

Links nebenan liegt das **Stadtweinhaus** aus der Spätrenaissance. Es diente zur Lagerung des wertvollen Getränkeschatzes, wurde aber auch zur Verkündung von Beschlüssen und Urteilen genutzt. Dies erfolgte von dem Balkon des Sentenzbogens, worauf die dort mittig angebrachte Skulptur der Justitia hinweist.

Wenn gerade Sommer ist, setz' Dich jetzt (mit Deinem Besuch) erst einmal auf die Terrasse des **Gasthauses Stuhlmacher** (Prinzipalmarkt 6/7) und beobachte das bunte Treiben.
www.gasthaus-stuhlmacher.de

§§

Anstatt dem Prinzipalmarkt zu folgen, biegen wir ganz unkonventionell links Richtung **Domplatz** ab. Dir ist aufgefallen, dass das Rathaus direkt gegenüber des Hauptzugangs zum kirchlichen Machtbereich liegt? Das ist kein Zufall! Die Geschichte Münsters ist von einer ständigen Auseinandersetzung zwischen Bürgern und Bischof geprägt, was sich auch in der Stadtstruktur widerspiegelt. Deshalb kehren die um die alte Domburg liegenden Bürgerhäuser dem Bischof auch den Rücken bzw. Hintern zu.

Nun wird Dir sicherlich auch klar, warum der Platz zwar das geographische Zentrum der Stadt ist, das Leben aber woanders tobt. Die gähnende Leere, die sich auf dem Platz breitmacht, wird nur unterbrochen, wenn hier samstags und mittwochs Markt ist. Kräfte auffüllen und entspannen kannst Du hier aber gut. Zum Beispiel in der **Floyd Coffee-Lounge** (Domplatz 6-7) oder etwas südlich, den Geisbergweg hinunter, im **fyal central** (Geisbergweg 8).
www.floyd-coffee.de www.fyalcentral.de

Auf dem Domplatz liegen auch die Ursprünge der Stadt. Kurz vor 800 n. Chr. schickte Karl der Große den gerade unterworfenen heidnischen Westfalen zur geistigen Erleuchtung den Missionar Liudger vorbei. Der gründete prompt ein Kloster mit Bischofssitz. Dieses entwickelte sich schnell zu einer größeren Ansiedlung, die bald nur noch Monasterium (Kloster) genannt wurde. Hieraus ist dann der – zugegeben – recht einfallslose Name Münster hervorgegangen.

Der Domplatz wird noch heute von klerikalen Bauten dominiert, allerdings hat auch der preußische Staat nach der Säkularisierung mit Regionalverwaltung, Post und dem jetzigen Landesmuseum für Kunst und Kulturgeschichte hier seine Spuren hinterlassen. Überhaupt wimmelt es am Domplatz nur so von Museen.

s. „Kultur und so", S. 2

Das bedeutendste Gebäude ist aber immer noch der **Dom**. Er steht unter dem Patronat des heiligen Paulus und zeigt mit seinen vielen Baustilen von Romanik, Gotik bis zur Moderne seine Jahrhunderte lange Geschichte. Innen findest Du viele interessante aber auch skurrile Dinge, wie z.B. die Astronomische Uhr.

Jetzt aber runter vom Domplatz, an der Bischofskurie vorbei bergab durch die kleine Spiegelturm-Gasse am nord-westlichen Ende des Platzes. Hier springt Dir die markante Silhouette der Überwasserkirche ins Auge. Fällt Dir an der Kirche etwas auf? Richtig, sie hat keine Turmspitze. Diese wurde während der kurzen Herrschaft der fundamentalistischen Täufer-Sekte (1533-35) abgerissen, um dort Kanonen aufstellen zu können.

Apropos Kugeln ... wie wär's mit einem Eis auf die Hand aus dem **Lazzaretti**, ein paar Schritte nord-östlich (Spiekerhof 26)?
www.lazzaretti.de

Wenn Du Fan der Krimi-Serie Wilsberg bist, pilgern wir links an der Kirche vorbei zum **Antiquariat Solder** (Frauenstr. 49), das dem westfälisch-brummigen Detektiv in der gleichnamigen Fernsehserie als Heimstadt dient.

Dann bitte gen Norden über den Katthagen schnurstracks in das **Kuhviertel**, das traditionelle Studentenkneipenviertel, mit der Kreuzstraße als ultimativem Mittelpunkt. Vom Rosenplatz aus kannst Du einen kurzen Abstecher in die Buddenstraße machen, um einige der letzten Gademe anzuschauen, der traditionellen kleinen Häuser der einfachen münsteraner Bevölkerung. Oder Du gönnst Dir und Deinen Begleitern an der Quelle der münsteraner Altbier-Braukunst ein **Pinkus Müller** zur Auffrischung (Kreuzstr. 4-10).

s. „Durst?", S. 128

Nach dieser Erfrischung nimmst Du vom Rosenplatz aus die Rosenstraße Richtung Südosten, die dann in den Spiekerhof übergeht. Dem folgst Du bis zum ehemaligen **Speicherhof** des Bischofs, wo heute zwei traditionelle Gasthäuser stehen, die ihren Namen dem Kiepenkerldenkmal verdanken. Die Kiepenkerle waren umherziehende Händler, die früher mit sogenannten „Kiepen" Waren und Nachrichten unter die Leute gebracht haben.
www.grosser-kiepenkerl.de www.kleiner-kiepenkerl.de

Wenn Du nun geradeaus der Bogenstraße folgst, siehst Du wieder erste Schaugiebel und Bogengänge der um die alte Domburg gebauten Häuser. Bald kommst Du dann zum **Roggen- und Fischmarkt**. Frischen Fisch oder Roggen suchst Du hier allerdings vergebens, nur die Namen sind geblieben. Dafür kannst Du ein Straßenschild mit der Aufschrift „Drubbel" entdecken: An dieser Stelle knubbelten bzw. drubbelten sich früher kleine Häuser, deren Grundrisse noch im Straßenpflaster erkennbar sind.

Deine Füße schmerzen? Dann könntest Du im **Traditionscafé Kleimann** (Prinzipalmarkt 48) Platz nehmen, oder noch besser ein paar wenige Schritte in die kleine Domgasse zum **Milchmädel** (Domgasse 4) machen und Dich dort auf die Schnelle mit selbstgemachtem Eis stärken. www.konditorkleimann.de www.milchmaedel.de

Direkt am Drubbel hast Du sicher schon die **Lambertikirche** entdeckt – ist auch schwer zu übersehen. Es lohnt sich aber, einen genaueren Blick auf das Turmportal zu werfen: Unter die ganzen Heiligen haben sich nämlich Goethe und Schiller geschmuggelt!

Gehst Du dann weiter Richtung Süden, öffnet sich vor Dir wieder der **Prinzipalmarkt** mit seinen prächtigen Bogengängen und Schaugiebelfassaden. Bei einem Blick zurück auf den Kirchturm entdeckst Du weit oben drei eiserne Käfige. Dabei handelt es sich nicht um überdimensionale Vogelkäfige, sondern um grausame Mahnmale. Denn in ihnen wurden die zu Tode gefolterten Anführer der Täufer zur allgemeinen Abschreckung zur Schau gestellt.

Nun läufst Du am besten hinter der Kirche auf den Alten Steinweg zu, denn dort findest Du das **Krameramtshaus**, den repräsentativen Sitz der einst mächtigen Krämergilde. Als Kontrastprogramm steht daneben ein gelungenes Beispiel moderner Architektur in Münster, die **Stadtbücherei** (Alter Steinweg 11). Hier gehst Du vorbei und biegst rechts in die kleine Julius-Voss-Gasse Richtung Salzstraße ein.

Mit der **Dominikanerkirche** gleich links an der Ecke, dem Überbleibsel eines Klosters, nähern wir uns dem barocken Dreieck von Münster. Über die Salzstraße, wo von jeder Hansestadt ein besonderer Stein in das Straßenpflaster eingesetzt ist, gelangst Du Richtung Süd-Osten nach kurzer Strecke zum **Erbdrostenhof**, einem Meisterwerk westfälischer Barockarchitektur. Hier hat der für die Stadtgeschichte bedeutende Architekt Johann Conrad Schlaun dem höchsten Verwaltungsfuzzi des Fürstbischofs einen standesgemäßen Adelssitz erstellt.

Durch die Ringoldsgasse, gleich rechts neben den Erbdrostenhof, gelangen wir zu einem weiteren Schlaun'schen Werk, der **Clemenskirche**, die ursprünglich Teil eines Hospizes war und innen feinsten, bayrischen Barock offenbart. Auch sie ist rekonstruiert, was durch die Goldblattmarkierung an der linken Gebäudeecke angezeigt wird. In dem neben der Kirche liegenden **Barockgärtchen** oder in der **Crêperie du Ciel** (Maria-Euthymia-Platz 7-9) machst Du nun bei Bedarf eine kurze Pause. www.creperie-muenster.de

Von der Clemenskirche überquerst Du dann den Servatiikirchplatz und biegst links auf die Klosterstraße ein. Gleich darauf stehst Du

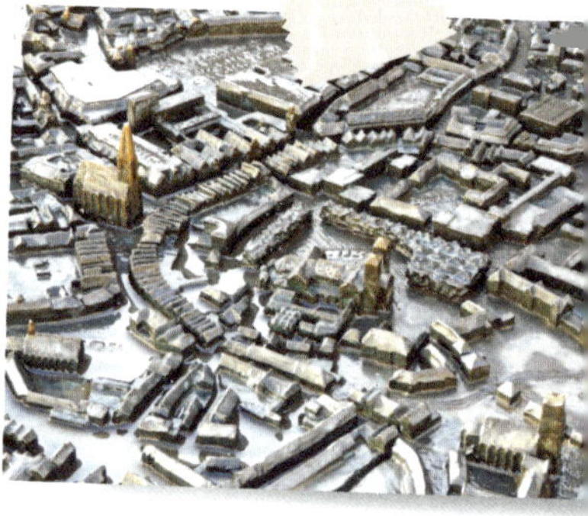

vor der Kreuzung mit der Salzstraße. Gegenüber an der Ecke befindet sich das **Stadtmuseum** (Salzstr. 28), das zum Abschluss durchaus einen Abstecher lohnt. Wenn dafür keine Zeit oder keine Kondition mehr da ist, solltest Du aber zumindest einen Blick auf das Blindenstadtmodell werfen, das sich gleich zu Deiner Rechten an der Kreuzung befindet. www.muenster.de --> Kultur --> Museen --> Stadtmuseum

mit der Leeze ...

Wenn Du nicht so der Fußgänger bist, oder nach dem Touri-Rundgang bereit bist für eine zweite Runde, dann steig auf Deinen Drahtesel!

Startpunkt für Deine kleine Rundfahrt ist praktischerweise wieder das **Stadtmuseum**, vor dem die Tour zu Fuß endete. Hinter dem Museum biegst Du – am besten gegen den Uhrzeigersinn – gemütlich auf die **Promenade** ein, den Fahrrad-Highway der Stadt. Mit 4,5 km Länge führt sie einmal um die komplette Altstadt. Immer wieder finden sich am Rand auch nette Cafés, wie die **Alex Brasserie** (Salzstr. 35), das **Café Sieben** (Hafenweg 18-24) oder das Traditionsrestaurant **Alter Pulverturm** (Breul 9) mit einem tollen Biergarten.

www.cafesieben.de www.alter-pulverturm.de www.dein-alex.de

Die Promenade wurde bereits im 18. Jahrhundert auf der überflüssig gewordenen Stadtbefestigung errichtet. Am Rand kannst Du unterwegs noch einige Reste der Befestigung erkennen. Nachdem Du ein bisschen geradelt bist, macht die Promenade eine scharfe Linkskurve und Du siehst zur Linken den mächtigen **Zwinger** mit einer eingemauerten Kanonenkugel. Hier, wo die Aa wieder aus der Stadt fließt, war einst ein extra Befestigungsbollwerk notwendig, im Zweiten Weltkrieg nutzte die Gestapo das Gebäude als Gefängnis und für Hinrichtungen. Heute ist der Zwinger eine Gedenkstätte für die Opfer der Nazi-Herrschaft.

Wenn Du weiterfährst und die Kreuzstraße überquerst, fällt Dir gleich der **Buddenturm** ins Auge, der letzte verbliebene Turm der Stadtmauer.

Weiter geht es bis in die nächste scharfe Kurve, die Dich zum **Schlossplatz** führt. Vorher siehst Du aber noch auf Deiner Rechten diverse Grabenreste und einen Wasserbären. Das ist kein possierliches Tierchen, sondern ein Querriegel des einstiegen Wassergrabens.

Irgendwann kommst Du dann am **Schloss** vorbei, das heute ein Hauptgebäude der Universität ist und innen leider nicht so hübsch aussieht. Weiter geht es auf der Promenade: Um ihr zu folgen, musst Du aber zunächst die Gerichtsstraße im Zick-Zack-Kurs überqueren. Kurz danach biegst Du rechts auf die nicht asphaltierte Kastellstraße ab und gelangst in den Bereich des alten Zoos. Dort, wo der Weg nach links umknickt, stehst Du dann staunend vor der **Tuckesburg**. Diese hatte der exzentrische Zoodirektor Hermann Landois für sich und allerlei tierische wie menschliche Kumpane errichtet.

Wenn Du dem Weg weiter folgst, stößt Du auf den **Eulenturm**, den letzten verbliebenen Zoobau. Vorher gibt es noch einen weiteren Wasserbären zu sehen. Der Rundweg führt dann wieder zurück zur Promenade.

Nun musst Du nur noch an einer der übelsten Bausünden Münsters vorbei und siehst schon bevor sich die Promenade wieder scharf nach links wendet, den Aasee. Um dort hinzugelangen radelst Du am besten weiter und biegst an der großen Kreuzung Stadtgraben/Aegidiistraße rechts ab. Bei dringendem Durst solltest Du genau hier ein kühles Bier im Biergarten von **Kruse Baimken** (Am Stadtgraben 52) trinken. www.kruse-baimken.de

Am **Aasee** stehst Du dann ungelogen im „schönsten Freizeitpark Europas 2009". Hier kannst Du es Dir bei gutem Wetter auf einer der zahlreichen Wiesen am Wasser gemütlich machen. Der See bringt Urlaubsfeeling in die Stadt und ist außerdem das unangefochtene

Zentrum der münsteraner Freizeitaktivitäten: Chillen, Sporteln, Flanieren oder Philosophieren. Es gibt keinen besseren Platz dafür im ganzen Stadtgebiet. Hier kannst Du segeln, Tret- oder Ruderboot fahren oder eine Tour mit der Sonnenlicht-betriebenen Solaaris drehen. www.aaseeschifffahrt.de

Für das leibliche Wohl sorgen das **A2 am See** (Annette-Allee 3), das Restaurant **Zum Himmelreich** (Annette-Allee 9) oder einmal halb herum um das Gewässer das **Relax** (Bismarckallee 47) – alle natürlich mit Seeblick und großer Außenterrasse. www.a2amsee.de www.zum-himmelreich.de www.relax-ms.de

Nippes & Schnickschnack

Ob Du nun Besuch von auswärts bekommst oder selbst jemanden besuchen willst – Mitbringsel sind immer gefragt. Wenn es etwas Typisches für die Stadt und Region sein soll, drängen sich für Nicht-Vegetarier vor allem kulinarische Köstlichkeiten wie **Schinken** oder **Mettendchen & Schnaps** auf. Da diese deftigen Schlemmereien aber nicht für jeden was sind, hat sich zahlreicher **Münster-Nippes** mit der Silhouette der Giebelhäuser des Prinzipalmarktes darauf bewährt. Ganz nett sind auch die bunten **Münster-Themenbilder**, die es als Poster, Frühstücksbrettchen oder Postkarten gibt.

All dies und noch viel mehr findest Du z.B. mitten in der Altstadt bei **Münster Souvenirs** (Heinrich-Brüning-Str. 7). Das Geschäft hat praktischerweise auch einen Online-Shop.
www.muenster-souvenirs.de

Klassik
Konzert
Konzert
Konzert
Konzert
Konzert
Konzert
endlich
Klassik
Klassik
Poetry-Slam
Kinosessel
Theater
Poetry-Slam
Konzert
Poetry-Slam

Kultur
und so
Kultur
und so
und so
Kinosessel
lassik
Kinosessel
essel
try-Slam
endlich
Theater
Theater
Theater
Theater

Na endlich! Feierabend, Wochenende, Freizeit. Das Leben besteht ja bekanntlich nicht nur aus Studium oder Arbeit. Jetzt muss nur noch die richtige Playlist her, für das wohl verdiente Unterhaltungs-Programm. Und zum Glück kommt in Münster da auf keinen Fall Langeweile auf ...

Kinolandschaft Münster

Seit Bilder laufen gelernt haben, ziehen sie uns magisch in ihren Bann. Und so gab es vor langer, langer Zeit auch in Münster eine große Anzahl und Vielfalt an Kinos, wie zum Beispiel das schmucke Apollo-Theater in der Königsstraße, wo 1967 „Alle Jahre wieder" von Ulrich Schamoni seine Premiere hatte. s. „Münster fiktiv", S. 270

Davon ist allerdings nur wenig übrig geblieben, im immer noch beeindruckenden Bau des Apollo-Theaters aus den 30er Jahren residiert heute der Skateboard-Papst Titus Dittmann mit seinem Firmenimperium und wie nahezu überall wird auch in Münster die Leinwandszene von modernen Multiplexkinos dominiert. Trotzdem ist das Angebot erstaunlich, was wohl daran liegen mag, dass es sich bei Münster um eine Unistadt handelt.

Platzhirsch in der Domstadt ist das multiplexe **Cineplex** (Albersloher Weg 14). Das Angebot ist groß und bisweilen auch anspruchsvoll, doch wird Dir hier unmissverständlich klar gemacht, dass Kino heute Massenkonsum ist. Gemütlich geht anders.
www.cineplex.de/muenster

Dafür gibt es das durch seine Innenarchitektur und das angeschlossene Café ansprechende **Schlosstheater** (Melcherstr. 81). Es gehört zwar mittlerweile auch zur Cineplex-Gruppe, doch steht hier Programmkino im Vordergrund, das von vielen Sonderveranstaltungen begleitet wird. Was aktuell läuft, findest Du ebenfalls unter: www.cineplex.de/muenster

Die kurze Liste der letzten Überlebenden beschließt das knapp dem Tode entronnene **Cinema & Kurbelkiste** (Warendorfer Str. 45-47). Mit einem durch etliche bundesweite Auszeichnungen versehenen Programm findest Du hier ohne Zweifel den cineastischen Mittelpunkt des Münsterlandes. Das angeschlossene **Café Garbo** rundet Dein Kinoerlebnis ab. www.cinema-muenster.de

Zwar scheinen drei Spielstätten auf den ersten Blick sehr wenig, doch bieten alle ständig eine Vielzahl an Sonderprogrammen und Festivals. Münster ist also gar nicht so schlecht aufgestellt, was cineastische Gelüste angeht.

Eine Alternative – vor allem preislich – ist das **Uni-Kino** (Hörsaal SP 7, Schlossplatz 7), doch wird die Filmauswahl von Zombies und Star Trek dominiert. Traditionell gibt's zur Weihnachtszeit mit vielen „wönzigän Schlöckchän" „Die Feuerzangenbowle".
www.unikino-muenster.de

Mittlerweile fest etabliert hat sich in der Stadt das allsommerlich vom Cineplex organisierte Open-Air-Kino **Somernachtskino auf dem Schlossplatz**, wo Du Dich mit Deinen Freunden an lauen Sommernächten auf die Wiese vor dem Schlossgarten lümmeln und Filmhighlights genießen kannst. Bei bedrohlicher Wolkendecke kann man vor Ort Regencapes bekommen!

Vorhang auf: die große Bühne

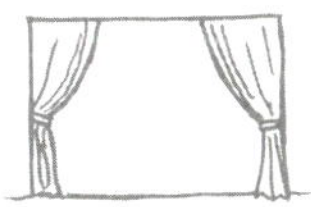

s. „Besuch", S. 208

Zwar ist auch im Alltag manchmal alles nur Theater, aber die Faszination, die live erlebte Schauspielkunst hervorruft, ist selbst in unserem multimedialen Zeitalter ungebrochen. Schiller, dessen Porträt Du zusammen mit dem von Goethe an dem Turmportal der Lambertikirche finden kannst, hat dies mit seiner treffenden Formulierung von „den Brettern, die die Welt bedeuten" auf den Punkt gebracht. Theater ist einfach etwas Besonderes. Und Theater ist vielfältig. Egal wie Dein Geschmack ausfällt. Irgendetwas hält die Münster'sche Bühnenlandschaft sicher auch für Dich bereit.

Theater, Oper und Tanz

So bietet das städtische **Theater Münster** in seinem Großen und Kleinen Haus (Neubrückenstr. 63) neben dem klassischen Schauspiel auch Musiktheater mit Oper, Operette oder Musical sowie Ballett im Tanztheater. In dieser Spielstätte findest Du also fast alles. Das reichhaltige Programm erstreckt sich von traditionell bis avantgardistisch. Dienstags gibt's Ermäßigungen für Studenten. www.theater-muenster.com

Speziell für Kinder und Jugendliche wurde das **Junge Theater** eingerichtet. Es gehört zum Theater Münster und seine Aufführungen finden ebenfalls dort statt. Hier können junge Zuschauer sich Klassiker wie „Alice im Wunderland" und „Peter und der Wolf" ansehen und über Zeitgenössisches wie „An der Arche um acht" oder „Nichts. Was im Leben wichtig ist" staunen. Es ist für alle Altersklassen was dabei. www.theater-muenster.com --> Junges Theater

An ein ähnliches Publikum wendet sich **Die Junge Oper**. Sie ist mobil auf verschiedenen Bühnen unterwegs, hat aber auch eine feste Spielstätte im Theater in der Meerwiese gefunden. Ziel der Jungen Oper ist es, schon kleine Ohren mit Opernmusik vertraut zu machen. Für Schulanfänger gibt es hier Musiktheater und für etwas ältere dann eine richtige Oper für Kinder.
www.junge-oper-muenster.de

Auch andere freie Theatergruppen zeigen Premieren und Aufführungen an der **Meerwiese** (An der Meerwiese 25). Hier wird fleißig mit anderen deutschen und europäischen Theatergruppen kooperiert. Im Begegnungs- und Stadtteilzentrum geht kulturell so einiges. In der Meerwiese gibt's Konzerte, Theateraufführungen und Ausstellungen. Wer mal die Perspektive wechseln und selbst auf der Bühne stehen will, kann einen der zahlreichen Theaterkurse besuchen. Außerdem findet hier alle zwei Jahre das Jugendtheaterfestival „HALBSTARK" statt. www.stadt-muenster.de/meerwiese

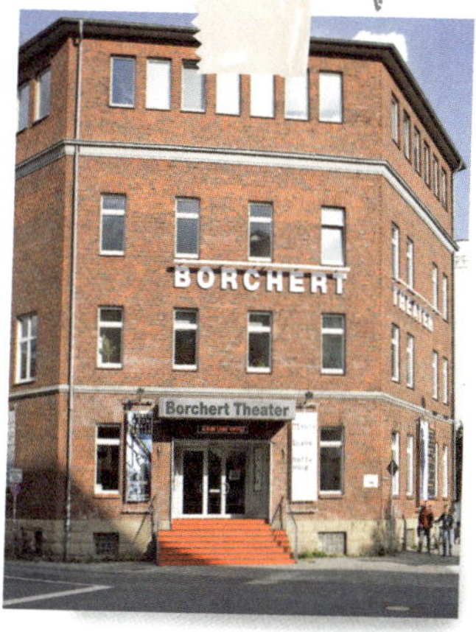

Eine Institution in Münster ist das **Wolfgang Borchert Theater** (Hafenweg 6-8), das sowohl klassische als auch zeitgenössische Stücke im Programm hat. 1956 gegründet, gehört es zu den ältesten privaten Theatern in Deutschland. Die oft eigenwilligen und an literarischen Vorlagen orientierten Inszenierungen sind auf jeden Fall einen Besuch wert. So war der „Sommernachtstraum" im Gasometer 2012 ein riesiger Open-Air-Erfolg und es empfiehlt sich, aufmerksam nach weiteren Events dieser Art Ausschau zu halten, denn die Karten sind ratzfatz weg. Am ersten Sonntag nach einer Premiere sowie anderen ausgewählten Terminen bietet das WBT Einführungen an, bei denen Du viele spannende Dinge über Autor, Werk, Regie und Ausstattung der jeweiligen Stücke erfahren kannst. Im September 2014 eröffnet das Theater dann am neuen Standort auf der anderen Hafenseite, im Flechtheimspeicher. www.wolfgang-borchert-theater.de

Im Kammertheater **Der Kleine Bühnenboden** (Schillerstr. 48a) gibt es hautnahen Kontakt zwischen Künstlern und Publikum, das verrät schon der Name. Außerdem ist das Programm von Kabarett bis Theater und Tanz äußerst spannend und bietet immer etwas Besonderes. www.derkleinebuehnenboden.de

Wenn Dir nach leichter und seichter Unterhaltung ist, dann schau beim **Boulevard Münster** (Königsstr. 12-14) vorbei. Hier gibt's auch mal Kabarett und Stücke vom Ohnsorg-Theater. Studenten sehen's billiger! www.boulevard-muenster.de

Eine bedeutende Spielstätte für eine Vielzahl von unterschiedlichen Produktionen ist schließlich das **Theater im Pumpenhaus** (Gartenstr. 123). Einst als unabhängiges Theater gegründet, ist es heute eine GmbH ohne eigenes Ensemble, wobei man sich noch gerne mit Attributen wie „frei" oder „jenseits von Mainstream" schmückt. Hier findest Du viele interessante Aufführungen von Münsteraner Gruppen und auswärtigen Künstlern. www.pumpenhaus.de

Am Theater Münster ist übrigens auch die **Niederdeutsche Bühne** (Neubrückenstr. 63) beheimatet, wo Du Stücke auf Plattdüütsch hören kannst. Allerdings geht das Programm eher so in Richtung Ohnsorg Theater und das gefällt vielleicht nicht jedem.
www.niederdeutsche-buehne-muenster.de

Wenn Dir nach richtigem Kasperletheater ist, dann auf zum **Charivari Puppentheater** (Körnerstr. 3). Mit Kasperle, Großmutter und dem bösen Wolf wird hier – auch für Erwachsene – Puppentheater nach echt klassischer Art präsentiert. www.charivari-theater.de

Musical

Für Musicalfans bietet neben dem Theater das **Freie Musical-Ensemble Münster** immer wieder verschiedene Produktionen an. Hier treffen sich Menschen, die hauptberuflich was ganz Anderes machen, deren Leidenschaft für Musik, Tanz und Gesang sie aber immer wieder gemeinsam Richtung Bühne treibt. Nach der Wahl des nächsten Projekts gehen alle mit viel Herzblut und Engagement an die Arbeit. Jeder bringt sein Talent ein. Die einen werden Kostüm- die anderen Maskenbildner, andere sorgen für die Requisiten und wieder andere stehen dann schließlich wirklich auf der Bühne. www.fme-ms.de

Die **Musicalwerkstatt Münster** bezeichnet sich selbst als „freies, semiprofessionelles Ensemble". Es trifft sich seit 2010 und hat mit „Mirjam. Die Geschichte der Maria Magdalena" und „Sophie Scholl - Briefe über Grenzen" zwei riesige Publikumserfolge gelandet. Die Aufführungen finden bisher meistens in der Aula der Freien Waldorfschule (Rudolf-Steiner-Weg 11) statt. Ob das weiter so bleibt, ist allerdings fraglich. www.mws-ms.de

Gelegentlich gibt es auch Musicals in der **Halle Münsterland** (Albersloher Weg 32) zu sehen, die als überregionale Produktionen in Münster Station machen. www.mcc-halle-muensterland.de

Kabarett, Comedy und Improtheater

Lokales Kabarett & Comedy gibt es von **Funke & Rüther**, der **Buschtrommel** oder **Schulte-Brömmelkamp**, die ursprünglich aus einer Kabarett-AG der Uni hervorgegangen sind. Für den satirischen Jahresrückblick Münsters sorgt **Storno – die Abrechnung**. Die Kabarettisten haben keinen festen Spielort. Sie treten in verschiedenen Sport- oder Stadthallen und Bürgerhausern auf. Einfach auf den Homepages gucken!

Hier findest Du die Münsteraner Comedy im Netz:

www.funke-ruether.de

www.die-buschtrommel.de

www.schulte-broemmelkamp.de

www.storno.org

Spontaneität ist alles! In Münster gibt es eine erstaunliche Dichte an Improtheater und da wartet bekanntlich immer ein überraschendes Ende auf Dich. Die Gruppen hören auf so schöne Namen wie **RatzFatz**, **Improvisationstheater 005**, **Theatertruppe Schmiedepunkt**, **Scharf im Wolfspelz** oder **placebotheater**. Also, nicht lange planen, sondern einfach hingehen. Wohin? Das Improtheater RatzFatz und das Placebotheater spielen an den verschiedensten Orten in und um Münster, das Improvisationstheater 005 gerne im Kreativhaus in Münster, den Scharf im Wolfspelz kannst Du oft im Kleinen Bühnenboden zu Gesicht bekommen.

An jedem ersten Montag im Monat findet im **Cuba-Nova** (Achtermannstr. 10-12) das **Cubarett** statt. Sorgst Du privat für Schenkelklopfer am laufenden Meter? Prusten Dir Deine Freunde und Bekannten in der Mittagspause immer ihren Kaffee ins Gesicht? Dann rauf auf die offene Kabarett-Bühne mit Dir, denn hier ist mitmachen angesagt! www.cubarett.de

Auch an der **Theaterbühne im Kreativ-Haus** (Diepenbrockstr. 28) findest Du ein buntes Programm an Schauspieldarbietungen, Kabarett und Improtheater, vor allem von Münsteraner Künstlern und Gruppen.www.kreativ-haus.de

Das Kulturamt der Stadt organisiert im Sommer, immer um die NRW-Sommerferien herum, die Reihe **Kabarett im Schlossgarten**. Ein (rechtzeitiger) Blick auf die Homepage der Stadt zeigt Dir, wann was wo gespielt wird. www.muenster.de --> Suche: „Kabarett im Schlossgarten"

Varieté & Zirkus

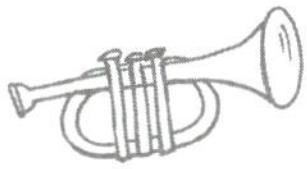

Fehlt Dir im Alltag hin und wieder ein Tusch, wenn Dir mal wieder ein außergewöhnliches Kunststück gelungen ist? Oder hast Du Lust auf Trapeze, Akrobatik und Artistik? Hier kommen zwei gute Adressen für all diese schönen Dinge:

Im **GOP Varieté-Theater Münster** (Bahnhofstr. 20-22) gibt es gleich mehrere Shows mit Musik, Comedy und Artistik. Und das ist dann Verwöhnzeit für Magen und Augen: Während Dir Köstlichkeiten kredenzt werden, zappeln, baumeln und turnen die Profis über Dir in luftigen Höhen. Kostet nicht wenig, ist aber auch mal was Besonderes! www.variete.de --> Spielorte --> GOP Münster

Wenn Du nicht weißt, was Du mit der ganzen freien Zeit zwischen den Weihnachtsfeiertagen und Silvester anfangen sollst, kannst Du im **Hiltruper Weihnachtscircus** (Loddenweg 12) zwischen dem 27.12 und dem 30.12 ein wenig Zirkusluft schnuppern. Hier gibt's jedes Jahr ein in Deutschland einzigartiges Programm zu sehen: Internationale Größen der Zirkus- und Varieté-Welt treten gemeinsam mit den Kindern und Jugendlichen des Münsteraner Jugendprojekts **Circus Alfredo** in einer Show auf. Diese bunte Mischung kommt so gut an, dass der Weihnachtscircus nun schon bald 30. Jubiläum feiert. www.hiltruper-weihnachtscircus.de

Museumsbesuch

Du willst Dich kulturell ein bisschen weiterbilden? Nur zu, in Münster gibt es reichlich Museen, in denen Du eine Menge über Kunst, die Stadt, das Land oder auch mal ganz spezielle Themen wie Pferde oder Lackkunst lernen kannst.

Kunst und Kunstgeschichte

Das **LWL-Landesmuseum für Kunst und Kulturgeschichte** (Domplatz 10) steckt gerade in den Endzügen seines großen Umbaus. Die eindrucksvolle, moderne Fassade des Neubaus kannst Du Dir schon jetzt anschauen. Um ins Innere des brandneuen Baus zu gelangen, musst Du Dich aber noch bis zur Neueröffnung im Herbst 2014 gedulden. Dafür wirst Du dann mit Kunst- und Kulturgeschichte satt belohnt. Vom Mittelalter bis zur Gegenwart warten über 1000 Jahre darauf, mit allen Sinnen entdeckt zu werden. Ein unbedingtes Muss für jeden Kunstliebhaber.
www.landesmuseum-muenster.de

Um den Domplatz herum tummeln sich noch einige andere Museen. Eines, das man genau dort und nirgendwo anders erwartet, ist die **Domkammer** (Horsteberg) des Münsteraner St.-Paulus-Doms. Hier findest Du klerikale Schätze aus zwölf Jahrhunderten. Vom Messkelch aus purem Gold bis zum üppig mit Klunkern besetzten Kreuz ist da einiges zusammengekommen, was Dir große Augen macht. Der Weg zur Schatzkammer führt durch den Haupteingang des Doms. www.domkammer-muenster.de

Ein Aushängeschild der modernen Kunst in Münster ist das **Kunstmuseum Pablo Picasso** (Picassoplatz 1). Hier kommen alle Fans des berühmten Spaniers auf ihre Kosten, denn das Museum nennt etwa 900 Lithographien des Künstlers sein eigen. Dazu kommen wechselnde Sonderausstellungen, die Picassos Kollegen der klassischen Moderne gewidmet sind. Im angeschlossenen Café **La Californie**

kannst Du danach bei ausgezeichnetem Kaffee & Kuchen den größten Künstler aller Zeiten auf Dich wirken lassen.
www.kunstmuseum-picasso-muenster.de

So gestärkt ist es ein Leichtes, sich in der **Kunsthalle Münster** (Hafenweg 28) mit zeitgenössischer Kunst auseinanderzusetzen. Sie liegt in einem der noch nicht zu Massengastronomie oder Luxusimmobilie umgewandelten Speicher (Nr. II) am alten Kanalhafen und bietet bis zu fünf Wechselausstellungen pro Jahr.
www.kunsthalle.muenster.de

Obwohl bereits 1831 gegründet und alteingesessen, geht der **Westfälische Kunstverein** (Rothenburg 30) mit der Zeit und stellt ebenfalls hauptsächlich zeitgenössische Kunst aus. In seinen neuen Räumen direkt neben dem LWL-Museum gibt es in wechselnden Ausstellungen immer viel zu entdecken.
www.westfaelischer-kunstverein.de

Das **Kunsthaus Kannen** (Alexianerweg 9) ist in den Klinikkomplex des Alexianer Krankenhauses, einer Fachklinik für Psychotherapie und Psychiatrie, eingegliedert. Hier werden künstlerisch besonders begabte Langzeitpatienten gefördert und ihre Ergebnisse ausgestellt. Daraus hat sich in den letzten 30 Jahren eine Sammlung von mittlerweile über 5000 Kunstwerken entwickelt. Ein Besuch lohnt sich, denn hier geht's um Kunst jenseits festgelegter Kunstströmungen und Normen. www.kunsthaus-kannen.de

Beim Spaziergang um den Aasee fällt Dir leicht der große gläserne **Wewerka-Pavillon** (Kardinal-Galen-Ring 1) ins Auge. Ursprünglich wurde er für die documenta 8 in Kassel entworfen. Heute ist er permanenter Ausstellungsraum der **Kunstakademie Münster**, das bedeutet, Du kannst hier das ganze Jahr über Arbeiten von Kunststudenten sehen und sie mit Fragen dazu löchern. Näher dran an der Kunst geht nicht. www.wewerka-pavillon.de www.kunstakademie-muenster.de

Du fragst Dich, wieso Du rund um den See immer wieder auf solche spannenden und merkwürdigen Objekte stößt? Bevor Du wilde Theorien aufstellst: Es handelt sich hier ganz einfach um die Reste der seit 1977 alle zehn Jahre in Münster stattfindenden **Skulptur Projekte Ausstellung**. Ein Beispiel sind die **Giants Pool Balls** von Claes Oldenburg, die zum Wahrzeichen des Freizeitparks Aasee geworden sind.

Natur

Allen Naturverbundenen und solchen, die es werden wollen, sei das **Museum für Naturkunde** (Sentruper Str. 285) empfohlen. Alles, was da kreucht und fleucht, lebt und wächst, wird hier ausgestellt und erklärt – unter anderem auch der weltweit größte Ammonit, der Dich mitten im Museumsfoyer begrüßt. Neben der Dauerausstellung sind die wechselnden Sonderausstellungen meistens ganz besonders gut gemacht. www.lwl-naturkundemuseum-muenster.de

Mitten im Museum für Naturkunde ist das Münsteraner **Planetarium** ein echtes Highlight. Du willst den Sternenhimmel mal ohne Wolken sehen? Das schnöde irdische Dasein ist Dir zu langweilig und Du willst lieber, bequem im drehbaren Sessel zurückgelehnt, nach anderen Planeten Ausschau halten? Hier geht das! Ganz nebenbei lernst Du noch eine Menge über das Weltall. Das bringt auch Nicht-Hobby-Astronomen richtig viel Spaß.
www.lwl-planetarium-muenster.de

Wenn Du die Natur lieber live erleben als im Museum bestaunen willst, ist der **Botanische Garten** (Schlossgarten 3) genau der richtige Ort für Dich. Hier blühen Dir nicht nur gut beschriftet alle möglichen Pflanzen entgegen, sondern Du kannst an einem stressigen Tag auch prima Ruhe und Entspannung tanken.
www.uni-muenster.de/BotanischerGarten

Stadtgeschichte

Wenn Du Dich für die Geschichte Deiner Stadt interessierst, ist ein Ausflug ins **Stadtmuseum** (Salzstr. 28) angesagt. Das Gebäude war früher mal eines der ersten Kaufhäuser in Münster. Toll sind hier die zahlreichen Modelle der Stadt. Sie führen Dir die Entwicklung Münsters im Laufe der Zeiten bis hin zur nahezu totalen Kriegszerstörung vor Augen. Aber auch zu den Nachkriegsjahren oder dem dunklen Mittelalter findest Du hier Vieles, das Du über Münster sicher noch nicht gewusst hast. www.muenster.de/stadt/museum

Die erdgeschichtliche Entwicklung Westfalens vom Urknall bis heute erzählt Dir das **Geomuseum** (Pferdegasse 3). Spaziere staunend durch drei große Ausstellungsbereiche: Die Geschichte der Erde, die Geschichte der Wissenschaft und die Geschichte des Lebens. Absoluter Hingucker und Wahrzeichen des Museums ist das wirklich elefantöse Skelett des Mammuts von Ahlen.
www.uni-muenster.de/Geomuseum

Konzert Kinosessel Klassik Theater Poetry-Slam

Das **Archäologische Museum** (Domplatz 20-22) liegt direkt am Domplatz und verschafft Dir einen Überblick über die Kunst und das Leben in der Antike. Münzen, Vasen und Abgüsse antiker Skulpturen oder Trinkgefäße der Römer und Toiletten der alten Griechen – hier wandelst Du ganz weit auf den Spuren der Vergangenheit.
www.uni-muenster.de/ArchaeologischesMuseum

Etwas ziemlich Besonderes ist der **Friedenssaal im Rathaus** (Prinzipalmarkt 10). Das Rathaus wurde im 14. Jahrhundert im gotischen Stil gebaut und dann nach der Zerstörung im 2. Weltkrieg in den 50er Jahren originalgetreu nachkonstruiert. Im Friedenssaal wurde 1648 der Spanisch-Niederländische Frieden beschworen, hier kannst Du also echte Geschichte atmen! 2003 wurde alles komplett saniert, deswegen kommt es Dir so neu vor.
www.tourismus.muenster.de --> Suchbegriff: „Friedenssaal"

Dann wäre da noch das Haus mit dem lustigen Namen **Villa ten Hompel** (Kaiser-Wilhelm-Ring 28). Das ist aber gar nicht so lustig, sondern blickt auf eine lange und zwischenzeitlich schreckliche Geschichte zurück. Erst war es eine Fabrikantenvilla, dann, während des Nationalsozialismus, der Sitz der Ordnungspolizei, und später das so genannte „Dezernat für Wiedergutmachung" in der BRD.
www.muenster.de/stadt/villa-ten-hompel

Noch mehr Stadtgeschichte wird Dir im **Hiltruper Museum** (Zur alten Feuerwache 26) erzählt. Hier geht es - da wärst Du jetzt nicht drauf gekommen - um Hiltrup! In der wunderschönen alten Hiltruper Feuerwache gibt es neben der Hiltruper Geschichte aber auch immer mal wieder Wechselausstellungen zu verschiedenen Themen zu sehen. www.hiltruper-museum.de

Auch der Name des **Heimatmuseums Kinderhaus** (Kinderhaus 15) lässt keine Frage offen. Im ältesten Wohnhaus der Stadt erfährst Du alles über die Geschichte des Armenhauses, der Kirchen und der Schulen im Stadtteil. www.heimatmuseum-muenster.de

Nochmal ein kleiner Ausflug zum Aasee gefällig? Das **Freilichtmuseum Mühlenhof** (Theo-Breider-Weg 1) ist der bäuerlich ländlichen Kultur gewidmet. In den Bauten wie typischen westfälischen Bauernhäusern oder einer alten Schule kannst Du frei herumstöbern und fühlst Dich ganz wie in einem Bullerbü-Dorf. Nach dem Rundgang auf dem Dorfplatz Kaffee und Kuchen zu genießen, hat was. Allerdings kann einem die übertriebene Kiepenkerlromantik, die bisweilen bei Veranstaltungen dort zelebriert wird, durchaus ein bisschen auf den Keks gehen. www.muehlenhof-muenster.org

Für Spezialisten

Dann gibt es noch das in einer Bischhofsstadt wie Münster unentbehrliche **Bibelmuseum** (Pferdegasse 1). Hier wird die lange Geschichte der Bibel erzählt, von ihren handschriftlichen Anfängen bis heute. Da kriegst Du viele alte, verschnörkelte Schriftzeichen und bunte Illustrationen zu sehen und das Beste - kost nix! www.uni-muenster.de/Bibelmuseum

Eine außergewöhnliche Erscheinung ist das **Museum für Lackkunst** (Windthorststr. 26). Nein, es ist nicht der medial gesteuerten Fetischismuswelle gewidmet, sondern beheimatet eine ziemlich beeindruckende Sammlung von lackierten Objekten aus über 2000 Jahren. Die meist filigranen Kunstwerke stammen vor allem aus Asien, aber auch aus Europa und der islamischen Welt. Sehr feinsinnig! www.museum-fuer-lackkunst.de

Im berühmten Allwetterzoo gibt es ein **Pferdemuseum** (Sentruper Str. 311). Eine pferdeverrückte Region wie das Münsterland braucht natürlich so eine Institution. Hier finden auch regelmäßig Pferdeshows in der eigens dafür angebauten Arena statt. www.pferdemuseum.de

Im deutschlandweit einzigen **Lepramuseum** (Kinderhaus 15) erfährst Du Wissenswertes über diese schreckliche Krankheit, die auch in unserer Zeit noch ein so genanntes „Weltseuchenproblem" darstellt. Über eine Million Kranker leben heute in Afrika, Asien und Lateinamerika. Hier wird gezeigt, in welchem Maß die Krankheit vor allem den sozialen Tod bedeutet(e) und wie die Behandlung und Versorgung der Kranken in Mittelalter und Neuzeit aussieht. www.lepramuseum.de

Konzerte

Klassik

So, nun gibt's zur Abwechslung mal was auf die Ohren! Das geht auch in Münster ganz klassisch und in den schönsten Tönen.

Das Münsteraner **Sinfonieorchester** (Neubrückenstr. 63) hat seine Hauptspielstätte im Stadttheater. Es gibt aber auch regelmäßig tolle Konzerte im Rathaus oder im Barocksaal des Erbdrostenhofes. www.sinfonieorchester-muenster.de s. „Besuch", S. 209

Gute Konzerte werden auch in der **Friedenskapelle** (Willy-Brandt-Weg 37 b) geboten, einer ehemaligen Garnisonskirche, die zu einem

Konzertsaal umgestaltet wurde. Neben Kammer- und Vokalmusik kommst Du hier auch in den Genuss weiterer Sonderveranstaltungen in sehr elegantem Ambiente. Besonders empfehlenswert sind die „Rêveries musicales", ein Salonorchester mit Musik von großen Komponisten wie Liszt, Tschaikowski oder Strauss. Dazu gibt's Kuchen und Kaffee gratis! www.friedenskapelle-am-friedenspark.de

Auch im **Haus Rüschhaus** (Am Rüschhaus 81), in dem Münsters bekannteste Autorin Annette von Droste-Hülshoff gewohnt hat, wird seit fast 30 Jahren in einer besonderen Konzertreihe musiziert. Sie nennt sich „Kammermusik im Rüschhaus" und allein die Location ist schon etwas Besonderes und einen Besuch wert. Es handelt sich schließlich um ein denkmalgeschütztes Anwesen, das bäuerliche und herrschaftliche Architektur eindrucksvoll vereint. www.haus-rueschhaus.de

mehr zu Annette von Droste-Hülshoff gibt's in „Münster fiktiv", S. 262.

Pop, Rock & Co

Da sind sich Musikenthusiasten einig: Nirgends springt der Funke besser über als live auf der Bühne. Ohne Playback, ohne Kopfhörer und richtig laut geht es in Münster an vielen Orten zu. Hier findest Du eine Auswahl der besten Adressen, die Dir regelmäßig die Pop-, Rock- oder HipHop-Stars zum Greifen nah holen.

Die geräumige **Halle Münsterland** (Albersloher Weg 32) füllen die richtig großen Acts. Da geben sich so verschiedene Persönlichkeiten wie Atze Schröder (zugegeben, der singt dankenswerterweise wenig), Sean Paul, die Sportfreunde Stiller, die Beatsteaks und Udo

Jürgens die Klinke in die Hand. Wer wann vorbeikommt, kannst Du hier nachschauen: www.mcc-halle-muensterland.de

Jedem, auch weit außerhalb von Münster, fällt beim Wort „Konzert" außerdem sofort die **Jovel Music Hall** (Albersloher Weg 54) ein. Etwas kleiner und familiärer als in der Halle Münsterland geht es hier zu. Was nichts daran ändert, dass hier hochkarätige Acts wie Stromae, Sido oder die Baseballs geboten werden.

Jovel (Masematte) = gut, prima, klasse. Das Gegenteil ist schovel, s. „Sprachregeln", S. 278.

Neben Konzerten gibt's auch immer wieder Partys oder Science Slams, die zum Vorbeikommen oder Mitfeiern einladen. Das breit gefächerte Programm wird ganz sicher dazu führen, dass auch Du irgendwann mal im Jovel landest. www.jovel.de

Im **Skaters-Palace** (Dahlweg 126) kannst Du nicht nur skaten, sondern auch coole Konzerte besuchen. Hier treten Rapper wie Samy Deluxe auf, es gibt aber auch Rock, beispielsweise von Revolverheld und auch mal Reggae von Peetah Morgan. Wenn Du zu spät kommst, wirst Du allerdings feststellen, dass die Halle nicht primär für Musikveranstaltungen gemacht wurde. Die Sicht auf die Bühne ist an einigen Stellen ziemlich mies. Das ist besonders dann ärgerlich, wenn Deine Lieblingsband spielt.
www.skaters-palace.de

Du willst selbst Musik machen und suchst eine Band? Dann schau mal online beim **Münsterbandnetz** vorbei oder stöber ein bisschen im Kleinanzeigenbereich von **„na dann …"** (das Magazin liegt in Münster fast überall aus). Da findest Du sicher bald Gleichgesinnte.
www.muensterbandnetz.de

Das **Gleis 22** (Hafenstr. 34) ist eine andere große Institution für Konzerte und Parties. Das Programm hat seinen Schwerpunkt im Indie-, Punk- und Pop-Bereich. Auch Singer-Songwriter sind immer wieder zu Gast. Bei Bands, Agenturen und Gästen zählt das Gleis mittlerweile zu einer der besten Adressen Deutschlands für Live-Musik. Das liegt sicher nicht unwesentlich daran, dass das Booking immer wieder feinstes musikalisches Gespür beweist. Sie schaffen es, oftmals genau die Bands nach Münster zu holen, die kurz danach als das nächste große Ding in der Musikpresse gefeiert werden. Adam Green, Turbo Negro, Maximo Park oder Interpol sind da nur ein paar Beispiele, die Du im Gleis 22 im kleineren Rahmen sehen konntest, bevor der große Durchbruch kam.
www.gleis22.de

Jazz

Feste Anlaufstellen für Jazzmusik live und in Farbe finden sich in Münster so häufig wie Leute ohne Leeze. Trotzdem müssen die Jazzbegeisterten nicht leer ausgehen. Die eine oder andere sichere Bank gibt es auch in der Münsteraner Jazz-Szene.

Da wäre einmal der **Hot Jazz Club** (Hafenweg 26b), direkt am Hafen. Hier wird aber nicht nur reiner Jazz geboten, sondern auch Blues, Latin, Soul usw. Einfach alles, was live in dem Keller des alten Speichergebäudes mit viel zu tiefer Decke – offensichtlich obligatorisch für Jazzclubs – präsentiert werden kann. Empfehlenswert sind auch die Sonntags-Nachmittags-Konzerte des After Church Clubs bei Kaffee & Kuchen.
www.hotjazzclub.de

Der **Jazzclub Münster** hat es sich zur Aufgabe gemacht, die lokale Jazzszene zu fördern. Er organisiert Konzerte und gelegentlich Workshops für Jazzmusiker. Dabei arbeitet der Verein am engsten mit dem soziokulturellen Zentrum **Cuba** (Achtermannstr. 10-12) zusammen. Dort findet im Musikraum **Black Box** des Cuba der größte Teil der Aktivitäten des Jazzclubs statt.
www.jazzclub-muenster.de www.blackbox-muenster.de

Genau hier gibt es auch regelmäßig eine ganz besondere Veranstaltung: den **Singer-Songwriter-Slam**! Das läuft so: Zehn Musiker stehen allein mit ihrem Instrument und ihrer Stimme bewaffnet auf der Bühne und versuchen, das Publikum für sich zu gewinnen. Dazu musst Du kein Profi sein, jeder, der eine Geschichte zu erzählen hat und sich auf die Bühne traut, um seinen Song vorzustellen, darf mitmachen. Das macht auf beiden Seiten der Bühne viel Spaß und ist ein Garant für einen lustigen Abend – auch wenn am Ende natürlich nur einer gewinnen kann. www.tatwortimnetz.de/singer

Stell Dir folgendes Szenario vor: Du beißt in einen knusprigen Croque Monsieur, der Duft eines herrlichen Käsetellers „La Boum" steigt Dir in die Nase und in unmittelbarer Nachbarschaft, nur ein paar Krümel weiter, wartet eine exquisite Mousse au Chocolat auf Dich. Und untermalt wird das Ganze von live Jazzmusik! Wäre das was? Geht! Im französischen Restaurant **Le Midi** (Bohlweg 37) finden immer mal wieder Jazzkonzerte statt. www.lemidi-muenster.de

Du findest, diese geniale Musikrichtung hat ein eigenes Festival verdient? Das findet Münster auch, s. „Festivals" S. 237

Lesen und Lesen lassen: Literatur

Mit Wörtern lässt sich unermesslich viel machen, Literatur zum Beispiel. Und weil Literatur nicht immer alleine auf der Couch oder vor dem Kamin sitzen heißt, findest Du hier Events, bei denen es rund ums Wort gesellig wird. Auch da hat Deine neue Heimat einiges zu bieten:

Einen guten Überblick gibt Dir die Plattform **Münster literarisch!**, die Dich mit vielen Infos zur literarischen Szene in Deiner neuen Stadt versorgt. Hier gibt es drei große Bereiche.

Da ist einmal die **LiteraturLine**; hier stellt sich alle zwei Wochen ein Autor oder eine Autorin mit einem selbst gelesenen Text vor. Die „LiteraturLine" setzt das Angebot des Münsteraner **LiteraturTelefons** in neuem, zeitgemäßem Gewand – eben online – fort. Im Bereich **LiteraturSzene** findest Du viele wissenswerte Fakten über Schriftsteller, ihre Werke, Literaturveranstalter, Literaturförderer, Vereine und Gesellschaften in Münster und in der Region.

Zu guter Letzt gibt es noch den äußerst praktischen **LiteraturKalender.** Du willst wissen, ob Dein Lieblings-Autor bald mal wieder eine Lesung in Münster gibt? Oder einfach, was Dir Münster heute überhaupt so an der Wortfront zu bieten hat? Dank der übersichtlichen Suchmaske findest Du das schnell heraus und auch einen besonderen Veranstaltungstipp gibt's jede Woche neu!
http://literaturline.stadt-muenster.de

Die **Annette von Droste-Gesellschaft** (Am Rüschhaus 81) organisiert einige literarische Veranstaltungen. Der Schwerpunkt liegt natürlich auf dem Schaffen der berühmten Münsteraner Dichterin. Aber auch andere Autoren bzw. vor allem Autorinnen finden immer wieder Platz im Veranstaltungskalender.
www.droste-gesellschaft.de

Der **Literaturverein Münster** organisiert klassische Lesungen, die im Stadttheater, in der Stadtbücherei oder in diversen Buchläden stattfinden. Einfach mal auf der Website stöbern. www.literaturverein-muenster.de

Einer der Buchläden, in dem Du nicht nur Bücher kaufen kannst, sondern in dem auch immer wieder Lesungen organisiert werden, ist der **Rosta Buchladen** (Aegidiistr. 12) – oft auch in Zusammenarbeit mit dem Literaturverein Münster. www.rosta-online.de

Die Veranstaltungsreihe **TatWort** hat sich in Münster einen Namen gemacht. Hier sind alle richtig, die gesprochene Worte schätzen! Es gibt verschiedene Programme, wie den herausragenden **Poetry Slam** oder den **Poetry Club**. Dabei ist mit Poetry Club der Auftritt eines Wortkünstlers allein oder in Begleitung eines Kollegen gemeint, der, gerne auch mit Musik untermalt, seine Gedanken und Texte vorträgt.

Hauptsächlich finden die Veranstaltungen der TatWort-Reihe im **Cuba Nova** (Achtermannstraße 10) statt. Der genaue Veranstaltungsort wird aber auch immer auf der Website angekündigt. Dort hast Du außerdem die Möglichkeit, Dir Deine Karte im Vorverkauf zu sichern. www.tatwortimnetz.de www.cubanova.de

Ein Gedicht kann ja so ziemlich jeder von sich geben, aber um zum **Lyrikertreffen Münster** eingeladen zu werden, musst Du schon internationales Niveau haben. Mitreden ist allerdings erlaubt, denn die Lesungen, Gespräche und Vorträge dienen auch dem Austausch mit dem Publikum. Bei dem Treffen wird der „Preis der Stadt Münster für europäische Poesie" verliehen.

Mit dem Begleitprogramm **Poetry** soll die Lyrik einen zeitgenössischen Anschluss erhalten. Hier treffen verschiedene Genres aufeinander. Lyriklesungen begegnen Poetry Slam, Installationen und

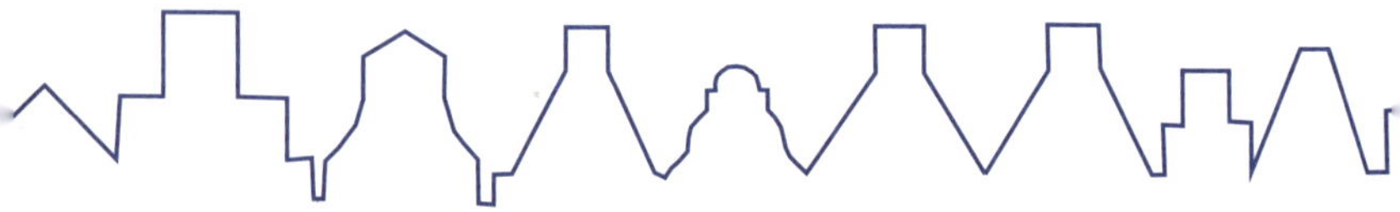

Videoclips. Ziel der ganzen Sache ist, der Lyrik andere Ausdrucksformen zu geben, die auch in der darstellenden Kunst beheimatet sein können. Wenn Du Dich in der Welt der Verse wohlfühlst, kannst Du also gar nicht richtiger sein, denn mehr Lyrik geht fast nicht! 2015 wäre es dann wieder soweit. Veranstaltungsorte sind das Theater, der Erbdrostenhof und die Stadthausgalerie.
www.lyrikertreffen.muenster.de

Kultur satt: Festivals

Wer sich Kunst und Kultur statt in kleinen Dosen lieber geballt zu Gemüte führt, hat Glück, denn an meist mehrtägigen Festivals mangelt es in Münster nicht. Hier sind einige feste Termine, die Du Dir im Kalender anstreichen solltest. Also was gibt's nun alles?

Eine lange Tradition hat mittlerweile das vom Kulturamt der Stadt Münster organisierte **Internationale Jazzfestival**. Es ist gleichzeitig die größte wiederkehrende Musikveranstaltung der Stadt. Jeweils in ungeraden Jahren findet es alle zwei Jahre am ersten Januar-Wochenende statt. Damit beginnt das neue Jahr gleich etwas bes(ch)wingter. Das Münsteraner Jazzfestival legt nicht viel Wert auf Mainstream; hier wird Newcomern ein Forum geboten – und das zu Recht, da sind sich die meisten Zuschauer einig.

Die Veranstalter kümmern sich vor allem um europäischen, zeitgenössischen Jazz, wobei internationale Einflüsse selbstverständlich auch zur Geltung kommen. Mehr als 4000 Jazzfans und -interessierte besuchen die Veranstaltungen im Rahmen des Jazzfestivals. Da sind die Tickets regelmäßig schon vor dem ersten Konzert ausverkauft – na dann mal los! www.jazzfestival-muenster.de

Damit Du in geraden Jahren zum Jahresanfang nicht ratlos dastehst oder verzweifelst, gibt es **Jazz Inbetween** am selben Ort. Wie der Name schon sagt, eine Art Lückenfüller – aber ein ziemlich gelungener, der Dir die Wartezeit auf das nächste Jazzfestival versüßt! Im Gegensatz zum dreitägigen Hauptfest fällt der Rahmen hier etwas kleiner aus und es wird immer nur einen Tag lang Musik gemacht. www.jazzfestival-muenster.de

Die Gesellschaft für Neue Musik Münster e.V. (Achtermannstr. 12) veranstaltet das **KlangZeitFestival**, welches Dir im Zwei-Jahres-Rhythmus sehr außergewöhnliche Klangerlebnisse in die Gehörgänge spült. Unter einem immer neuen Motto (z.B. „Krieg und Frieden", „Südamerika" oder „Stadtklänge") präsentieren internationale Musiker Zeitgenössisches und Musik traditionellen Ursprungs. Dafür werden die verschiedensten Spielstätten genutzt, wie z.B. das Theater, der Erbdrostenhof oder die Petrikirche.
www.klangzeit-muenster.de

Auf der schwimmenden Bühne an den Aaseeterrassen finden nun schon seit einigen Jahren jedes Jahr im Sommer die **AaSeerenaden** statt. Drei Tage lang bietet das einzige Open-Air-Crossover-Festival Deutschlands Musik für alle und jeden – gratis und mit abschließendem Feuerwerk als Höhepunkt. Hier wechseln sich Rock- und Popmusiker mit Sinfonieorchestern ab. Also Picknick und Decke einpacken und ab zum Aasee. Naja, ein Regenschirm im Gepäck kann auch nicht schaden, das hat sich zumindest in den letzten Jahren herausgestellt. www.muenster.de --> Suchbegriff: „Aaseerenaden"

Ebenfalls erst seit einigen Jahren findet im Rahmen der Kampagne „Münster bekennt Farbe" die **Grünflächen-Unterhaltung** statt. Als Konzertsaal dient die Promenade. Hier ist vom Posaunenchor bis zur Bluesband so ziemlich alles vertreten und jeder, also auch Du und Deine Freunde, darf mitmusizieren. mehr zur Grünflächen-Unterhaltu erfährst Du in „feste Feste", S. 25

Das **Münsterland Festival** versammelt vor allem Musiker verschiedener Sparten und bildende Künstler. Das Festival findet im Zwei-Jahres-Rhythmus immer in den ungeraden Jahren statt und wech-

selt sich mit dem Summerwinds-Festival ab. Übrigens finden die Veranstaltungen nicht nur in Münster selbst statt, sondern auch im übrigen Münsterland, ein paar sogar auf niederländischem Boden. Eine gute Gelegenheit, in Deiner neuen Heimat mal ein bisschen rumzukommen.
www.muensterland-festival.de

Das **Summerwinds Festival** findet, der Name lässt es erahnen, immer im Sommer statt – und immer in den geraden Jahren. Hier kannst Du Dich mit verschiedensten Konzerten von Klassik über Jazz und Weltmusik, in die Welt der Holzbläser einhören. Auch hier sind die Spielorte im ganzen Münsterland verteilt und können auch mal Rathäuser, Kirchen oder stillgelegte Zechen sein.
www.summerwinds-festival.de

Immer gut besucht ist das alle zwei Jahre stattfindende **Filmfestival Münster**, das mittlerweile sogar überregional einen Ruf hat. Die **Filmwerkstatt Münster** organisiert das Festival seit 1981. Der Schwerpunkt liegt hier nicht auf millionenschweren Hollywood-Produktionen, sondern das Programm bietet Dir fünf Tage lang einen Einblick in junge und unabhängige Filmprojekte, die Du sonst nicht auf der Leinwand zu sehen bekommst. Es gibt nicht nur lange Spielfilme zu sehen, sondern auch viele Kurzfilme.

Richtig spannend wird es, wenn die Preisverleihungen anstehen. Da fühlt man sich dann doch glatt ein bisschen wie in Hollywood. Veranstaltungsorte sind das Festivalbüro der Filmwerkstatt, das Cineplex oder die Kunsthalle. www.muenster.org --> gedruckt & gesendet
www.filmfestival-muenster.de --> Filmwerkstatt

Neu und sehr erfolgreich ist das vom Förderverein Hochschulkultur und dem Kulturamt der Stadt Münster organisierte, studentische Kulturfestival **Neue Wände**, das größte Hochschul-Kulturfestival in NRW und vielleicht sogar bundesweit. Hier wird rund um die Uhr und simultan an verschiedenen Veranstaltungsorten alles, was Studenten so an Kunst und Kultur auf die Beine bringen, präsentiert. Dafür mieten die Veranstalter alle Bühnen im Theater.

620 Teilnehmer aller Genres und Sparten waren 2013 dabei, 6.000 Menschen haben es gesehen und es soll im Drei-Jahres-Rhythmus weitergehen. Da kommen beispielsweise Tangotänzer, Rezitatoren und Schreiberlinge - alle aus dem Dunstkreis der Uni - gleichzeitig auf die Bühne und präsentieren gemeinsam und voneinander inspiriert ihr Können. Vielleicht bist Du bei der nächsten Neuauflage ja selbst dabei. www.neue-waende.de

Mit dem **Reset-Festival** will sich Münsters junge Kulturszene vernetzen und präsentieren. Von Konzerten über Poesie bis zur Kleinkunst steht hier alles auf dem Programm. Im Rahmen des Festivals finden durchgängige Kunstausstellungen und jede Menge Konzerte, Filmvorführungen und Parties statt. Ab dem Reset 2014 ist ein Zwei-Jahres-Rhythmus geplant. Es bleibt zu wünschen, dass dieses junge Festival zu einem festen Bestandteil der Kulturlandschaft in Münster wird. www.reset-festival.de

Das **Münsteraner Tanzfestival** gibt es hingegen schon ein paar Jährchen. Spannend ist, dass hier nur Uraufführungen präsentiert werden dürfen. Künstler und Gruppen aus der Region zeigen, was sie so alles in Sachen Ballett, Flamenco, Step, HipHop-Dance oder sonstigen Tanzstilen drauf haben. Veranstaltet wird das Ganze im Großen Haus und im Kleinen Haus des Theaters. Ein Besuch lohnt sich, denn hier lernst Du mit einem Mal die komplette Bandbreite der Münsteraner Tanzszene kennen. www.tanzspektrum.de

Karneval

für weitere Events schau mal unter „feste Feste", S. 242!

Außerhalb Westfalens ist kaum bekannt, dass Münster in der Tat eine Hochburg des Karnevals ist. Klar, die eher brummelige Mentalität des Westfalen will nicht so wirklich zu Frohsinn und ausgelassener Heiterkeit passen. Aber die lange Liste der närrischen Vereinigungen spricht eine andere Sprache: Ja, auch die Münsteraner können Karneval! Höhepunkt ist der **Rosenmontagszug** mit über 100 Wagen. Danach wird dann in den Kneipen der Stadt zum Teil bis zum frühen Morgen weiter gefeiert. Aber das kannst Du Dir am besten selbst anschauen. Pappnase auf und los geht's.
www.muenster.de --> Karneval

Veranstaltungskalender

Um auf dem Laufenden darüber zu bleiben, was gerade in welcher Ecke Deiner Stadt passiert, kannst Du Dich hier informieren.

Der Klassiker ist das postkartengroße Heftchen **na dann ...** , das seit über 30 Jahren jeden Mittwoch auch wegen des Kleinanzeigenteils immer neugierig erwartet wird. www.nadann.de

Die Stadtillustrierte **Ultimo** bietet alle 14 Tage einen Veranstaltungsservice, der – meist etwas aktueller – bei **Ultimo auf Draht** online abrufbar ist. www.ultimo-muenster.de

Über den Newsletter oder die Homepage des **Kulturamtes Münster**, kannst Du Dich ebenfalls regelmäßig mit Infos versorgen lassen. www.muenster.de/stadt/kulturamt

Viele Infos über die größeren Events in der Stadt gibt's auch hier:
Münster Marketing www.muenster.de/stadt/tourismus
Münster.de www.muenster.de --> Kultur
münstermine www.termine.muenster.org

Musik

Musik

Bierbank

Musik

Straßenfest Feiern

Straßenfes

endlich

Feie

Musik

feste Feste
Feste
feste Feste
feste Feste
Musik
Bierbank
Bierbank
Musik
Bierbank
Musik
Feiern
Feiern
Feiern
Bierbank
Straßenfest
Bierbank
Musik
Straßenfest
Feiern

Seit 2004 darf sich Münster mit der Medaille „die lebenswerteste Stadt der Welt" schmücken. Damit ist die hohe Lebensqualität der Stadt offiziell bestätigt. Legitimiert wird diese Auszeichnung sicher auch dadurch, dass in Münster viel und ausgiebig gefeiert wird. Die wichtigsten Feste, die Du auf keinen Fall verpassen solltest, haben wir hier für Dich zusammengestellt.

Volksfeste

Zum Saisonauftakt findet im März der **Frühjahrssend** auf dem Schlossplatz statt. Ein Volksfest mit allem, was das Herz eines Jahrmarktfreundes begehrt: der Duft von gebrannten Mandeln, Reibekuchen und Bratwürsten, Gehupe, Wummern und Blinken der vielen Fahrgeschäfte vom Power-Tower bis zur Achterbahn. Auf dem traditionellen Topfmarkt gibt es Scheren, Bürsten und Töpfe wie zu Omas Zeiten. Ein Feuerwerk wird natürlich auch gezündet. Und damit auch wirklich kein Münsteraner überhört, dass Send-Zeit ist, wird freitagabends geballert.

Falls man den Frühjahrssend verpasst haben sollte: Das ist kein Grund zur Trauer, denn es gibt auch noch den **Sommersend** im Juni und den **Herbstsend** im Oktober. Und das schon seit dem 9. Jahrhundert. Zunächst war der Send, abgeleitet von „Synode", nur eine Versammlung Geistlicher. Ab dem 11. Jahrhundert kamen Marktstände dazu, denn auch der sinnliche Genuss durfte nicht zu kurz kommen. Seit wann die Vertreter des Bistums Geisterbahn und Riesenrad fahren, ist nicht bekannt. Aber dass das Sendschwert am

Rathaus seit 1578 den Send anzeigt, das ist eine historische Tatsache. www.send.muenster.de

Straßen- und Stadtteilfeste

Das **Hafenfest** ist das nächste große Fest, das man nicht verpassen sollte: Hier wird Ende Mai ein ganzes Wochenende lang am Kreativkai gefeiert. Auf vier Bühnen wird Tag und Nacht Musik gemacht und getanzt. Zur Erholung kann man sich in den Sand des Cocunut Beach legen und einen Cocktail schlürfen, um dann zu einer beschaulichen Bootsfahrt auf dem Kanal aufzubrechen. Und wer seinen Kreislauf mal so richtig in Schwung bringen möchte, hüpft aufs Trampolin. Der Besuch der zahlreichen Fressstände wird allerdings erst danach empfohlen. www.ms-hafenfest.de

Im Juni geht's dann weiter mit dem **Kreuzviertelfest**. Ein kleines, aber feines Straßenfest rund um die Kreuzkirche. Seit 25 Jahren wird hier einmal im Jahr auf der Straße multikulti gegessen, gesungen und Musik gemacht. Da greift auch mal die Lokalgröße Steffi

Stephan, der Bassist von Udo Lindenberg, in die Saiten. Vom Kommerz der üblichen Straßenfeste keine Spur, nur ein kleines Kinderkarussell hat seinen Platz gefunden. Und wem bei der romantischen Kulisse das Herz aufgeht, der kann sich beim „Rudelsingen" erleichtern. www.x4tel.de

Anfang August startet in Münster das größte Straßenfest Nordrhein-Westfalens: das **Hammer Straßenfest**. Über 2 km erstrecken sich hier Buden mit Klamotten, Modeschmuck, Süßigkeiten und Spielzeug. Auf die Kinder warten Karussells, auf die erwachsenen Kinder das Rodeo-Pferd. Auf der Straße tanzen Menschen jeder Couleur, von morgens bis mitternachts, ein ganzes Wochenende lang. www.hammer-strasse-muenster.de

Sitzen, Essen und Trinken

Wer lieber gemütlich feiert, kann den lieben langen Sommer hindurch eine Freilichtbewirtung nach der anderen besuchen.

Los geht's im Mai beim **Hansemahl** auf dem Prinzipalmarkt, Münsters „guter Stube". Hier, wo sonst Busse hupen und Radfahrer klingeln und fluchen, steht eine lange Tafel mit weißen Tischdecken. Den ganzen Sonntag lang werden die Gäste mit westfälischen Schnittchen und diversen alkoholischen Kaltgetränken bewirtet. Herrschaftliches Tafeln vor historischer Kulisse unter bunten Fähnchen und hoffentlich blauem Himmel!

www.tourismus.muenster.de --> Veranstaltungen

Erheblich vornehmer geht's im Juli bei **Münster verwöhnt** zu. Zwanzig Münsteraner Edel-Gastronomen kredenzen vor dem Schloss Appetithäppchen aus ihren Küchen: Austern, Hummer, aber auch westfälisches Töttchen. Kein Gericht darf mehr als 8,50 Euro kosten. Dementsprechend bescheiden fallen zum Teil die Portionen aus. Also keine Möglichkeit zum preisgünstigen Sattessen à la haute cuisine. Zum romantischen Kennenlernen der Gourmetküche, ganz ohne Kreditkarte und steife Bedienung, reicht's aber allemal.

www.muenster-verwoehnt.de

Beim **Bürgerbrunch** wird die Promenade vorm Schloss zum Frühstückssaal umfunktioniert. Für 40 Euro können Du und Deine Freunde einen Tisch für sechs oder acht Personen mieten und – gemeinsam mit hunderten Münsteranern – den je selbstgepackten Picknickkorb leer futtern. Die Einnahmen werden für einen guten Zweck gespendet. Mehr Infos bekommst Du unter:
www.buergerbrunch-muenster.de

Essen und Trinken mit Aussicht bietet das **Promikellnern** an den Aaseeterrassen. Keine kulinarischen Highlights, aber ziemlich gute Stimmung. Denn wer hat nicht seinen Spaß, wenn Daniel Bahr, ehemals Gesundheitsminister, beim Bierservieren ins Schwitzen gerät oder Leonard Lansink,

bekannt aus der ZDF-Krimireihe Wilsberg, sich beim Abkassieren artig fürs Trinkgeld bedankt. Auch die B-Prominenz – vom Preußen-Münster-Spieler bis zum Intendanten des Theaters – macht gerne beim Promikellnern mit. Die Einnahmen der Veranstaltung gehen an die Krebsberatungsstelle Münster. Autogramme gibt's selbstverständlich gratis. Und zum krönenden Abschluss wird abends ein Open-Air-Kino geboten – natürlich eine Wilsberg-Premiere.

Feste mit Tanz

Wer beim Feiern nicht nur sitzen möchte, kann sich beim **Tanz in den Mai** vergnügen. Die größte und attraktivste Open-Air-Fete zur Walpurgisnacht findet beim Schlossgartencafé statt. Bei lauen Frühlingstemperaturen im Schlossgarten tanzen und vom Traumprinzen träumen – was will man mehr! Live-Bands und DJs sorgen für die richtige Stimmung. Und wenn die Eltern unbedingt mitwollen: die können bei der Ü40 Disco im Café abgegeben werden.
www.schlossgarten.com

Im Juni wird dann vor dem Schloss getanzt: Beim **Internationalen Sommerfest** gibt's Multi-Kulti-Essen, Musik und Tanz. Ein politisch

korrektes Fest, bei dem man sich über andere Länder und Sitten informieren kann. Diese Veranstaltung verleiht der Provinzstadt Münster – zumindest an diesem Abend – internationales Flair.
www.asv.ms --> News & Termine

Traditionell westfälisch geht's Anfang Oktober beim **Bullenball** in der Halle Münsterland zu. Der Ball der Landjugend, einst als Heiratsmarkt für Jungbauern gedacht, ist heute einfach nur ein Fest, bei dem bis zu 5000 Gäste auf 3 Tanzflächen beweisen, dass auch die sturen Westfalen richtig gut abfeiern und kräftig trinken können. Abendgarderobe ist nicht angesagt; vom Dirndl bis zum Partylook ist hier alles erlaubt. Ein preisgünstiges Ballvergnügen ohne Stallgeruch. www.bullenball.de

Sportliche Feste

Auch Sportfreunde kommen im Sommer auf ihre Kosten. Die drei entscheidenden Großveranstaltungen rund um den Sport stehen unter der Schirmherrschaft der Großbanken.

Im Juli geht's los mit dem **Sparda-Münster-City-Triathlon**. Start- und Zielpunkt ist der Hafenplatz am Kreativkai. Geschwommen wird im, gelaufen und geradelt am Kanal. Über 1000 Athleten stellen sich jährlich der Herausforderung des Triathlons. Und weil der so begehrt ist, sollte man sich möglichst früh anmelden. Sonst war das ganze Training umsonst.
www.sparda-muenster-city-triathlon.de

Im September lässt die Volksbank beim **Münster Marathon** 5000 Sportler auf die Piste. Und wer bis zum Schluss durchgehalten hat, der kann den Einlauf über den Prinzipalmarkt zum Rathaus des Westfälischen Friedens genießen. www.volksbank-muenster-marathon.de

Am 3. Oktober lädt schließlich die Sparkasse zum **Münsterland Giro**. Hier schwingen sich bis zu 5000 Amateure und Profis aufs Rad. Für Hobby-Radler gibt es Jedermann-Rennen über 60, 90 oder 100 Kilometer. Dabei sein – beim immerhin drittgrößten Radrennen Deutschlands – ist alles! www.sparkassen-muensterland-giro.de

Die **Montgolfiade**, die älteste Deutschlands, ist eine nicht ganz so bewegungsintensive Sportveranstaltung. Hier heißt es Ende August/Anfang September, einfach zu Hause auf seinem Balkon sitzenbleiben und die vorübergleitenden Heißluftballons am Himmel bestaunen. Oder man begibt sich abends zu den Aaseewiesen, um dem traditionellen Ballonglühen zuzuschauen. Mit einer Flasche Prosecco dabei ist das ein äußerst romantisches Event, weshalb hier schon der ein oder andere die Frage aller Fragen an seine/n Liebste/n richtete. www.muenster-montgolfiade.de

Das **Polopicknick** am Poloplatz (Hugerlandshofweg) findet schon seit dem Jahr 2004 statt und ist eine der extravagantesten Kulturveranstaltungen, die der Münsteraner Sommer zu bieten hat. Während Du Dein selbst mitgebrachtes Picknick genießt, erlebst Du, im Rahmen dieser Benefiz-Veranstaltung, Polosport auf internationalem Top-Niveau. Einmal im Jahr, im Juli oder August, findet das Turnier statt. Die Erlöse werden für einen karitativen Zweck gespendet.

www.polopicknick.de

Und damit Münster so lebenswert bleibt, gibt es eine weitere, einmalig schöne Veranstaltung, ein Fest für Blumen: die **Grünflächen-Unterhaltung**. An zwei Samstagnachmittagen, meist Ende Mai/Anfang Juni, wird die gesamte Promenade zur Konzertbühne. Der Aktionskünstler Thomas Nufer lädt Hobby- und Profimusiker Münsters, vom Sologeiger bis zur Sambatrommelgruppe ein, die Grünflächen zu unterhalten, damit sie weiter grünen und blühen. Menschen dürfen auch zuhören und daran wachsen und erblühen.

www.muenster.de/stadt/farbe

--> Aktionen in Münster
--> Grünflächen-Unterhaltung

heißes Pflaster
Sturköpfe
Dauerregen
Schwan Petra
Kirchtürme
endlich!
Sturköpfe
Cavete Münster!
Schwan Petra
heißes Pflaster
Dauerregen
Bomberg

Mythen
Mythen
Mythen
Cavete Münster!
Sturköpfe
Kirchtürme
Schwan Petra
Dauerregen
Cavete Münster!
Schwan Petra
Sturköpfe
Kirchtürme
Bomberg

So richtig zu Hause bist Du in der neuen Stadt erst dann, wenn Du auch die Mythen und Legenden kennst, die sich um Deine Wahlheimat ranken. Dann kannst Du nämlich mit einem wohlwollenden Schmunzeln auf den Lippen den Ahnungslosen sagen: „Ach, die Geschichte? Nee, die stimmt eigentlich gar nicht. Das denken viele Neuankömmlinge! Tatsächlich war das so ..."

Es macht einfach Spaß, die unbekannten Seiten Münsters kennenzulernen, jene kleinen Geschichtchen fernab des Alltäglichen, die manches Mal vielleicht einen Kern Wahrheit in sich tragen und die im besten Fall dazu geeignet sind, Stadt und Bewohner ein bisschen besser zu verstehen. Wie war das also genau mit dem schwarzen Münster, dem schlechten Wetter und dem sympathischen Federvieh im Liebestaumel?

Regenguss und Glockenlärm

„Entweder es regnet oder es läuten die Glocken. Und wenn beides zusammenfällt, dann ist Sonntag." Dieses Vorurteil gegenüber der Stadt hält der Überprüfung natürlich nicht grundsätzlich stand. Laut Statistik fällt die Niederschlagsmenge in Münster nämlich geringer aus als in München oder Freiburg und entspricht dem deutschen Durchschnitt.

Leider sagt die Statistik aber auch, dass die Zahl der Regentage in Münster leicht über dem deutschen Durchschnitt liegt. Hier regnet es eben nicht in Strömen, sondern es nieselt immer mal wieder –

manchmal sogar den ganzen Tag. Richtig nass wird man bei so einer Wetterlage aber selbst auf dem Fahrrad nicht.

Dass die Glocken hier häufig läuten, lässt sich nicht bestreiten. Münster hat auffällig viele Kirchen, sogar einen Dom, denn schließlich wohnt seit dem 9. Jahrhundert ein Bischof in der Stadt. Und ja, über die Hälfte der Einwohner ist katholisch. Allerdings gibt es direkt an der Promenade auch eine Synagoge und am Bahnhof eine Moschee - beide Gotteshäuser konnten ohne nennenswerten Protest gebaut werden. Seit einigen Jahren kann man an der Uni Münster auch islamische Theologie studieren. Viele Zeichen für religiöse Toleranz! Und das widerspricht gleichzeitig einem weiteren Vorurteil - dem des angeblich sturen Münsteraners.

Münsteraner Sturköpfe

Die gebürtige Westfälin Annette von Droste-Hülshoff bescheinigte ihren Landsleuten einen „Charakter von bald beschaulicher, bald in sich selbst arbeitender Abgeschlossenheit." Auch die Legende von der Erschaffung des Münsteraners sieht ganz nach fehlender Weltoffenheit aus: Gott soll bei der Erschaffung der Welt in Westfalen gegen eine Eichenwurzel gestoßen sein. Diese Wurzel ließ er zum Menschen werden. Der jedoch nahm sein neu geschaffenes Leben nicht mit Freude entgegen, sondern fragte knurrig: „Wer stößt mich da?" Zugegeben, der Münsteraner an sich sprüht nicht gerade vor Lebensfreude. Doch da es hier durch die riesige Universität ziemlich viele Zugereiste gibt, fällt das gar nicht so auf. Und außerdem sagte schon Dieter Hildebrandt über Münster: „Es wird unheimlich viel geliebt und gesoffen in dieser Stadt."

Meidet Münster!

Heutzutage nur schwer vorstellbar, vor einigen Jahren aber grausame Realität: Kneipentechnisch betrachtet gab es wohl recht trockene Zeiten in Münster. So beklagt der Münsteraner Jura-Student Wilfried Weustenfeld im Frühsommer 1958 in der Studentenzeitschrift „Semesterspiegel", dass die Stadt verdammt langweilig sei und sie keinerlei Kneipen oder Jazzclubs für Studenten biete: „Arm der Student, der nichts als Münster kennt. Das auffallendste Kennzeichen dieser Stadt ist, dass rein gar nichts los ist! Ein Nirwana auf Erden. Ade, Lebensfreude, Heiterkeit und Humor. Du bist verbannt aus diesen Mauern." Abschließend warnt er beeindruckend lateinisch: „Cavete Münster!" (Meidet Münster!).

Diese Warnung weckte bundesweit Interesse und Häme. Viele Münsteraner regten sich unglaublich über diesen frechen Studenten auf und bedauerten die Tatsache, dass auch er das Recht auf freie Meinungsäußerung besaß. Auch das Medienecho war immens: Die „Süddeutsche Zeitung", „Die Welt" und die „Frankfurter Rundschau" meldeten sich zu Wort. Dies wiederum zwang die Münsteraner zur schnellen Reaktion: Im Kuhviertel entstand die erste Studentenkneipe. Zur Erinnerung an die Initialzündung erhielt sie den Namen „Cavete".

Das Cavete und viele andere Clubs und Kneipen in Münster findest Du im Kapitel „Feiern", ab S. 174

Ein verrückter Hund – der tolle Bomberg

Der tolle Bomberg, eigentlich Freiherr Gisbert von Bomberg (1839-1897), sorgte laut Sagen und Erzählungen schon im 19. Jahrhundert für Heiterkeit im Münsterland. Als Freiherr nahm er sich manche Freiheiten heraus. So wird behauptet, dass das Dorf Buldern – nahe Münster – nur deswegen über einen Bahnhof verfügt, weil der Bomberg dafür gekämpft hat. Er wollte nicht einsehen, dass der Zug an Buldern vorbeifuhr und erst in Münster hielt. Also zog er regelmäßig die Notbremse, um direkt zu seinem Schloss laufen zu können. Die Geldstrafe dafür zahlte er gerne. Allerdings erregten die Notbremsungen so viel Aufmerksamkeit, dass die Eisenbahndirektion schließlich klein beigab und in Buldern einen Bahnhof einrichtete.

Ähnlich frech reagierte der Freiherr auf die Äußerung eines Adelskollegen: „Der westfälische Adel steigt nicht ins Volk herab!". Bomberg ließ sich mit seiner Kutsche zu einem Münsteraner Friseurladen fahren. Dort bat er den Barbier, ihn auf dem Kutschbock zu rasieren. Das große Gelächter über das „public shaving" kommentierte Bomberg mit den Worten: „Der westfälische Adel steigt nicht ins Volk herab!". Also musste der Barbier zu ihm hinaufsteigen.

Petra und das weiße Tretboot

Eine kuriose, aber wahre Geschichte aus Münster ist die von Petra und dem weißen Tretboot. Eine ungewöhnliche Lovestory vom Aasee, die 2006 weltweit Schlagzeilen machte. Es war aber auch rührend mitanzusehen, wie der schwarze Trauerschwan Petra nicht von der Seite eines weißen Schwanen-Tretbootes wich. Der verliebte Vogel teilte seinen Plastikschwan ungern mit den Menschen, die über den Aasee fahren wollten. Den ganzen Sommer lang schnäbelte er ausgiebig mit seinem Tretboot. Doch der nahende Winter gefährdete die Liebesgeschichte. Was sollte mit Petra und ihrem weißen Schwan in der kalten Jahreszeit passieren?

Marketingbewusst bot der Allwetterzoo beiden Schwänen Asyl. So konnte die „amour fou" fortgesetzt werden. Im folgenden Winter aber kam es zur ersten Beziehungskrise. Das Tretboot war nicht in der Lage, die ungestüme Liebe auf Dauer zu erwidern und Petra suchte Trost bei einem Höckerschwan im Zoo. Der jedoch schien machtlos gegenüber ihrem Liebeskummer zu sein. Im Jahre 2009 verließ Petra Münster und ward von da an nicht mehr gesehen. Im Frühling 2013 kam schließlich eine gute Nachricht aus Osnabrück: Petra lebt! Und ist neu verliebt, diesmal in einen echten Schwan. Das weiße Tretboot liegt – immer noch alleine – am Aasee.

Der Türmer von Münster

Eine in Deutschland selten gewordene Halbtagsbeschäftigung bietet die Stadt Münster im Lambertikirchturm. Dorthin klettert jeden Abend der Türmer, um von 21.00 - 24.00 Uhr halbstündlich ins Horn zu blasen. Im Jahr 1481 begab sich ein solcher zum ersten Mal in die Höhe. Heute ist das Erklettern des Turms nur noch eine touristische Attraktion und dient als verlässliche Zeitauskunft für Nachteulen.

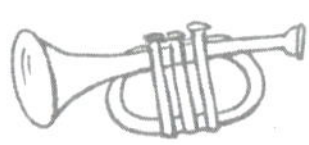

Als Wächter über die Stadt meldete der Türmer früher feindliche Angriffe und Brände. Dank moderner Telekommunikation ist das nicht mehr erforderlich. Interessenten für diesen Job müssen schwindelfrei und kommunikativ sein (für gelegentliche Öffentlichkeitsarbeit). Außerdem sollten sie mit der berufsbedingten Einsamkeit zurecht kommen.

Münster, ein gefährliches Pflaster

Eigentlich macht Münster einen sehr harmlosen und ruhigen Eindruck. Die Straßen sind sauber und gepflegt. Soziale Brennpunkte scheint es kaum zu geben und selbst in Bahnhofsnähe kann man sich nachts halbwegs sicher fühlen. Eine heile Welt!

Umso überraschender ist das Ergebnis der Kriminalitätsstatistik von 2009: Münster ist nach Bremen die gefährlichste Stadt Deutschlands! Trügt der Schein etwa? Nein, Gewalttaten sind äußerst selten in Münster, Einbrüche in den reicheren Wohngegenden schon etwas häufiger, aber was die Statistik so richtig vermasselt, sind die Fahrraddiebstähle. Die vermiesen der Münsteraner Polizei auch ihre Aufklärungsquote. Denn gestohlene Fahrräder werden so selten wiedergefunden, dass die Versicherungen schon beim Melden des Diebstahls den Scheck für den Ersatz ohne Murren zücken. Da Münster mehr Fahrräder als Einwohner hat, überrascht es nicht, dass viele Drahtesel gestohlen werden. Jedem Neubürger wird eine dicke Kette und eine gute Fahrradversicherung empfohlen - in dieser Stadt eine äußerst sinnvolle Investition.

Bullenball
Das Treffen in Telgte
Alles Wurst
Alle Jahre wieder
Wilsberg
Die Wiedertäufer
Alles Wurst
Bullenball
Wilsberg
Die Judenbuche
Unter Bauern
AllesWurst

Münster fiktiv

Kristus

Alle Jahre wieder

Unter Bauern

fiktiv Münster fiktiv fiktiv
Bullenball Die Die Judenbuche

Auch in Münster kann es mal vorkommen, dass sich zwischen Vorlesungen, Job und abendlichem Fernsehprogramm irgendwann der Alltagstrott einschleicht. Die beste Freundin hat gerade keine Zeit, die Bundesliga Pause und es gibt auch sonst nichts, das Dich bei Dauerregen noch vor die Tür locken könnte.

Mach's Dir doch einfach drinnen gemütlich und tauche ein ins „fiktive Münster". Spannend, dramatisch oder lustig – auch gern mal alles zusammen: Münster hat viele Gesichter und viele Geschichten zu erzählen.

Münster in der hohen Literatur

Mit vielen großen Literaten kann Münster nicht protzen. Goethe war zwar mal da, hat die Stadt aber nicht in bester Erinnerung behalten: Weil kein Zimmer mehr frei war, musste der Herr Geheimrat in der Wirtsstube übernachten. Das war ihm dann kein Gedicht und keinen Roman wert, sondern nur eine Randnotiz in einem Brief.

Annette von Droste-Hülshoff: Die Judenbuche
(Reclam u.a.)

Die bekannteste Münsteraner Literatin ist sicherlich Annette von Droste-Hülshoff (1797-1848). Vielleicht erinnert sich der ein oder andere noch an den giftgrünen 20-Mark-Schein. Dieser zeigte auf der Vorderseite ein Porträt der berühmten Autorin, deren Novelle „Die Judenbuche" schon auf vielen Schüler-Schreibtischen lag. Der große Erfolg der Novelle zeigte sich auch auf dem Geldschein, waren doch auf dessen Rückseite eine Schreibfeder und eine Buche abgebildet.

Für alle, die sich zu Schulzeiten um die Lektüre gedrückt haben, hier eine kleine Zusammenfassung: Friederich Mergel wächst in den

Baumbergen in der Nähe von Münster auf. Als der Jude Aaron ihn in der Öffentlichkeit bloßstellt, findet man diesen kurz darauf tot im Wald, unter einer Buche. Sofort gerät der junge Friedrich unter Mordverdacht. Er flieht und die jüdische Gemeinde versieht die Buche daraufhin mit folgenden hebräischen Schriftzeichen: „Wenn du dich diesem Orte nahest, so wird es dir ergehen, wie du mir getan hast." Die Buche wird seitdem von allen nur noch „Judenbuche" genannt und zum Mahnmal für Aarons Tod.

Nach fast 30 Jahren kehrt Friedrich in sein Heimatdorf zurück und erlebt, wie die Vergangenheit und der in den Baum geritzte Spruch ihn dort verfolgen. Eine Geschichte, die unter die Haut geht und die perfekte Lektüre für einen nebligen Nachmittag.

Günter Grass: Das Treffen in Telgte
(Steidl Verlag)

In dieser Erzählung schaffen es die Protagonisten immerhin bis kurz vor Münster, nach Telgte. Auf Einladung des Dichters Simon Dachs treffen sich im Jahr 1647, ein Jahr vor dem Ende des Dreißigjährigen Krieges, 23 deutsche Dichter, um einen Bittbrief zu verfassen. Ihr Ziel ist der Frieden. Uneinigkeiten über die Dichtung und das Essen sowie eine Leiche, ein Tonkrug und ein Brand bringen den Dichterkreis durcheinander und Dich dazu, das Buch nicht so schnell aus der Hand zu legen.

Günter Grass verschlüsselt in diesem fiktiven Dichter-Treffen in Telgte übrigens die real stattgefundenen Treffen der literarischen Gruppe 47 nach dem Zweiten Weltkrieg.

Münster historisch

Was Du als Neumünsteraner auf jeden Fall gelesen haben solltest, ist eines der zahlreichen Bücher über die Wiedertäufer. An denen führt kein Weg vorbei, schließlich erinnern die Käfige am **Lambertikirchturm** auch heute noch an die radikalen Reformatoren aus dem 16. Jahrhundert.

In der Reformationszeit gingen Luthers Ideen manchen nicht weit genug. So auch einer Gruppe junger Gläubiger, die sich die Wiedertäufer nannten. Sie riefen in Münster den Gottesstaat aus und regierten die Stadt anderthalb Jahre lang. Sie setzten sich für radikale Veränderungen ein. So waren sie gegen die Kindstaufe und wollten stattdessen die Erwachsenentaufe (daher der Name Wiedertäufer) einführen. Außerdem sollte Besitz abgeschafft und die Vielweiberei erlaubt werden.

Dieser radikale linke Flügel der Reformationsbewegung wurde in der Endphase, unter der Führung ihres selbsternannten Königs Jan von Leiden, so totalitär, dass Andersgläubigen kurzerhand der Kopf abgeschlagen wurde. Als Münster im Jahr 1535 von der katholischen Kirche zurückerobert wurde, mussten die drei Anführer der Wiedertäufer ihre Gräueltaten mit dem Tod büßen. Die Leichen der Täufer wurden als Mahnmal in eisernen Körben am Turm der Lambertikirche angebracht.

Pierre Barret und Jean-Noel Gurgand: Der König der letzten Tage (Heyne Verlag)

Ein Muss für alle Fans historischer Romane. Der Untertitel lautet: Die grauenvolle und exemplarische Geschichte der Wiedertäufer zu Münster 1534–1535. Die Wiedertäufer haben das mittelalterliche Münster erobert. Sie halten sich für die Auserwählten Gottes und richten in der westfälischen Hauptstadt ihr Täuferreich ein. Mit Jan Bockelson (Jan von Leiden) als selbsternanntem König warten sie auf die göttliche Erlösung. Doch stattdessen droht der Untergang. Vor den Stadtmauern rüsten sich Landknechte des Bischofs, um Münster zurückzuerobern und wieder unter die Herrschaft der katholischen Kirche zu bringen.

Für Lesemuffel gibt's auch die Romanverfilmung. 1993 kam **Der König der letzten Tage** in die Kinos, mit dem jungen Christoph Waltz als Jan van Leiden und Mario Adorf als dessen katholischem Gegenspieler, Bischof Waldeck.

Sachlich erzählen die beiden Autoren die blutige Geschichte vom Warten auf die göttliche Erlösung, das sich schnell zum ganz irdischen Albtraum entwickelt.

Robert Schneider:
Kristus – Das unerhörte Leben des Jan Beukels (Aufbau-Verlag)

Auch Robert Schneider widmet sich dem Stoff der Wiedertäufer. Er erzählt in Kristus die Geschichte des Jan Beukels (Jan von Leiden). Im zarten Alter von acht Jahren zieht er mit dem offen ausgesprochenen Berufswunsch, „Kristus" werden zu wollen, den Zorn seines Lehrers auf sich.

Als junger Mann schließt sich Beukels den Wiedertäufern an, die als radikale christliche Bewegung im Zuge der Reformation gewaltsam gegen die katholische Kirche rebellieren. Sie lassen Münster zum Gottesstaat ausrufen und Jan Beukels kommt seinem einstigen Berufswunsch ziemlich nahe, indem er sich zum König der Wiedertäufer krönen lässt. Nachdem die Kräfte der katholischen Kirche die Stadt zurückerobert haben, muss er jedoch büßen.

Friedrich Dürrenmatt: Die Wiedertäufer
(Diogenes)

Für Freunde des Dramas bietet diese tragische Komödie eine informative und zugleich unterhaltsame Einführung in das Reich der Wiedertäufer. Als Dürrenmatts Täufer nach Münster kommen, scheint noch alles in bester Ordnung: Sie predigen soziale Gerechtigkeit und keinem wird auch nur ein Haar gekrümmt. Doch die Eskalation wartet schon vor den Toren, in Gestalt der Truppen aus Bischöfen und Fürsten, die Münster belagern. Ein Blutbad der Extraklasse wird angerichtet und Münster bekommt einen neuen König, der die Ziele und Ideale der Täufer ad absurdum führt. Das Stück endet, wie sollte es bei Dürrenmatt auch anders sein, unerwartet.

© Diogenes Verlag

Münster kriminell

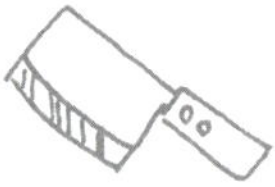

Mittlerweile hat ja so ziemlich jede bundesdeutsche Stadt einen Regionalkrimi. Gerade Münster scheint jedoch besonders vielen Autoren und Autorinnen ein spannendes Pflaster für düstere Verbrechen zu bieten.

Stefan Holtkötter: Bullenball
(Piper Verlag)

In diesem Krimi kreist alles um den jährlich stattfindenden Bullenball in der Münsterland-Halle. Hier wird wenige Tage vor dem großen Ereignis der Landjugend eine Leiche gefunden. Der in Münster aufgewachsene Autor Stefan Holtkötter lässt Hauptkommissar

Hambrock in diesem Fall ermitteln. Völlig unerwartet kommt auf einmal die Androhnung eines Amoklaufs in einer nahegelegenen Schule hinzu. Dies ist aber enger mit dem Fall verbunden, als zunächst geahnt. Während Du den Ermittlern Seite für Seite beim Zusammenpuzzeln des Falls zuschaust, tappst Du wahrscheinlich genauso oft im Dunkeln wie sie.

Zu einem fesselnden Lesevergnügen machen Bullenball außerdem die verschiedenen Charaktere und Nebenhandlungen. Ob's der schwule Ben ist, der es nicht wagt, sich vor seinen Eltern zu outen, die Bauerntochter Adelheid, die mit ihren Eltern den Hof bestellt oder Jule, die am Junggesellinnenabschied Zweifel an ihrem zukünftigen Ehemann bekommt. Hier ist für jeden was dabei und am Ende läuft beim Bullenball alles zusammen.

© Piper Verlag

Den Bullenball kannst Du übrigens gefahrlos besuchen. Mehr dazu unter „feste Feste" auf S. 248

Christoph Güsken: Alles Wurst
(Grafit Verlag)

Mit viel Lokalkolorit und einer großen Prise schwarzem Humor schreibt der in Münster lebende Christoph Güsken über Ermittlungen in der Fleischerei-Szene. Anlass dazu gibt das Verschwinden eines Laiendarstellers, der in den Reformationsspielen – die Wiedertäufer lassen grüßen – den Jan von Leiden darstellen sollte.

Doch es bleibt nicht bei einem Toten, außerdem werden im Sterne-Restaurant blutige Finger serviert, Gammelfleisch wird zu Biofleisch umgelabelt und Veganer schließen sich zu einer radikalen

Terroristenvereinigung zusammen. Da könnte Zartbesaiteten der Appetit auf die Wurstsemmel vergehen. Doch der spannende Krimi attackiert mit seinem skurrilen Witz eher die Lachmuskeln als den Magen.

Jürgen Kehrer: Wilsberg Krimis
(Grafit Verlag)

Auch Jürgen Kehrer lebt in Münster. Seine Kultfigur ist Georg Wilsberg, ein gescheiterter Anwalt und Händler von Münzen und Briefmarken, der in Münster als Privatdetektiv unterwegs ist. Kehrer will mit seinem gebrochenen Charakter Wilsberg den typischen Münsteraner darstellen, der nach seinem Studium in der Stadt hängen bleibt und sich in fachfremden Bereichen versucht.

© Grafit Verlag

Wie authentisch Kehrer schreibt, merkt man daran, dass er mehr als einmal verklagt wurde, weil sich ein Münsteraner als ungefragtes Vorbild einer Romanfigur zu sehen glaubte. Die Anzeigen kamen aber niemals durch: ein Hoch auf die künstlerische Freiheit! Leider gab Kehrer das Schreiben der Krimis auf, da der Erfolg der Fernsehsendung es ihm immer schwerer machte, seine Bücher als unabhängige Werke herauszugeben. TV killed the Wilsberg-Star.

NOTIZEN

Auch Jürgen Kehrer kommt an den Wiedertäufern nicht vorbei. Zwar unternimmt der schrullige Ermittler Wilsberg keine Zeitreise ins 17. Jahrhundert, dennoch erfährt man in Wilsberg und die Wiedertäufer einiges über diese düstere Zeit. Für alle, die lieber schauen als lesen, gibt's Wilsberg und die Wiedertäufer auch auf DVD (Polar).

Münster speziell

Ulrich Elsbroek: Querschädel, Regenlöcher, Schlodderkappes
(Oktober Verlag Münster)

© Oktober Verlag

In 14 unterhaltsamen Streifzügen führt Ulrich Elsbroek quer durch Münster und das ganze Münsterland. Mit vielen unterhaltsam aufbereiteten Fakten vom Pumpernickel über die Droste-Hülshoff bis zum Kiepenkerl und anderen Münsteraner Besonderheiten nimmt das Buch Stereotypen unter die Lupe und macht Dich in nur 14 Tagen zum waschechten Münsteraner.

Münster im TV

Tatort
(ARD, TV-Krimireihe)

Münster im Fernsehen? Da fällt natürlich jedem als erstes der Tatort aus Münster ein. Kaum einer, der sie nicht kennt: Hauptkommissar Thiel, den es aus St. Pauli nach Münster verschlagen hat, den steifen, immer elegant gekleideten Pathologen Börne und dessen kleinwüchsige Assistentin Alberich. Börnes Blasiertheit spielt auf den Standesdünkel der Münsteraner High Society an. Meist schön schräg und komisch bietet der Tatort aus Münster beste Sonntagabend-Unterhaltung.

Nicht nur Lokalpatrioten kritisieren, dass im Münsteraner Tatort von Münster selbst fast nichts zu sehen ist.

Wilsberg
(ZDF, TV-Krimireihe)

Deutlich mehr von Münster zu sehen gibt's jeden Samstagabend im ZDF – und das schon seit 1995. Bei Wilsberg kannst Du vom Sofa aus Deine (Wahl-)Heimat entdecken. Die Fälle, die Leonard Lansink als dauer-klammer Privatdetektiv Wilsberg zu lösen hat, sind meistens recht harmlos, aber komödiantisch allererste Sahne. Perfekt für den Einstieg in einen gemütlichen Fernsehabend.

Wer am Samstagabend schon andere Pläne hat, kann Wilsberg natürlich auch auf DVD anschauen. Vom ZDF-Dauerbrenner werden jedes Jahr drei neue Folgen produziert. Vor allem im Kuhviertel wird dann gedreht – hier stehen die Chancen gut, die Fernsehstars hautnah zu erleben!

Münster auf der Leinwand

Peter Schamoni: Alle Jahre wieder
(Hg. von LWL-Medienzentrum für Westfalen)

Das schnuckelige Münster hat es sogar ins Kino geschafft! Der Werbetexter Hannes, der in Frankfurt ein großstädtisches Leben mit wechselnden Freundinnen führt, besucht an Weihnachten Frau und Kinder im beschaulichen Münster. Hannes sitzt zwischen den Stühlen, zwischen spießiger Familienidylle und leidenschaftlicher Affäre. Er ertränkt das Weihnachtsfest im Alkohol und wandelt auf den Spuren seiner Vergangenheit, die er in der Münsteraner Hitlerjugend verbrachte.

© LWL-Medienzentrum für Westfale

Der gebürtiger Münsteraner Peter Schamoni führt uns in seinem mehrfach ausgezeichneten Film aus dem Jahr 1967 die Schein- und Doppelmoral der Nachkriegsgesellschaft vor Augen. Passend zum Titel wird der Film alle Jahre wieder zur Weihnachtszeit in Münsters Programmkinos gezeigt.

Ludi Boeken: Unter Bauern – Retter in der Nacht
(3L Vertriebs GmbH & Co. KG)

Auch dieser Film bietet anspruchsvollere Film-Unterhaltung. Er basiert auf der Biographie der Jüdin Marga Spiegel, dargestellt von Veronica Ferres, und erzählt wie Münsterländer Bauern sie, ihre Tochter und ihren Mann in der Nazizeit versteckten und sich dabei selbst in Gefahr brachten. Frei nach dem Motto: „der Bischof von Münster ist uns näher als Adolf Hitler“.

© 3L

Mit viel Nebel, viel karger Natur und dicken Münsterländer Ackergäulen schafft der Film eine eindrucksvolle Atmosphäre und zeichnet den „Westfalen an sich“ liebevoll: stur, eher herb und unaufgeregt, aber im Grunde seines Herzens mitfühlend. Eine sehr anrührende Geschichte – und dazu auch noch historisch korrekt!

Pöller

Pöller

Leeze

Fluppe

Pöller

Leeze

schovelig

Fluppe

schovelig

Sprachregeln und nützliche Vokabeln

Pöller Leeze jovel Fluppe

Zur ersten Orientierung

Die angestammte Mundart des Münsterländers ist das **Münsterländer Platt**. Allerdings versucht sich auch der Münsteraner inzwischen vor allem am Standarddeutschen und Du wirst im Alltag kaum oder allenfalls im folkloristischen Kontext mit dem althergebrachten Dialekt in Berührung kommen.

Eine münsteraner Eigenentwicklung ist die **Masematte**, ein dem Rotwelschen verwandter Soziolekt mit Wurzeln im Platt, dem Jiddischen und den Sprachen der Sinti und Roma. In dieser Form kam er nur – etwa bis zum 2. Weltkrieg – in und um Münster vor und einige Wörter prägen bis heute die münsteraner Regionalsprache. Und so erkennen sich Münsteraner auch weltweit an gewissen Schlüsselwörtern, die nur hier heimisch sind und die Stadtfolklore kennt mehr als nur eine Geschichte, in der sich ein „Seegers" und eine „Kaline" irgendwo im australischen Outback oder in einem anderen abgelegenen Winkel der Welt gegenseitig als ihresgleichen identifizierten.

Im Rahmen lokaler Sprachpflege wird die Masematte noch heute praktiziert. Augen offen halten!

Allgemeine Regeln

§1 Schweigen ist Gold

Der Münsterländer gilt nicht nur als stur, sondern auch als notorisch maulfaul; und so unfair derartige Klischees auch erscheinen mögen, enthalten sie zumindest doch oft einen Funken Wahrheit. Auf den Zugereisten wirken eingefleischte Westfalen tatsächlich oft verschlossen und spontane Gesten der offenen Herzlichkeit sind seltener anzutreffen als beispielsweise im Rheinland. Begründet wird dies von Münsteranern gerne damit, dass man Oberflächlichkeiten beiseite lässt, sich auf das Wesentliche konzentriert und lieber Taten sprechen lässt. All dies steht jedoch nicht im Widerspruch dazu, dass auch Münsteraner ihre Lieblingsthemen gerne wortreich besprechen, vor allem wenn das Thema Preußen (siehe unten) auf der Tagesordnung steht. Und so wird an den Tresen der zahlreichen Kneipen von Münster wahrscheinlich genauso lebhaft und leidenschaftlich „rackewelt" wie überall sonst in Deutschland.

§2 Begrüßung

Die korrekte Begrüßung von Münsteranern ist eine heikle Angelegenheit. Aus dem Plattdeutschen ist nicht nur der Bevölkerung der Landkreise rund um die Stadt das bewährte „Moin!" geläufig.

Es sei hier klargestellt, dass das Wort nichts mit dem hochdeutschen Morgen zu tun hat, sondern vom niederdeutschen „moj" kommt, was nichts anderes bedeutet als „gut". Man wünscht also einen „Guten", egal ob Tag, Morgen oder Abend.

Die Vorrangstellung unter den mundartlichen Begrüßungen hat inzwischen aber das aus dem Ruhrgebiet stammende und zu jeder Tageszeit anwendbare „Mahlzeit!" inne. Zwischen den Lagern der Moin-Traditionalisten und der Mahlzeit-Verfechter herrscht ein erbitterter Kampf um die Herzen und Zungen des Münsterlandes. Am besten, Du bleibst im Zweifelsfall einfach bei „Hallo" und „Guten Morgen/Tag/Abend", nur um ganz sicher zu gehen.

§3 Der Kampf der kleinen Wörter

Im münsteraner Sprachgebrauch, wie auch sonst in westfälischen und west-niedersächsischen Mundarten, geht man sehr liberal mit gewissen Präfixen, Präpositionen und Adverbien um: Die Familie fährt nicht zu Oma, sie fährt nach Oma, oder manchmal auch nach Oma hin. Umgekehrt funktioniert die Verwechslung aber nicht: man fährt weiterhin nach Bielefeld. Man geht eine Sache nicht an, man geht bei einer Sache bei. Ein Geschäft macht nicht auf (gemeint ist das morgendliche Öffnen, nicht die Geschäftseröffnung), es macht los („Wann macht ihr los?"); und abends macht es nicht zu, es macht dicht, und später am Abend hat es dann dicht.

§4 Von Kirschen und Kirchen

Ein deutliches Kennzeichen dafür, dass man sich in Westfalen befindet, ist die vielleicht etwas befremdliche Aussprache des „r" nach einem Vokal: Während Berliner beispielsweise von „Kürchen" und „Kürschen" sprechen, wenn von Kirchen und Kirschen die Rede ist, hat der Westfale die Tendenz, diese Worte „Kiachen" und „Kiaschen" auszusprechen. Ebenso wird aus Fernsehen „Feansehen" und aus Korn „Koan". Wie deutlich diese Aussprachevariante ausgeprägt ist, hängt freilich vom einzelnen Sprecher ab.

§5 Dehnungs-e

Wie auch im Niederländischen werden Vokale im Münsterland gerne mit einem „e" gedehnt, vor allem anzutreffen bei Ortsnamen. Während das in großen Teilen der Republik nur mit einem „i" funktioniert, kann hier das Dehnungs-e an alle möglichen Vokale gehängt werden. Coesfeld wird „Kohsfeld", Raesfeld „Rahsfeld" gesprochen. Der Bahn unterlief zum Beispiel der Fauxpas, die im Zuge des Bahnhofsumbaus in Münster neu installierte Computerstimme zur Ansage von Zugverbindungen statt Coesfeld „Köhsfeld" durchsagen zu lassen, was zu spontanem Gelächter auf den Bahnsteigen führte. Aber Vorsicht! Der münsteraner Ortsteil Coerde wird inkonsequenterweise „Körde" gesprochen, im Gegensatz zur benachbarten Coerheide. Kompliziert also!

§6 Masematte – Wortschatz und Aussprache

Die ursprünglichen Sprecher der Masematte lebten an den Rändern der Gesellschaft, waren Kleinganoven, Rosstäuscher, Huren und Tagelöhner; dementsprechend rustikal, sogar deftig, fallen Wortschatz und Lautbild aus. Wir werden uns auf auf stubenreine Beispiele beschränken, vorab geben wir Dir aber noch ein paar Hinweise mit auf den Weg.

Wörter aus dem Wortschatz der Masematte werden in der Regel genauso ausgesprochen, wie sie geschrieben werden. Das Problem ist lediglich, dass es nicht immer eine verbindliche Schreibweise gibt. Bei den wirklich häufigen Begriffen musst Du nur im Auge behalten, dass etwa das „v" in „jovel" und „schovel" stimmlos ist, demnach existieren auch die Schreibvarianten „jofel" und „schofel". Auch sind Variationen von Ausdrücken im Umlauf, die oft sogar weiter verbreitet sind als das Original, etwa „jovelig" (statt „jovel") oder „töfte" (statt „tofte"). Ganz sicher gehst Du aber, wenn Du eingefleischten Münsteranern andächtig lauschst und bei Bedarf ihre Aussprache nachahmst. Listen and repeat!

Vokabeln für den Alltag →

Selbst-Anzeige

as Handbuch für die beste Zeit
eines Lebens!

Alles für einen guten Start an der Uni, ein erfolgreiches Studium und das Leben drumherum in einem Buch: Von der Studienwahl und Bewerbung über die Finanzierung, Wohnungssuche und die erste Hausarbeit bis hin zum WG-Leben, der Mottenplage im Küchenschrank und dem drohenden Pleitegeier!

ISBN: 978-3-942733-06-9
14,90 €
www.rap-verlag.de

Vokabeln für den Alltag

achilen	essen
ambach	da, anwesend, tätig sein
Anim	(junge) Frau, Mädchen
Beis	Haus, Gebäude
Bunke	Jugendlicher, Halbstarker
bekane/ bekanein	da, hier, dabei/ in Ordnung se
Fluppe	Zigarette, „kippe"
hame, hamel	sehr, groß, viel
Hegel	Mann, kerl, (komischer) Typ
Jontef	Spaß, Party
jovel, jovelig	gut, schön, toll
kabache	Haus, Gebäude
kaline	Frau, Mädchen
kneistern	gucken, schauen
koten	Kind, v.a. Junge
kowe	Bekleidung
Leeze	Fahrrad

Lowine	Bier
meimeln	regnen
Meimelatur	Regen
nerbelo	verrückt, dumm, blöd
Osnik	Uhr
Pani	Wasser
Patte	Portemonnaie, Brieftasche
pöhlen	Fußball spielen
Pöller	Pfosten (oder jedes andere fest installierte Hindernis, das bei der Heimfahrt mit der Leeze im Weg steht)
rackewelen	sprechen, reden
Schero	Kopf
Schont	Klo, Toilette
schovel, schovelig	mies, schlecht, übel
Seeger, Seegers	Typ, Kerl, (junger) Mann
tacko, takko	schnell
tofte, töfte	gut, schön, (schwer) in Ordnung
wuddi	Wagen, Auto

Deine Münster-Notizen

Bildnachweis Titel:

© rap verlag, Fotos: Tilman Thiele und Dirk Mielke

Bildnachweis Inhalt:

Die Bildrechte liegen beim Verlag. Abweichende Bildrechte:

S. 11, 12 l.+u.-77, 87, 89 © rap verlag, Fotos: Tilman Thiele; S. 12 r., 90, 127, 202-213, 254-258, 264 © rap verlag, Fotos: Dirk Mielke; S. 96 © SuperBioMarkt; S. 97 © Uwe Kersting; S. 102 o. © Aux Chocolats; S. 102 u. © Marmeladen Manufaktur; S. 110 © Die Peperoni; S. 113 © Gasthaus Stuhlmacher; S. 115 © Mocca d'or; S. 118 © Restaurant Acacia; S. 119 © Road Stop; S. 123 © roestbar; S. 125 o., 193 © Alexianer Waschküche; S. 125 u., 248 u. © Schloßgarten. Café, Bar, Restaurant; S. 126 © Teilchen & Beschleuniger; S. 128 © Pott's Brauerei GmbH; S. 132 © Maikotten; S. 136 © A2 am See; S. 143 © DJK Sportbad; S. 151 © Akademischer Ruderclub Münster (ARC); S. 160 © Presseamt Münster / Foto: Bernhard Fischer; S. 167 © Pool Hall; S. 172 © Presseamt Münster / MünsterView; S. 179 © Die Eule; S. 192 © Crêperie du Ciel; S. 196 © Allwetter Zoo, Foto: Heiner Witte; S. 198 © Movie Park Germany; S. 218 © Theater Münster; S. 219 © Wolfgang Borchert Theater; S. 224 © Domkammer Münster; S. 225 © „There's no place like home" 20. April-23. Juni 2013, Installationsansicht Westfälischer Kunstverein, Foto: Franziska von Schmeling; S. 226 © Kunstakademie Münster; S. 228 © Archäologisches Museum Münster; S. 230 Pferdemuseum Münster, Herzstück des Museums: der berühmte Zuchthengst „Polydor", Foto: © Carsten Bender; S. 231 © Friedenskapelle, Foto: Rudolf Schubert; S. 233 © Hot Jazz Club; S. 235 © Anette von Droste zu Hülshoff-Stiftung, Foto: Harald Humberg; S. 239 © Münsterland e.V.; S. 244 © Send, Foto: Brigitte Kappenberg; S. 245 © Hafenfest Münster; S. 246 © Hanse 2010, Foto: Juliane Unkelbach; S. 247 o. © Münster verwöhnt; S. 247 u. © Bürgerstiftung; S. 248 o. © Promikellnern, Foto: Michael Luks, Mietstudio Münster; S. 249 © Messe und Congress Centrum Halle Münsterland, Foto: Peter Grewer; S. 250 o. © Volksbank-Münster-Marathon, Foto: Thomas Wenning; S. 250 u. © Montgolfiade, Foto: Westfalen AG; S. 251 o. © Polopicknick; S. 251 u. © Stadt Münster; S. 266 © Diogenes Verlag; S. 267 © Piper Verlag; S. 268 © Grafit Verlag; S. 269 © Oktober Verlag; S. 270 © „Alle-Jahre-wieder", Foto: Archiv Peter Schamoni, München; S. 271 © 3L;

Der Verlag bedankt sich bei allen Institutionen und Firmen, die uns Informationen und Fotos zur Verfügung gestellt haben. Die entsprechenden Rechte verbleiben bei den jeweiligen Rechteinhabern.